谢京辉　著

品牌经济发展
与中国经济强国之路

格致出版社　上海人民出版社

目 录

|导　论|
经济强国、创新驱动与品牌经济发展

第一节　经济强国的目标与路径

经济强国不仅需要有大的经济规模做支撑，更需要有强大的经济能力来维持和推动。经济大国不一定是经济强国，却是经济强国的一个必要条件。在一定意义上说，经济强国是指经济发展在数量上体现为较大规模、在质量上体现为较强能力、在势头上体现为较大潜力的国家。中国目前正处于从经济大国向经济强国的转变阶段。

一、中国的经济强国目标

党的十八大提出在中国共产党成立 100 年时全面建成小康社会；在新中国成立 100 年时建成富强民主、文明和谐的社会主义现代化国家。建设经济强国作为题中之义，必然是中国在今后很长一段时间内为之奋斗的目标。由于经济强国的内涵具有丰富性，经济强国的目标也必须是多方面、多步骤的。既然经济强国目标具有复杂性，那么在制定和实现经济强国目标的过程中，对经济强国的量化测定就显得尤为重要。

在经济全球化日益深入的今天，经济强国的复杂性要求对其度量的标准必须是关联且综合的。《2003 中国国际地位报告》提出了对中国国际地位进行量化测定的经济强国指标体系及经济强国指数，该体系将经济强国指数分为经济强度指数、经济强大指数和经济强盛指数三个层次，共 50 项指标。其中经济强度指数反映经济质量，包括科技人员投入、知识产权保护、企业融资、市值规模等 29 项指标；经济强大指数在经济强度指数的基础上增加 8 项指标进一步反映经济规模；经济强盛指数包括经济增长、城市化发展和服务业发展等 13 项指标，体现了经济发展潜力。①吴雪明（2009）认为现代意义上的经济强国越来越需要用一种复合标准去衡量，其中包括了世界市场中处于主导地位或具有重要影响力、在科技革命中处于领先地位、在国际货币体系中拥有一席之地、在国际贸易与投资中占有较大份额以及对于全球优秀人才具有较大吸引力等。二战后美国稳居世界头号经济强国就是其拥有这种综合性优势的体现，而日本在二战后再次崛起为世界二号经济强国与其科技立国、教育立国、贸易立国的战略直接相关。因此，他基于世界经济和中国经济发展评估理念，借鉴了综合国力、现代化和国际竞争力等已有指标体系，研究经济强国的指标体系构建和指数合成方法，并应用世界发展指标数据库、各国宏观经济指标数据库等国际权威数据库，选取了 58 个国家在 1990—2008 年间的时序样本测算中，中国国际经济地位变化的情况，得出结论：中国在生产能力和发展前景指数上具有优势（排在前 10 名），在信息化水平、开放度水平和可持续发展指数上具有劣势，在科学技术水平（排在 40 名之后）、市场化程度和抗风险能力上表现较弱（排在 20—40 名之间）。②

由此可见，要实现经济强国的目标，需要在经济生产总量及世界占比、科技创新水平、服务业规模及占比、城市化率和国际储备货币占比等诸多方面努力。只有实现各项指标的稳步提升，才能体现经济强国的丰富内涵和满足经济强国目标综合性的要求。

---

① 张幼文：《2003 中国国际地位报告》，上海远东出版社 2003 年版。
② 吴雪明：《经济国力的国际比较—评估方法与指标体系》，上海社会科学院 2009 博士学位论文。

二、强国战略的理论演进

要实现经济强国的目标，使国家经济在世界经济运行和发展中占据重要地位、在国际竞争中处于优势位置、在世界经济波动中保持稳定发展，就应该积极探索经济发展的战略，而对于经济发展问题的研究在经济理论发展过程中始终处于重要的位置。

19世纪初李嘉图提出比较优势理论，传统的比较优势概念是指各国在土地、劳动力及金融资本等有形资源禀赋上存在着差异，而使一个国家可以在某类产品的国际贸易中形成比较生产费用优势，据此说明其参与国际分工的依据和条件。但由于受时代的局限，该理论的缺陷在于：一方面，生产要素仅局限于土地、劳动力及资本等有形资源要素上，对于资本投资和技术进步这一复杂的混合物没有预想到，更没有考虑知识、技术、商誉等后天累积形成的无形资源要素会对一个国家在国际分工中形成的比较生产费用优势产生重要影响；另一方面，由于该理论的形成时代恰处于市场经济发育尚不成熟的自由竞争时代，因此像凯恩斯以前的西方经济学一样，该学说是以价格机制解释资源配置及商品交换的，认为比较生产费用是刚性的、不可变的。①如此既不能解释里昂惕夫之谜，也不能解释像日本、韩国等国家本无资源禀赋优势，却能后来居上，成为经济强国的事实。

此后，随着市场经济的逐步发展，劳动力作为一种特殊的生产要素所具有的主动性和伸缩性的特点逐渐凸显出来。技术在经济发展中发挥的积极作用开始被人们意识。直到20世纪中期大多数的经济学家仍然认为单位时间劳动投入的产出增长，是允许生活水平提高的生产力的增长。但索洛在利用1909—1949年美国的单位劳动投入的累计总产出的年变化数据开展这一命题的研究后发现，在劳动生产率长期变化中，只有12.5%（后更正为19%）能归因于增长的资本密集度，剩余的生产率增长包含在索洛称为"技术变化"的转换函数中。索洛的技术变化是用可测量的资本密集度的增长不能解释的剩余部分。②索洛的研究创立了新古典

① 邵润堂、张华：《比较优势、竞争优势及国际竞争力》，《经济问题》1999年第4期。
② F. M. 谢勒著，姚贤涛、王倩译：《技术创新——经济增长的原动力》，新华出版社2001年版。

增长模型思路，人们把这部分劳动和资本密度增长未能解释的部分称为"索洛剩余"，并将其解释为除劳动和资本投资贡献外，由综合要素生产率带来的产出的增长。综合要素生产率是指同样数量规模的劳动和资本投入下，因人力资本投资和技术进步而导致的产出额外增加。内生增长理论通过将技术内生化研究经济增长问题，发现经济能够不依赖外力推动实现持续增长，内生的技术进步是保证经济持续增长的决定因素。

自此，技术进步对于经济发展的作用毋庸置疑，而对技术如何推动经济持续发展的研究不断深入推进。20世纪90年代，波特在继承发展传统的比较优势理论的基础上提出了"国家竞争优势"理论，认为对于国家竞争优势的影响来自生产要素、需求、产业和企业竞争等因素，特别是人力资源和知识技术资源等高级要素。同时，国家竞争优势的发展具有阶段性，在不同阶段驱动经济增长的力量是不同的，具体可分为要素驱动、投资驱动、创新驱动和财富驱动四个阶段。①随着科学技术的飞速发展，越来越多的国家开始从要素驱动阶段、投资驱动阶段逐渐进入创新驱动阶段，国家竞争优势不再严重依赖自然资源和劳动力资源的拥有状况，而是依赖于国家和企业的技术创新构想和技术创新能力。

第二节　经济大国向经济强国的转变

一、中国已成为全球性经济大国

经过改革开放30多年的发展，中国在经济总量、经济结构、经济效益和经济影响力上取得的成就举世瞩目，中国已经成为名副其实的经济大国。

首先，经济总量增长迅速。中国国内生产总值在1978年为1 482亿美元，居世界第十位，在2010年达到58 786亿美元，首次超越日本成为世界第二大经济

---

① 迈克尔·波特：《国家竞争优势》，中信出版社2007年版。

体，至2013年达到568 845亿美元，达到日本国内生产总值的两倍。根据世界银行最新数据显示，2012年全球国内生产总值为72.49万亿美元，而排名前五位的美国、中国、日本、德国和法国国内生产总值分别为16.24、8.23、5.96、3.43、2.61万亿美元，分别占比为22.41%、11.35%、8.22%、4.73%和3.60%。①中国对外贸易总量逐年增长。根据世界贸易组织统计数据显示，2001—2012年，中国贸易规模持续扩大，进出口贸易总额由5 097亿美元扩大至3.87万亿美元，共计增长7.59倍，年复合增长率为20.23%，占国际贸易的比重由4.01%上升至10.45%。其中，出口由2 660亿美元增至2.05万亿美元，增长了7.59倍，占世界市场的份额由4.30%升至11.13%；进口由2 436亿美元增至1.4万亿美元，增长了4.7倍，占世界市场的份额由3.76%升至9.78%。2009年中国出口总额首次超越美国，跃升为世界第一大出口国和第二大贸易国；2012年，中国进出口贸易总值3.87万亿美元，而同期美国进出口贸易总值为3.88万亿美元。中国经济在国际贸易中的份额及地位已经不容忽视。

其次，经济结构日益完善。中国经济发展中产业结构不断优化，中国目前农业劳动者就业比重每年下降约2个百分点，到2020年我国农业劳动者就业比重将由2011年的36%降至18%左右，接近发达国家高收入水平临界点的农业就业比重。②据联合国的统计数据，2011年中国制造业产值为2.05万亿美元，首次超过美国跃居世界第一，2012年中国钢、煤、水泥、棉布等200多种工业品产量居世界第一位。第三产业增加值从2001年的4.44万亿元升至2012年的23.19万亿元，其占国内生产总值比重由40.46%升至44.65%；③2011年服务业成为劳动就业第一大部门，利用外资超过了制造业；2013年第一季度，服务业增加值已经超过工业成为GDP的最大贡献者。④中国服务贸易进出口总额从1982年的44亿美元增长到2012年的4 706亿美元，30年增长了107倍，尤其在中国加入WTO之后，中国服务贸易出口增速始终高于世界出口增速。1982年，中国服务贸易占世界服务贸易的比重不足0.6%，居世界第34位，2012年提高到5.6%，居世界

① 数据来源：世界银行数据库，http://data.worldbank.org/data-catalog/GDP-ranking-table。
② 张占斌：《打造中国经济升级版，努力实现经济强国梦》，《中国经济时报》2013-09-11。
③ 国家统计局网站，http://data.stats.gov.cn/workspace。
④ 史丹、夏杰长主编：《中国服务业发展报告2013》，社会科学文献出版社2013年版。

第 3 位。其中，服务贸易出口增长显著，由 25 亿美元提高到 2012 年的 1 900 亿美元，增长了 77 倍；在全球服务贸易出口总额中的比重持续上升，由 0.7% 上升到 4.4%，国际排名由 1980 年的第 28 位上升到 2012 年的第 5 位；进口由 18.7 亿美元提高到 2 802 亿美元，增长了 150 倍；在全球服务贸易进口总额中的比重由 0.5% 提高到 6.8%，国际排名由 1980 年的第 40 位上升到 2012 年的第 3 位。[1][2]

再次，经济效益不断提升。在经济总产值提升的同时，中国人均产出从 2001 年的 8 621.71 元增至 2012 年的 38 459.47 元（折合 6 076 美元），达到中等国家收入水平。按现行汇率计算，2012 年广东省、江苏省和山东省的 GDP 总量都已接近或超过荷兰、瑞士等中等发达国家的经济总量；天津、北京、上海等省市的人均 GDP 已接近或超过波兰、匈牙利等一些欧美中等发达国家的水平。[3]在持续近十年的高速发展过程中，居民消费价格指数基本保持在 5% 以内，保持了国内经济活动稳定开展。2011 年中国最终消费支出对国内生产总值增长作用超过资本形成总额，2012 年最终消费支出对国内生产总值增长贡献率达到 55.0%，拉动国内生产总值增长 4.24 个百分点，仍然领先投资。[4]经济效益的提升还体现在中国经济产出能耗的变化上，2003 年中国按现行汇率计算的每百万美元国内生产总值能耗为 1 184 吨标准煤，比世界平均水平高 2.2 倍，比美国、欧盟、日本和印度分别高 2.3 倍、4.5 倍、8 倍和 0.3 倍[5]，但 2005—2010 年间中国单位 GDP 能耗下降 19.06%，据估计 2011—2012 年间中国单位 GDP 能耗还将累计降低 5.5%。[6]

最后，经济影响日渐增强。中国外汇储备在 1978 年仅为 1.67 亿美元，2001 年为 2 121.65 亿美元，2012 年达到 3.82 万亿美元，自 2006 年首次超过日本以来，已连续六年稳居世界第一位。[7]这对于中国利用外汇储备支持国家战略物资储备，促进改革和发展，进一步增强经济实力和国家综合竞争力具有重要意义。

---

[1]　张楠、崔日明：《中日服务贸易发展路径比较研究》，《国际经贸探索》2009 年第 11 期。

[2]　中国服务贸易指南网，http://tradeinservices.mofcom.gov.cn/c/2013-04-18/220157.shtml。

[3]　张占斌：《打造中国经济升级版，努力实现经济强国梦》，《中国经济时报》2013-09-11。

[4]　中国统计局数据统计，http://data.stats.gov.cn/workspace/index。

[5]　周大地、郁聪、朱跃中：《我国节能现状与"十一五"节能重点》[OL]，人民网，http://theory.people.com.cn/GB/41038/3878505.html。

[6]　中国能源网，http://www.china5e.com/news/news-840010-1.html。

[7]　中国统计局数据统计，http://data.stats.gov.cn/workspace/index。

与此同时，由于中国经济持续向好的发展，人民币在国际经济活动中的地位日益显现，人民币在世界各国央行中越来越受欢迎，"至少40家央行在人民币中有投资，还有更多央行也准备这么做"。①国际货币基金组织数据显示，截至2013年末，美元占据全球外汇储备中近33%的比重，相比2000年55%的比重已经大幅减少，而新兴市场国家储备中的"其他货币"比重相比2003年增加了近4倍，而发达国家的储备中的这类货币增速也达到2倍。②由于经济各项指标的良好表现，中国经济的全球竞争力也在不断增强。相比那些能够把发展核心竞争力放在发展战略核心的小经济体来说，中国由于经济规模庞大，每一次提高竞争力的努力异常艰难。即便如此，在过去6年里中国经济的全球竞争力一直保持着前30位的位置（见表0.1），可以说这本身就是一种成就。世界各国尤其是发展中国家越来越多地把目光投向中国，中国在世贸组织、世界银行、世界货币基金组织等国际性经济组织中也发挥着越来越重要的作用，在国际贸易规则、国际金融规则制定、参与多边合作和全球治理等领域产生的影响力也越来越大。此外，中国在亚太经合组织、东盟自由贸易区、上海合作组织等区域性组织中正日益发挥着主导性作用，区域影响力进一步增强，这充分说明了中国经济已经是全球性经济大国。

表0.1 2008—2013年中国全球竞争力排名情况

年份	2008	2009	2010	2011	2012	2013
中国	30	29	27	26	29	29
经济体总数	134	133	139	142	142	148

数据来源：世界经济论坛2008—2013年全球竞争力报告，http://www.weforum.org/reports。

二、中国需要实现从经济大国向经济强国转变

中国经济的高速发展已经使其跻身世界经济大国的行列，但是高速发展的同时也凸显出许多问题。中共十八大报告指出，中国经济发展中不平衡、不协调、

---

① 凤凰财经：《全球40家央行准备将人民币作为储备货币》。
② 数据来源：http://www.imf.org/external/fin.htm。

不可持续问题依然突出，科技创新能力不强，产业结构不合理，农业基础依然薄弱，资源环境约束加剧，制约科学发展的体制机制障碍较多，深化改革开放和转变经济发展方式任务艰巨。

　　经济发展中存在的诸多问题要求中国经济必须实现经济大国向经济强国的转变。第一，经济发展水平较低。中国人均收入水平虽然逐年提高但仍然较低，国际货币基金组织数据显示，2012 年中国人均国内生产总值为 6 076 美元，排在 86 名（共 183 个国家），而世界平均水平为 10 000 美元，欧盟平均水平为 32 518 美元，美国、日本和德国等发达国家的平均水平分别是 49 922、46 736、41 513 美元，是中国人均产出的 7—8 倍。[1]中国国家统计局数据显示，中国基尼系数在 2003—2012 年十年间基本在 0.47—0.49，高于 0.3—0.4 的相对合理区间，超过国际公认的警戒线 0.4；中国人力资源和社会保障部工资研究所发布的数据显示，中国初次分配中行业收入差距扩大至 15 倍，而发达国家仅为 2—3 倍。[2]第二，经济发展质量较低。在国际市场竞争中，中国企业大多以贴牌生产和加盟发展的方式在全球产业链的最低端进行竞争，赚取微薄的加工费，却支付昂贵的加盟费。这种产业发展附加值小，不仅造成了我国资源的大量消耗，而且容易引发国际间贸易摩擦和反倾销诉讼，2007—2009 年间受全球经济危机的冲击，"中国制造"遭遇西方国家质疑，加之外贸出口连续大幅度下降，以贴牌生产为主的制造大省，停工和半停工的企业高达 20%—30%。[3]第三，自主创新水平较低。中国技术对外依存度高达 50%，而美国、日本却只有 5%，其中固定设备投资 60% 以上依靠进口，高科技含量的关键设备基本上都是依靠进口。[4]由于中国经济增长中的高能耗、高污染和低效率的现象普遍，许多自然资源对于行业生产需求的供给出现明显的短缺状况，资源过度开发利用使得经济增长付出了巨大的生态环境代价，并且越来越限制经济的进一步发展。只有按照经济强国的内涵和目标逐渐实现中国从经济大国向经济强国转变，这些问题才能得以解决。

　　只有实现从经济大国向经济强国的转变，中国经济才能得到持续稳定地发展。"中国经济过去 30 年的高速增长得益于新兴的市场经济制度，解放了人们的

①　国际货币基金组织数据库，http://www.imf.org/external/data.htm。
②　李平、段思语：《中国从经济大国向经济强国转变对策探讨》，《经济纵横》2012 年第 8 期。
③　祝合良：《强大的中国必须加快国际知名品牌的建设》，《中国企业报》2009-12-15。
④　王全友：《我国企业亟待提高自主创新能力》，《消费日报》2011-05-11。

创业精神，市场制度的初步建立，解放了长期为落后制度所压制的生产潜力"①，而随着中国经济规模的不断增大，经济产出每增长一个百分点所需要的动力与过去已大不相同，增长速度也呈现放缓趋势。如果仍然维持过去只追求规模、不重视发展效益和经济质量的模式，中国经济很难持续稳定地发展，而中国由经济大国向经济强国的转变恰恰是从粗放型经济向集约型经济、从速度型经济向效益型经济转变的过程。当今世界已经进入知识经济时代，知识的创造积累和技术的研发运用是一个国家在未来的国际市场竞争中取得胜利的关键。中国只有实现由经济大国向经济强国的转变，充分积累和开发利用代表知识经济发展的广义上的生产要素（如具备良好的教育背景和掌握熟练的专业技术的人力资源），增强科技创新并将其转化为生产力的能力，才能为经济发展提供持续的动力。随着世界经济的不断发展和人类生产活动的不断深入，能源环境对经济发展的制约将日益显现，中国只有实现从经济大国向经济强国的转变，适时合理地布局新能源、新材料、生物科技和环保等产业，才能在缓解能源环境约束的同时实现产业结构的优化，为未来经济提供新的增长点。

基于发展现实中存在的问题以及未来发展的持续稳定，中国需要实现从经济大国向经济强国的转变。中共十八大报告指出"坚持科学发展观要以加快转变经济发展方式为主线，把推动发展的立足点转到提高质量和效益上来，着力激发各类市场主体发展新活力，着力增强创新驱动发展新动力，着力构建现代产业发展新体系，着力培育开放型经济发展新优势，不断增强长期发展后劲"，这也反映了中国经济不能止步于经济大国，应该向更高层次的经济强国转变的内在需求。

第三节　创新驱动与经济强国

一、创新型经济与经济强国

在信息革命和经济全球化的背景下，要实现从经济大国向经济强国的转变，

---

① 吴敬琏：《中国改革的未来方向》，求是理论网，http://www.qstheory.cn/wz/shp/201404/t20140408_338007.htm。

不能单纯依靠劳动力、自然资源投入或者资本的增加，也不能单纯依靠引进设备和照搬外来技术，而应该建立创新型经济，依靠创新驱动经济强国。创新型经济是指体现资源节约和环境友好的要求，以知识和人才为依托，以创新为主要推动力，以发展拥有自主知识产权的新技术和新产品为着力点，以创新产业为标志的经济。它的基本特征是科技创新和产业创新相结合，知识创新主体和技术创新主体的合作创新，经济增长由主要靠物质投入（资本、劳动、土地）推动转向创新（知识、技术、制度）驱动，形成具有自主创新能力的现代产业体系，企业成为技术创新的主体，大学和科研机构介入技术创新体系。①

世界经济强国崛起的历史和现实向我们证明了要实现经济强国的转变，必须建立创新型经济。

美国是世界公认的经济强国，同时也是典型的创新型经济。1962—1989 年，美国国内生产总值以年均 8.6% 的速度保持增长。尤其在 20 世纪 60 年代，美国通过迅速将包括现代电子、通讯和新材料技术等在内的军事用途的高科技技术转向民用，促进了经济的加速增长。20 世纪 70 年代开始，阿波罗登月计划等一系列重大科技创新推动了美国创新能力的强劲提升，同时也极大地改进了汽车等传统工业的技术装备水平。20 世纪 80 年代，美国的信息技术发展迅速，不仅带动了以信息技术为核心的高科技产业的兴起，而且引起了制造模式的变革，大大增强了企业的国际竞争力，尤其是 20 世纪 80 年代中期，IT 和互联网为核心的高科技的发展不仅改造了美国经济，而且为美国经济在之后长达十几年的强劲增长提供了动力。美国经济在 90 年代的长期增长中，高科技产业的发展起到中流砥柱的作用，一大批与信息技术产业相关联的高科技产业如微电子、半导体、激光、超导、生物工程、新材料、航天科技产业等得益于信息技术产业的大量投入，使美国经济得到了爆炸式的快速发展，这无疑极大地促进了美国经济的成功升级。正是凭借着其在信息技术、互联网等高科技产业的全球领先地位，美国在国际竞争中获得了极大优势。进入 21 世纪以来，虽然经历了短暂的网络泡沫，但 2002 年以后，美国经济以互联网、生物医药产业为引擎，进入了新经济时代，维持了近 5 年的稳定增长。②

---

① 洪银兴：《向创新型经济转型》，《南京社会科学》2009 年第 7 期。
② F. M. 谢勒著，姚贤涛、王倩译：《技术创新——经济增长的原动力》，新华出版社 2001 年版。

正是由于 20 世纪以来美国在科技创新领域取得的一系列突破性进展，引起了半导体材料、计算机、互联网等科技领域的革命，才推动了美国经济长达半个多世纪的长足发展。虽然这其中也因为遭遇经济危机而出现短暂的经济低迷，但是以创新主导产业发展的美国经济，其经济危机或金融危机从出现到结束的时段越来越短，支撑美国经济从低迷重新步入上升通道从而实现经济持续增长的重要原因正是持续的科技创新。科技创新从某种程度上缩短了经济衰退的时间，减小经济波动的幅度。总体来说，美国经济在过去的大半个世纪里发展迅速，创新型经济的形成和持续不断的创新是其维持世界经济强国地位的有力保障。

日本以其并不富足的资源要素禀赋在二战后经济高速发展，迅速跻身世界经济强国行列，原因是多方面的，但是在各种带动高速增长的原因中，最为显著的是创新型经济的形成和发展。20 世纪 60 年代，日本的劳动生产率年均上升11.1%，与同期美国的 3.1%、英国的 3.2%、德国的 6.0%、法国的 6.4%、意大利的 6.4%、加拿大的 4.3% 相比，日本是出类拔萃的，日本劳动生产率如此迅速提高的主要原因是技术进步。[①]日本正是依靠技术引进及改良创新，建立了自主的科学技术体系；依靠强大的科技创新能力在机械制造、电子产品和汽车产业中获得领先地位；依靠科技的力量迅速赶超先进国家，成为极具竞争力的经济强国。

由此，中国要实现经济大国向经济强国的成功升级，必须要建立创新型经济。

二、创新驱动与创新型经济

要建立创新型经济，就要促进中国经济从要素驱动、投资驱动向创新驱动的过渡，这是中国由经济大国向经济强国转变的必经过程。

创新是熊彼特经济理论的核心概念，熊彼特也是第一个系统地阐述创新的概念并且推动人们对创新进行深入研究的经济学家。他指出，所谓的创新就是建立一种全新的生产函数，就是"把一种以前从来没有过的，关于生产要素和生产条

---

① 林直道著，色文等译：《现代日本经济》，北京大学出版社 1995 年版。

件的新组合引入生产体系"。这种新组合包括以下五种情况：（1）产品创新，是指创造一种产品的新特征或者创造一种新产品；（2）工艺创新，是指采用一种新方法，这种方法不仅是采用新的科学技术，还以新的商业方式来处理某种产品；（3）市场创新，是指开辟一个新的市场，这个市场可以是新出现的，也可以是以前存在但并未开发进入的；（4）资源开发利用创新，是指获得或控制原材料、板制成品的一种新的来源，无论这种来源是已经存在的，还是第一次创造出来的；（5）体制和管理创新，是指实现任何一种新的产业组织方式或企业重组，比如造就一种垄断地位，或者打破一种垄断地位。[1]按照熊彼特创新理论，创新包括企业家对产品、技术、工艺、组织和市场的开拓和控制，渗透在社会的各个领域。创新理论明确指出创新与技术进步是经济系统的内生变量，反复强调创新对经济发展的决定性作用，深刻洞察到创新是经济变动的一种形式或方法，"它从来不是，也永远不可能是静止的，它本身将不断地从内部革新经济结构，即不断地破旧，不断创造新的结构"。[2]而知识是创新的源泉，人才是创新的主体，创新就是二者的有机结合，或者说是知识的积累与人的创意和创造的融合，所以知识和人才是创新最重要的两个支撑要素。

对创新型经济而言，创新已经从驱动经济增长的一种要素成为经济发展的核心，并扩散到整个经济体系，从而改变了经济增长方式和发展模式。因为创新决定了社会资源的利用效率，进而影响社会的资源配置方式，从而产生了任何其他因素都难以比拟的对于经济社会发展的推动力。[3]

创新驱动是创新型经济的主要特征，也只有创新驱动能够持续推动经济增长，要素驱动和投资驱动存在制约，对经济增长的推动作用不可持续。第一，要素驱动难以为继。据联合国人口预测报告显示，2005—2030 年，中国人口将逐渐呈现老龄化，其中 50—64 岁的年老劳动人口将增加 67.1%，15—29 岁的年轻劳动人口将减少 18.8%，劳动力供给条件减弱，人口红利也逐渐消失。中国煤炭和人力资源人均拥有量相当于世界平均水平的 50%，依靠要素驱动经济增长有限。[4]

① 约瑟夫·熊彼特著，何畏等译：《经济发展理论》，商务印书馆 1997 年版。
② 约瑟夫·熊彼特：《资本主义、社会主义和民主主义》，商务印书馆 1979 年版。
③ 李建波：《论创新型经济的涵义、特征与发展趋势》，《前沿》2011 年第 7 期。
④ 李东兴：《创新驱动发展战略研究》，《中央社会主义学院学报》2013 年第 2 期。

第二，投资驱动日显艰难。中国储蓄率和投资率远高于发达国家，也高于类似的发展中国家，固定资产形成总额占国内生产总值的比重常年保持较高水平，基本维持在 40% 以上，固定资产投资的实际增速远高于国内生产总值增速，达到 20% 以上。较高的储蓄率和投资率保证了多年来经济的高速增长，但在铁路、公路和基础设施建设投资逐渐饱和的背景下，投资驱动经济增长的作用逐渐减弱。第三，创新驱动。创新驱动削弱了生产要素报酬递减规律的影响，不断积累的知识和更新的技术不仅极大地提高了劳动生产率，也使得经济对资本的进一步投入保持较强的活力。在经济社会不断向更高阶段发展的不同时期，突破禀赋约束的路径选择是不同的，而创新本质上是突破要素禀赋约束的过程。反过来在要素禀赋约束逐渐增强的情况下，宏观经济增长停滞或者衰退，微观企业出现生存危机，这种要素禀赋约束也促进了创新的不断发生。①创新驱动不断突破要素禀赋约束推动经济增长，实现创新型经济持续良性的发展。

三、创新型国家与经济强国

"十二五"规划中指出要推动我国经济发展更多要依靠科技创新驱动。2012年 7 月召开的全国科技创新大会明确提出创新驱动发展战略。党的"十八大"再次明确指出，要实施创新驱动发展战略，把科技创新作为提高生产力和综合国力的支撑，要以全球视野谋划和推动创新，提高原始创新、集成创新和引进消化吸收再创新能力，更加注重协同创新；深化科技体制改革，推动科技和经济紧密结合，加快建设国家创新体系，着力构建以企业为主体、市场为导向、产学研相结合的技术创新体系；加快新技术新产品新工艺研发应用，加强技术集成和商业模式创新；完善科技创新评价标准、激励机制、转化机制。要通过建立创新型经济实现经济大国向经济强国的转变，需要以创新为驱动。而创新的形成不能仅依靠经济活动个人，更加需要国家的推动，通过建立完善的国家创新系统促进创新型国家的形成，从而最终实现经济强国的目标。

国家创新能力不同于一般的科学技术优势，而是反映了国家科技的经济应

① 蔡晓月：《熊彼特式创新的经济学分析》，复旦大学出版社 2009 年版。

用、劳动力素质和基础设环境等，相对于已经实现的创新成果，它更多地强调创新过程的决定因素。创新型国家表现出较高的综合创新能力，技术进步贡献率较高；较大的创新投入，研发投入占经济产值比重高；较多的创新产出，发明专利多，对外技术依存度较低；较高的创新回报率，产业附加值高，处于国际领先地位。创新型国家的建立有赖于国家创新系统的不断完善和良好运行。弗里德曼提出的国家创新系统理论强调了政府机构、企业、教育和培训机构以及社会在创新中发挥的重要作用。[①]创新不仅与科研人员和企业有关，而是需要包括经济活动参与者在内的社会各个部分共同作用，逐步推动国家创新系统的形成。国家创新系统是影响创新资源的配置及其利用效率的行为主体。

第一，政府应该积极为创新主体提供良好环境，着力完善创新激励机制。市场存在外部性，创新活动正的外部性使得社会收益大于企业本身收益，削弱了企业创新动力，为此，国家应该完善相关立法以加强对知识产权保护，尽可能地提高企业从创新活动中的获益；适当给予并落实财税政策优惠，比如现有的企业研发费用加成抵扣的税收减免主要由地方政府负担，在落实过程中存在一些阻力，可以考虑在中央和地方政府间合理分配成本；加大对公共教育的投入，发展多元化、公平化和高质量的公共教育体系，增强基础教育和高等教育的普惠性、职业教育的针对性；增加对包括高校在内的科研机构的支持，尤其是提高对基础性强但商业性不明确的科学研究领域的资金支持，并且加强研究过程的中期监督和后期成果考核。

第二，大学等科研机构应该发展和延伸其以知识创造为主的创新体系。大学等科研机构中的各种基础研究项目成果和发明创造不应该只保存在科研机构内部，不应该止步于知识创造积累，应该对科研成果进行推广，通过项目孵化逐渐进入商业化应用领域。

第三，企业内部研发应该常态化、长期化，并且通过与科研机构合作加快研发成果商业化。创新是动态性的、周期长。虽然随着创新管理工具的发展，创新周期有缩短的趋势，但 Grulke 对 20 世纪 80 年代的数百项创新的统计研究成果发

---

① 郭强：《新新相映：新资本主义—新社会主义》，中国时代出版社 2010 年版。

现，创新项目的平均完成时间一般是 10 年以上。[①] 长期的技术计划是根本保证，拥有创新成果的企业一般都有长期的技术发展计划，而创新辈出的国家一般都有长期的可持续发展规划。企业在自身长期常态化的研发之外，还应该加强与高校科研机构的合作，比如以项目合作方式为高校科研机构科研成果提供项目孵化环境，从而完善企业创新体系，增强企业创新能力，提升企业创新收益。

通过不断完善由政府、企业和科研机构等构成的国家创新体系，使其在社会经济生活中良好运行，可促进创新的形成和发展，从而推动经济持续发展。由此，创新型国家的形成为实现经济强国提供了有力保证。

第四节　品牌经济发展与经济强国

国家创新体系的建立对于经济的推动作用主要通过企业这一经济主体来实现，企业在国家创新体系中扮演着将创新成果转化为经济效益的重要角色。企业不仅要增强自身创新能力，还应该充分发挥科技创新与商业模式创新的协同作用，通过对技术标准和专利的控制成为行业中的佼佼者，由此形成品牌效应，为自身在激烈的市场竞争中抢占有利位置。品牌是一系列功能性价值和情感性价值的集合体，这些价值由品牌的可识别部分或象征性内容所表征和传达，被消费者认知和体验，给品牌持有者带来利润。

一、品牌经济需要以创新为依托

品牌经济在现代经济发展中极为重要，而要发展品牌经济就需要以一系列价值较高的品牌为支撑。企业要形成高价值品牌，要实现对客户的承诺，持续地满足客户对企业产品的期望，就要以创新为依托，只有通过在技术和组织管理等方

---

① 蔡晓月：《熊彼特式创新的经济学分析》，复旦大学出版社 2009 年版。

面的不断创新才能完善和拓展品牌。

　　第一，研发投入的增加有利于品牌价值提升。发达国家企业用于自主创新的研发投入在销售额中的比重通常在 3%—5%，高科技企业一般是 10%，有的甚至高达 20%，而中国的这一比重不足 0.5%。国际经验表明，研发投入达到 5% 以上的企业，有较强的竞争力，投入在 2% 左右的企业，刚能维持基本的生存，而中国企业的整体投入水平尚不足 0.5%，研发投入不足使得企业创新缺乏动力，创新能力较弱，企业品牌价值普遍较低，在国际竞争中显然处于不利地位。[1]2008 年我国对外贸易总额高达 2.56 万亿美元，是名副其实的贸易大国，但包括品牌输出在内的专有权输出不足 4 亿美元，占出口总额不足 5.3‰。[2]据联合国发展署统计报告（2009），全球最具价值的 100 个品牌中，没有中国品牌；品牌调研机构华通明略（Millward Brown Optimor）发布的 2013 年全球最具价值品牌 100 强中，中国企业只有 12 家，排名较后，而且大多数为国有企业[3]。

　　第二，技术创新通过增强产品竞争力提升品牌价值。企业所提供的产品在市场上的竞争力直接影响着品牌价值，而企业要在激烈的市场竞争中保持优势，持久保持产品的竞争优势就需要增强企业的创新能力。如前面提到的技术创新会导致生产函数的变化，它能够改善生产中投入和产出的关系，提高产出投入比，用创新技术投入替代稀缺资源，使企业能够以较低的成本在较短的时间内生产出满足消费者预期的产品。与此同时，技术创新不仅能持续满足现有的消费需求，甚至能够创造出新的需求，通过"蓝海战略"开拓新的市场，为企业获利打开新的渠道，使企业避免在已饱和的市场中通过"价格战"等不利方式抢占市场份额。由技术创新开拓的新市场，增加企业对行业标准和关键技术的影响力，不仅增强了产品的竞争力，还往往能为产品带来更高的附加值，为企业赢得声誉，提升品牌价值。

　　第三，创新能力与品牌价值相互促进发展。创新能力强使企业保持行业领先地位，尤其是在高新技术行业，为企业带来更高的收益，而更高的收益反过来能够支持企业进行更多的研发投入以保持行业领先，由此构成良性的循环发展。作

---

① 王全友：《我国企业亟待提高自主创新能力》，《消费日报》2011-05-11。
② 祝合良：《强大的中国必须加快国际知名品牌的建设》，《中国企业报》2009-12-15。
③ 路透社，http://cn.reuters.com/article/cnMktNews/idCNnCN179164720110509。

为"世界 500 强"的企业拥有较高的品牌价值，在世界 500 强企业中，美、日以及德、英、法、意等创新能力较强的国家所拥有的企业数量占比较大，与该国经济占世界经济的比重大体一致。保持消费者对企业创新能力的预期能极大提升品牌价值，《福布斯》杂志从各品牌评选当年之前 3 年的财务表现，当前消费者和潜在消费者的观点评选出全球最具价值品牌，其中 2013 年排名前十的价值品牌中 6 家均为高新科技类公司，百强中科技和电信类企业主宰着排行榜，而苹果公司连续三年夺冠，这些以创新立本的科技类公司品牌价值突出在一定程度上反映其在创新方面长期的良好表现，以及较强创新能力的预期对品牌价值提升具有积极作用。

二、品牌经济促进经济强国目标的实现

面对经济全球化的浪潮，在越来越激烈的国际竞争中要实现中国从经济大国向经济强国的转变，只有依靠创新形成自己的强势品牌。只有拥有自主创新的一批"拳头产品"，建立起以创新能力为核心竞争力的品牌经济，才能促进中国经济强国目标的实现。

第一，自主品牌是经济强国参与市场竞争取得胜利的重要手段。自主品牌产品往往受到国家社会文化的影响，带有本土化的特征，对本国消费者更具吸引力，由此形成的强有力的消费者品牌忠诚度，在一定程度上阻止外国品牌同类产品对本国市场的侵蚀。与此同时，经济强国通过自主品牌的国际化经营和管理，不仅可以整合全球资源降低自身经营环境社会成本，还可以打开国际市场，扩展产品市场范围，抢夺国际市场份额，提高自主品牌产品的市场占有率和影响力。由此，强势品牌在国内外的市场竞争中都处于有利地位，在抢占同类产品市场中取胜。

第二，品牌经济能有效促进经济增长方式转变和经济的可持续发展。一方面，作为集科学技术、文化、管理于一体的自主品牌商品，其价值增值已成为集约型经济增长方式的重要选择，在做大做强品牌的同时，也是国家依靠科技创新能力、管理能力以及企业软实力的提高来转变经济增长方式的重要过程。另一方面，环境资源对经济增长的约束日益凸显，品牌经济的建立能够有效缓解这一矛盾，有利于资源节约型和环境友好社会的建设。从企业的理性行为角度看，品牌

经济的发展模式可以有效激励企业采取长期导向战略、追求价值差异和关注公司声誉，进而实现资源节约及环境友好的社会福利改进，避免了政府被动监管下的低效率。同时，这种机制兼顾了企业的盈利动机，因而更能行之有效，也能更好地促进经济发展模式的转型与升级。

第三，品牌经济是现代市场经济中经济强国财富创造和增值的有力杠杆。品牌产品、品牌商标是企业的无形资产。一方面，相对于生产同类相似品质产品的其他企业，品牌企业生产的产品可以实现更高的要价，自主品牌的高附加值由此体现。有关数据显示，驰名世界的品牌产品产量不到同类产品的 3%，销售额却占到 50% 左右。①而在全球最具价值的百强品牌中，发达国家占据了 90% 以上的品牌数量，品牌经济为这些国家所带来的经济效益是巨大的，极大地促进了这些国家的发展和繁荣。另一方面，自主品牌的价值不仅表现为对现有产品的价值加成，而且还表现在对企业潜在产品的增值作用上。随着企业的扩张和企业资本的增加，企业品牌价值不断放大，反而又形成企业资本更大的增值潜力，从而形成一笔巨大的无形资产，如企业品牌效应通过同行业企业收购或者企业发展领域扩张等转移给新的产品，给新的产品带去活力和价值，这种杠杆效应是非常可观的。而对于一个国家来说，品牌资产的应用也可以达到这样的效果，一旦在宏观上形成国家品牌，将为本国产品参与国际竞争赢得更大的优势，有利于经济强国的实现。

综上所述，经过 30 多年的发展，中国已经成为世界经济大国，但是经济大国的现状还存在诸多问题，不具有可持续性；经济强国的发展应以符合历史发展要求和推动未来经济健康发展为目标。因此，只有以创新驱动，转型发展，借助品牌经济载体，才能促进中国经济强国目标的实现。

---

① 柳思维：《努力将贴牌大国打造成自助品牌强国》，《北京工商大学学报》（社会科学版）2012 年第 7 期。

|第一章|

经济强国与品牌经济：文献综述与启示

美国《商业周刊》和 Interbrand 发布的 2013 年全球企业品牌价值 100 强排行榜上，美国苹果在所有品牌中排名榜首，品牌估值高达 1 850.71 亿美元。排名第二的是美国谷歌，2012 年出现价值下滑的谷歌在 2013 年转降为升，实现了 5% 的品牌价值增长，品牌估值为 1 136.69 亿美元。IBM 排在第三位，品牌估值为 1 125.36 亿美元，麦当劳排在第四位，品牌估值为 902.56 亿美元，可口可乐排在第五位，品牌估值为 784.15 亿美元。欧美等国家在经济发展的同时也实现了品牌建设的同步前行。除美国以外，在德国经济的全面振兴中，奔驰和宝马成了德国的代名词，德国制造享誉世界；当日本制造文化在全球蔓延的时候，日本品牌快速崛起，松下、索尼、丰田在世界上大行其道，日本前首相中曾根康弘曾骄傲地说："在国际交往中，索尼是我的左脸，丰田是我的右脸"；在韩国新兴市场的崛起进程中，三星也借此机会发展顺势腾飞。从上述情况可以看出，发达国家的品牌经济正在快速发展，国家品牌价值已跃居全球前列。这对一直追求经济赶超的中国经济而言，无疑是一种巨大的冲击。因此，在当今时代背景下，要想实现经济强国的目标，必须高度关注品牌经济的理论和实践。

第一节 聚焦经济强国：国内外文献综述

1983 年 5 月 9 日，美国新闻与世界发表了根据估计产值列出的 2000 年十大经济强国，其中中国排名第七位。改革开放 30 多年以来，中国经济的发展成果举世瞩目，中国国内生产总值在 2010 年超过日本，成为世界第二大经济体，仅次于美国。这也是自 1986 年以来，日本坚守的世界第二大经济体的"宝座"首次易主到其他国家。从经济总量、经济效益和经济影响来看，中国已经迈入经济大国的行列。但是中国 GDP 存在着严重的结构问题，产生了城乡收入差距、行业收入差距，区域发展不平衡导致了贫富差距过大的问题；经济发展主要依赖投资与出口导致经济下行的问题；以及经济发展方式导致的生态环境破坏等问题。基于这些问题，我国学者在 21 世纪初已经开始探讨中国目前仅仅是一个经济大国而不是一个经济强国这一课题。

一、经济强国内涵的相关文献

刘金（2006）认为经济强国是指一个国家在国际上的相对地位，以及这种地位相对其他国家的意义；经济强国的基础和核心是经济增长，它的经济地位可以用国际竞争力和综合国力来体现；国际竞争力和综合国力的基础也是经济增长。刘金对经济强国的定义比较宽泛，不能很好地区分经济大国和经济强国。张幼文（2002）从世界经济发展史的角度提出经济强国是一个历史概念，指一个国家在国际上的相对地位，以及这种地位对其他国家的意义。在经济全球化的当今社会，根据中国发展的现状，他从经济规模、人均产值、贸易总量和具有绝对优势的现代产品、产业结构、在全球经济发展进程中的主动地位、科技先进并具有把高新科技转化为生产力的能力、拥有代表知识经济发展的广义上的生产要素、可自由兑换的货币和发达稳健的国内金融体系、较强的体制竞争力与综合竞争力、较强的国际影响力和对外抗风险能力、有效的宏观经济管理和强有力的政府、在国际经济体系及其发展中具有重要地位、在国际格局中具有重要地位这十三个方面说明了经济强国的内涵。①张幼文从总体上把握了经济强国的内涵，但是对其具体的十三个方面没有量化，导致了没有一个确切的标准。魏礼群（2013）在经济强国的内涵中提出还需要具备高端化和生态化的产业结构，在全球产业分工中占据有利地位和具有高度的城市化，并形成一批具有国际影响力的城市群。②魏礼群（2013）补充的这两个方面也是经济强国外在的表现形式。王海燕（2013）则从财富的角度来定义经济强国，认为判断一个国家是否是强国的重要标准在于一个国家是否具有一些能力，即创造财富的能力、影响财富创造的能力、保护财富的能力以及掠夺财富的能力。这样的定义更难去衡量，没有具体到各个方面。我国在经济竞争能力和质量方面与其他国家还存在较大差距，中国有必要在稳步推进改革开放过程中不断提升科技和信息化水平。

二、我国建设经济强国的指标研究文献研究

吴雪明（2007）从经济强国的国际竞争力的角度来对经济强国指标化。他设计了一套由 50 个单项指数、八大分类指数和三层综合指数构成的三级三层经济强国指标体系。其中 50 个单项指数是根据 WDI 和 EUI 数据库中的具体指标经过标准化处理后得到的，八大分类指数包括科学技术水平指数、信息化水平指数、市场化程度指数、开放度水平指数、抗风险能力指数、生产能力指数、发展前景指数和可持续发展指数。三层经济强国综合指数具体指经济强度指数、经济强大指数和经济强盛指数。这是我国学者首次把我国经济发展的数据量化来研究我国的经济强国指数。魏礼群（2013）提出可以用国内生产总值的世界占比、科技创新水平指数、服务业产值占比、城市化率和国际储备货币占比这五个综合指标来量化经济强国。吴雪明和魏礼群设计的经济强国指数主要是针对一个国家的经济整体而言，没有关注到民生这个方面。

---

① 张幼文：《建设经济强国的目标与机遇》，《世界经济研究》2002 年第 S1 期。
② 魏礼群：《由经济大国到经济强国的发展战略》，《全球化》2013 年第 6 期。

根据学者们对经济强国的内涵的分析，可以用国内生产总值的世界占比、R&D 水平指数、三大产业比重、城市化率、国际储备货币占比这五个综合指标来量化经济强国。

（一）国内生产总值的世界占比

一个经济强国必须是经济总量大国，但是一个经济大国不一定是一个经济强国，经济大国是走上经济强国的基础。据世界银行的统计，2013 年美国、中国、日本、德国、法国的国内生产总值排名前五，分别占世界 GDP 的比重分别为 25.7%、12.0%、9.6%、5.3%、4.1%。从以上数据可以看出，中国的经济总量排名世界第二。虽然与美国有所差距，但其经济总量还是符合一个经济大国的要求。我国人均 GDP 的排名为第 86 名，这也是我国并不是一个经济强国的最有力的佐证。

（二）R&D 支出

R&D（research and development，研发），指在科学技术领域，为增加知识总量（包括人类文化和社会知识的总量），以及运用这些知识去创造新的应用进行的系统的创造性的活动，包括基础研究、应用研究、试验发展三类活动。

国际上通常采用 R&D 活动的规模和强度指标反映一国的科技实力和核心竞争力。一国的 R&D 水平体现着一国的政治经济实力；一个企业的 R&D 水平，体现着一个企业的竞争力。2013 年中国 R&D 经费支出 11 906 亿元，比上年增长 15.6%，占国内生产总值的 2.09%，其中基础研究经费 569 亿元。我国的 R&D 现状不容乐观，一是投入强度过低，二是结构不太合理。

（三）产业结构优化

现代经济强国都具有高度化与生态化的产业结构。可以用服务业产值高低占比来测度是否为经济强国。一般认为，一个具有高度化产业结构的经济强国，服务业产值占 GDP 的比重应在 70% 左右。据世界银行的统计，2012 年美国、日本、德国、法国的服务业产值占 GDP 比重分别为 79.7%、71.4%、71.1%、79.8%。国家统计局公布的《2013 年统计公报》显示，2013 年第一产业增加值比重为

10.0%，比上年略微下降 0.1 个百分点，比重基本持平，而第三产业比重则明显提高，达到 46.1%，比上年提高 1.5 个百分点，比第二产业比重高 2.2 个百分点，这是第三产业比重首次超过第二产业。从服务业产值占比来看，中国经济与经济强国地位的确还有相当的距离。应当说，推动服务业特别是现代服务业发展壮大，推动新兴产业、先进制造业等产业发展，以及培育一批跨国企业和世界知名品牌，是我国未来产业结构调整的战略方向。

（四）城市化率

城市化是一个国家现代化的重要内容，也是衡量一国现代化水平的重要标志，一个经济强国必须具有较高的城市化率。据世界银行统计，2012 年美国、日本、德国的城市化率分别为 82.4%、91.1%、73.9%，我国的城镇化率目前仅为 52.57%。按照国际衡量标准，一般认为发达国家的城市化率普遍超过 70%，按此标准，我国的城市化率还有待进一步提高。我国正处于城镇化进程的加速阶段，这对于实现经济强国目标具有战略意义。当然，鉴于我国特殊的基本国情，可不必追求其他发达国家过高的城市化率。

我们旧城镇化的城市化率虽然很高，城市化的质量却不是很高。一是一味地大城市化，出现了交通拥堵、环境恶化、空气污染等严重的"大城市病"。二是市民化程度不高，存在 2.36 亿农民工，没有真正的市民资格，扣除这部分流动人口，真实的城市化率不足 35%。三是城市的总体功能很差，用地粗放低效，出现不少鬼城，形成了房地产的泡沫。

（五）国际储备货币占比

一个国家的货币能被世界上其他国家作为流通、计价、结算货币。尤其作为储备货币，则无可置疑地反映了这个国家在国际经济体系中地位和影响力，是一个国家经济实力强大的集中体现。按照一般的衡量标准，一国货币能在世界储备货币中占到 4% 左右，可被认为是一种国际化货币。据 IMF 的统计，2010 年美元、欧元、英镑和日元在国际储备货币中的占比分别为 62%、26%、4%、4%，而人民币在国际储备货币中的占比还不到 1%。换句话说，人民币的国际化程度比较低，国际商品市场较少使用人民币进行计价和结算，我国在国际金融市场上的大宗商品定价权非常有限，离金融强国支撑的经济强国还有较远的距离。

三、经济强国的国外实践经验研究与文献

柳思维（2010）把西方国家的经济强国模式分为四种类型，一是西班牙、葡萄牙和荷兰的外向扩张主导、贸易型经济强国模式，这种模式的国家主要是靠殖民和其独特的地理优势，实施重商主义的富国战略；二是以英国和美国为代表的制度与技术创新领先、工业主导型经济强国模式，这些国家不仅仅依靠海外殖民掠夺与海外贸易，也依靠制度创新的优势与发达的工业与技术支撑海外扩张，不再是野蛮的掠夺财富，而是通过贸易中的"剪刀差"来聚敛财富；三是以德国和日本为代表的技术与工业优势支撑下的武力侵略型经济强国模式，通过发动世界战争企图成为世界的霸主，这种以武力输出的法西斯模式无可避免地导致最终失败；四是法国和俄罗斯的混合型经济强国模式，这种模式不仅有英美的对外扩张特征，兼含着复杂的地理、文化与制度因素。柳思维总结的西方强国模式具有时间的局限性。

伍贻康、杨逢珉（2003）总结了日本、德国和韩国在二战后的经济模式。战后日本把"经济至上"作为日本经济发展的基本模式；德国则在彻底否定纳粹国家社会主义经济模式后开创了经济发展的独特的第三条道路，这种模式结合了市场经济、国家干预和社会保障；韩国则是工业化优先的发展模式，先工业后农业，发展重化工业，积极推动外向型经济的发展模式。

德国——从"厚颜无耻"到"德国制造"

2013年 Interbrand 全球最佳品牌 100 强出炉，位列第二位的是二战中的最大输家——德国。德国的工业革命足足比英国晚了近 80 年。而"德国制造"更是被当时的"世界工厂"嗤之以鼻。二战结束至今也不过 70 余年，德意志民族在之后的岁月里，凭着自身严谨的态度，创造出了无数知名品牌。如此短时间内德国崛起速度之快简直令人瞠目结舌。"厚颜无耻"是 125 年前英国人给德国制造的产品扣上的帽子。实际上，"德国制造"的标牌是英国人在 125 年前故意贬低德国商品的主意，

没想到造就了百年后掷地有声的质量品牌。

德国的可畏之处不仅在于坚持科技创新，让本土企业占据产业链高端，还在于培育出大量高素质的工人和科研人员，以确保生产环节的严标准和高质量。企业是德国最活跃的创新主体，其科研投入占全国总量的70%。欧盟企业研发投资排名中，前25位就有11家德国公司。排名第一的大众汽车公司1年研发经费高达58亿欧元。马普学会、亥姆霍兹联合会、莱布尼茨联合会和弗劳恩霍夫应用研究促进协会这德国四大公共科研机构的研究方向从基础到应用各有不同，科研员工均超过万人，年度预算在13亿至30亿欧元，与全国近300所高校和地方科研机构织成一张统筹互补的科研网。由于一线工人直接关系到每一个产品的品质，职业教育则实施德国著名的"双轨制"——由学校和企业联合培养。这种从普鲁士时期便已定型的半工半学体制，既保证了工人的高素质和动手能力，也在潜移默化中使德国精益求精、一丝不苟的职业操守得以代代相传。对于更高层次的硕博士培养，德国大部分理工科硕、博士研究生都会拿出1年左右到企业实习，在一线生产实践中确定选题完成毕业论文。此外，一些企业与大学、研究机构建立定期联系，将部分研发人员送往高校进行再培训。

中国是个制造业大国，无论走到世界的哪个角落，都能轻松买到"made in china"的产品。但是中国却不是制造强国，大部分中国制造业都以OEM闻名，靠着拿到国际大厂的定单和设计图来制造，而在产品质量上却一直没有得到国际的认可。俗话说"千里长堤溃于蚁穴"，只要有一个细节出现问题，整个产品就不会有好结果。除了本身监管系统完善的大企业，众多中小企业也要加强对产品生产的监管力度，本着切实负责的态度来从事制造，为人民谋福利。也只有加强监管，才能有助于潜心开发制造，保质保量，在成为制造大国的同时也成为制造强国。

德国非常重视中小企业的发展。其实，大部分的德国企业都是中小企业，规模虽然非常小，可是并不妨碍他们在各自的领域成为世界上的龙头企业。目前，有1 000多家德国中小企业在世界同类市场中遥遥领先。这些中小企业看问题更为长远和专注，他们会设身处地地考虑客户的需要，重视技术的持续发展，强调创新和产品质量，利用自身的技术创新和坚固的品质不断增加品牌效益，扩大品牌价值。改革开放30多年来中国的中小企业在技术创新方面还有许多不足，品牌创建更是微乎其微，与德国比起来还有很长的路要走。

第二节　探源品牌经济：国内外文献综述

一、品牌的定义

　　传播学和营销学领域对品牌有众多定义，其中权威营销专家菲利普·科特勒博士给出的定义具有广泛代表性，即品牌是一种名称、术语、标记、符号或图案，或是它们的相互结合，用以识别某个销售者或是某群销售者的产品或服务，并使之与竞争对手的产品和服务相区别。孙日瑶（2004）从经济学角度，对品牌进行了定义，即品牌是一种专有信用符号，它通过将锁定的目标顾客的买点转变为自己的卖点，来降低他们的选择成本且与他们产生情感共鸣，与此同时，给品牌所有者带来持续的市场收益。孙日瑶、刘华军（2007）又给出了对于品牌的经济学更为精简和准确的定义，即品牌是与目标顾客达成长期利益均衡，从而降低其选择成本的排他性品类符号。

二、品牌经济的定义

　　从文献资料来看，刘明珍（2004）就品牌经济学的相关问题进行了研究。他给品牌经济学下的定义是："以品牌为对象，运用经济学原理和方法，研究影响品牌形成和发展的内外部因素和宏微观条件，揭示品牌发展规律，寻求对品牌培育经营的最佳途径，为实践提供理论指导。"孙日瑶（2005）就品牌经济学的任务、对象和若干基本问题进行了研究，认为品牌经济学的核心是描述、解释品牌为何以及如何影响人们的选择行为，根本任务是从经济理论上，对如何更快地提升品牌竞争力提供切实可行的理论和方法指导。刘华军在孙日瑶的指导下就品牌经济学的系列问题进行了研究。冯蕾音、钱天放（2004）认为品牌经济就是以品牌为核心整合各种经济要素，带动经济整体运营的一种经济形态。它是企业经营的高级形态，也是市场经济高级阶段形态、一种新高度的经济文明。它具有市场经济的基本要素，但又具备市场经济初级阶段不具备的新经济要素乃至新文化要素，具有一系列新的结构、规范、秩序。它可以分为单个企业的品牌化运营、市场总体的品牌化运营体系即市场经济高级阶段形态、区域品牌化运营体系三个组成部分。

三、品牌经济学的理论研究

孙日瑶、刘华军（2007）通过区分交易费用与选择成本的差别，对品牌经济学分析范式——选择成本进行了分析。消费者在购买商品的过程中，不仅要支付商品的价格，还要支付为做出决策而搜集相关信息的成本，同时也要支付决策本身所需要的选择成本。在引入品牌的选择过程中，消费者根据需求而直接选择信任品牌，节省了信息搜集成本和选择成本，提高了选择效率。刘华军（2007）把品牌作为内生变量，研究品牌对需求曲线的影响，构筑品牌经济学的理论基础。需求定律是经济分析的重要理论基础，品牌信用度的提高不但使得传统的需求曲线向右移动还使其变得更为陡峭，在供给不变的情况下，使得均衡价格提高、均衡数量增加，不但增加了消费者剩余还增加了生产者剩余，而且提高了整个社会的福利水平。刘华军建立了一个比较静态模型，对消费者均衡、生产者均衡以及消费者和厂商同时均衡进行了研究。在品牌信用度为1的条件下，消费者达到选择成本最小化，厂商利润实现最大化，其利润取决于消费者对该品牌所代表的品类的最大需求量，此时，消费者、厂商以及消费者与厂商同时实现均衡。

品牌经济学将品牌引入企业与经济增长中，从另一角度对企业发展、经济增长做出解释。爆炸式增长条件下企业持续增长问题至关重要，刘华军将品牌模型引入企业增长，将消费者的选择和企业内部管理策略结合起来，提出企业永续增长的品牌模型，得出当品牌品类度等于1且品牌策略无误的情况下，企业才能实现增长的永续性。刘华军构建了现代经济增长的综合分析框架：分工——制度——品牌模型。分工带来专业化程度的提高，提高了生产效率，同时也带来了交易费用的上升。良好的制度安排能降低交易费用，提高经济组织的效率，从而促进经济增长。分工与制度从生产供给角度解释了生产效率对经济增长的作用。

分工带来了生产效率的提高，从而导致产量增加和多样化，使消费者面临"爆炸式增长"，选择成本提高，选择效率降低。品牌能有效降低消费者的选择成本，从需求方面解释消费者选择效率对经济增长的作用。

孙日瑶、刘华军（2006）从微观的企业永续增长问题切入研究整个经济的永续增长问题，提出企业永续的现金收益流是企业乃至整个经济永续增长的基础和前提。在过剩经济背景下，企业的品牌和品牌策略决定企业永续的现金收益流。通过构筑经济增长的品牌拉力模型，对经济永续增长做出了解释和说明，在品牌品类度趋向于1的条件下，只要人类对该品类存在需求，就必然对该品牌产生购买需求，使整个经济的消费需求得到保证，从而拉动经济的永续增长。品牌对促进经济增长至关重要，企业的永续增长必须依靠品牌拉力，这个拉力是消费者的选择和购买，而影响消费者选择和购买的因素就是品牌，拥有众多品牌的国家，其经济的永续增长才有保障。品牌拉力模型从需求角度对促进经济持续增长的因素进行了分析，其数理化的证明方式具有说服力，但它又过于强调品牌的作用，整体经济的持续增长并不绝对是微观企业持续增长的加总。

四、品牌经济学的应用研究

部分专家学者将品牌经济学与相关理论结合，解释现实经济理论及现象。孙日瑶（2005）从自主创新角度研究了品牌经济学问题，证明了在价格一定的条件下，厂商要通过提高品牌品类度获得持久发展，关键是采取与对手品牌所在品类相反的分异方向，要求在自主创新战略中，实施以品牌品类创新为导向的品牌工程。刘华军（2006）在过剩经济条件下，研究了原材料供应商、生产商、储运商、零售商以及消费者五大环节在内的供应链问题，分析比较了供应链的各个环节。认为消费者的选择和购买是整个供应链的拉力，厂商应采取面对终端消费者的品牌建设，使其横向与纵向上都占据优势，从而获得更大利益。薄亚利、薄利娜（2008）把价值链定义为单个企业价值活动的范围，包括供应商、制造商、中间商和顾客等利益相关者，然后引入品牌，认为在品牌经济下，以创造高价值品牌为目的的价值链将更能体现顾客的需要。潘亚宁（2007）将品牌注入"产业内贸易"，提出"品牌贸易"思想，从品牌经济学角度对产业内贸易现象提供了新的解释。孙日瑶、刘呈庆（2007）研究了政府资源配置参与情况下可持续发展问题，结果表明，品牌经济具有追求可持续的内在动机，它能够有效促进物种与环境保护、促进充分就业、提升区域可持续竞争力。曹琳、孙日瑶（2011）在品牌经济学框架下，分析了名人代言提高销量和价格的机制以及成功的条件。名人代言实际是一种品牌联合策略，通过代言改变品牌信用度，影响消费者选择成本，改变需求函数。名人代言策略的成功取决于产品品牌和名人品牌的品牌信用、二者品类的契合系数。

更多专家学者将品牌经济学用于产品产业研究，将品牌因素注入产品产业内发展，从新的角度分析了产品现状、产业发展，提出了促进产品生产、产业发展的对策。沈丽（2009）将品牌经济学理论用于信用卡竞争研究中，构建消费者选择基本模型，分析消费者选择行为的品牌机制及信用卡竞争的品牌机制，提出了信用卡竞争的品牌经济策略。沈丽、于华阳（2010）又进一步推进信用卡的品牌经济学分析，率先提出信用卡市场有效差异化的判断标准，构建了有效产品差异化竞争模型，对商业银行的有效差异化策略效果进行评价并为有效差异化对策的提出提供事实依据。吴珊（2008）基于品牌经济学前期研究成果，结合中国服装业现状，从中国服装业发展面临的问题入手，以改变企业低成本竞争为主的盈利模式为目的，提出通过建立品类级服装品牌的途径，改变企业的盈利模式，从而促进整个服装产业发展。朱红红（2009）利用品牌经济学分析方法分析解决旅游景区盈利成长与资源有限性之间的矛盾问题，建立基于情感偏好的品牌延伸模型，避开旅游景区盈利成长受到资源空间与时间制约因素，利用品牌促进其持续盈利。陈思（2009）对星巴克进行了品牌经济分析，运用品牌信用模型，以全新角度对星巴克品牌做出解释，最终得出，星巴克要想持续发展，一方面要利用品类打造品牌，而后用品牌主导品类发展，另一方面要避免品牌策略出现问题。孙日瑶、沙楠（2010）用品牌经济学理论研究了私人医疗服务市场，通过构建模型证明，当私立医院重视品牌建设时，所面临的需求曲线将顺时针旋转以及向右移动，从而能增加整个社会的福利水平。此外，品牌经济学还涉足装备制造业、学校发展、房地产等领域的研究。

我国学者研究品牌经济的相对较少，主要是停留在产品品牌层面，对产品品牌所能带来的经济效应，还停留在区域层面。

第三节 逻辑关系：经济强国与品牌经济

一、经济强国的实现路径

对我国实现经济强国的路径研究主要集中在宏观层面，依赖的主体主要是政府。就大的方向而言，可以分成两个方面，即内部转型和外部升级。

（一）内部转型

学者研究最多的方面就是我国如何由经济大国转变为经济强国。伍贻康、杨逢珉（2003）在总结经济强国发展模式的经验基础上，提出要坚持市场经济的核心和原动力——竞争，同时国家也要进行符合市场规律的经济干预和行政干预。魏礼群（2013）研究总结世界上经济强国崛起的历史进程，提出了要重视世界历史的发展机遇；重视科学技术的创新；重视人力资本的投资；重视城市化的持续推进；重视体制机制的改革；重视实施海洋强国战略；重视扩大对外开放。张占斌（2014）提出建设经济强国必须保持合理经济增长速度，中国已经进入中速发展的阶段，不能再一味地强调经济的发展速度，需要着力提高经济质量和效益，实现经济的可持续发展。总结学者们提出的具体措施，主要有以下几个方面：

1. 高质量的经济增长

所谓高质量的经济增长，是指放弃原有一味追求增长速度的目标，转为向更加高效的经济增长的目标迈进的举措。具体而言，即是指以区域的均衡发展和产业的均衡发展作为经济发展的未来目标。

（1）区域均衡发展。

具体而言，区域均衡发展可采取如下两点举措。

第一，实行城市反哺农村、工业反哺农业，推进社会主义新农村建设，推进农村综合改革。巩固乡镇机构改革成果，提高行政效率。推进农村义务教育体制改革，完善农村义务教育经费保障机制。推进"乡财县管乡用"财政管理体制改革，积极探索化解乡村债务的有效途径。进一步完善农村土地经营制度。同时也要加快中心城区和县城发展，提高中心城市的辐射带动能力，逐步形成布局合理、协调发展的城镇体系。推进城镇化发展，完善城市的发展功能、管理功能和服务功能，实现公共服务的均等化。

第二，改革开放以来，中国陆续设立了深圳、珠海、汕头、厦门四个经济特区，随后得到了快速发展。现在，中国经济形成了东、中、西的战略格局，但是，原有的战略思想已经不能适应中国经济发展的现实需要，"先富"战略应该向"共富"转变，从而共同推进中国经济的腾飞。

（2）产业均衡发展。

郭洪涛（2012）提出均衡发展不仅仅只是区域之间的均衡，同时也应该是产业之间的均衡发展。产业之间的均衡是指形成合理的三、二、一产业层次结构。目前，中国的三次产业结构为二、三、一。在这种情况下要大力发展第三产业。第三产业比重的提高不仅能够吸纳较多的就业人口，而且对拉动经济增长具有长期有效的循环累计效应。目前中国应实行均衡策略，实现中国经济的平衡式发展。

2. 可持续的经济增长

要实现可持续的经济增长，必须从以下三个方面努力。

第一，科技进步与创新。

所有的学者都不能否认科技创新对经济增长的作用。从工业文明开始，科技创新是决定生产力发展的决定因素，是实现经济强国的根本途径。科学技术水平和创新能力最终决定生产力水平和综合国力。人们早已从实践中认识到这一点，所以世界各国纷纷把科技进步特别是核心关键技术的创新进步作为国家战略，增加科技投入，加快科技发展。在发展科技创新的过程中，必须坚持走中国特色的自主创新道路，以全球视野谋划和推动创新，提高原始创新、集成创新和引进消化吸收再创新能力，更加注重协同创新。

第二，加快知识经济发展，完善人才储备的梯队建设。

李景春（2002）在论述高等教育强国与经济强国的辩证互动中指出，知识经济是以知识的生产、传播、应用和消费为核心的经济体系，科技知识是经济的最基本资源和生产的最核心要素。经济合作与发展组织(OECD)成员国的经济增长中，科技知识的贡献率已经达到80%以上，成为生产力提高和经济增长的内在动力。美国经济学家马克卢普认为，在社会进入后工业时代条件下，知识产业成为最重要的产业部门，作为开发、生产和传播知识的大学，必将成为社会和知识产业的"核心部分"。

第三，追求绿色经济增长新模式。

加强能源资源节约和生态环境保护，增强可持续发展能力，消除制约节能减排的体制性、机制性障碍，建立有效的激励机制。充分发挥市场机制作用，有效运用价格、收费、税收、财政、金融等经济杠杆，促进能源节约和环境保护。健全矿产资源有偿使用制度，建立生态环境补偿机制，制定和完善鼓励节能减排的税收政策。加快构建节约型的生产方式和消费模式，以能源的高效利用促进经济社会可持续发展。深化资源性产品价格改革。推进天然气、供水等资源性产品价格改革方案。大力发展循环经济。按照"减量化、再利用、可循环"的原则，在资源开采、生产消耗、废物产生、消费环节，加快建立资源循环利用体系，促进能源、资源及废弃物的综合利用，努力以最小的资源消耗和环境代价实现最大的发展效益。

3. 以人为本的经济增长

郭洪涛（2012）认为，人是经济现代化的建设者和推动者，党的十六届三中全会首次提出以人为本的核心思想，以人为本的根本含义即人是最重要的，应该努力实现人民的小康生活，深刻反映了党全心全意为人民服务的宗旨。本书认为，必须审慎处理以下几种关系：

第一，国富和民富的关系。从中国的基尼系数和人均GDP就可以看出，中国的贫富差距如此之大，人均收入水平与发达国家相比如此之低。各个领域的"精英部队"获得高收入无可厚非，但是这不能成为收入差距之大的理由。人均收入水平之低更不能体现社会主义制度的优越性。国富而民不富的现状必须改变；只有民富，才能实现真正意义上的国富。

第二，发展和就业的关系。"发展就是硬道理"，但是经济的高速发展并不必然能够带动就业水平的提高，在进行产业布局时不能一味地发展高科技产业，合理的高科技产业和劳动密集型产业布局对于吸纳人口、维护社会稳定具有重要作用。

（二）外部升级

张幼文（2012）则从对外经济关系角度来探讨这一问题，认为中国需要实现五个意义上的转型与升级，总的来说就是要实现开放战略向国际战略的转型升级，即"实现双向开放、改善外部环境、维护合法权益、提升发展效益、参与全球治理、承担大国责任的国际经济战略"，或者说是"开放型经济发展的国际战略"。这就是一条从"大国"走向"强国"的发展道路。具体而言，需要做到如下几步。

1. 完善资本市场

由经济大国向经济强国转变的关键一环是中国资本市场的跨越式发展，使中国正在成为一个资本大国。在未来相当长时期里，中国的金融资产特别是证券化金融资产会有一个前所未有的成长，以实现中国资本市场的跨越式发展。这种不可逆的趋势也就是中国由经济大国向经济强国的迈进过程。主要包括两层含义：

第一层含义是在全球化背景下拓展我国资本市场。第一，发展资本市场有利于我国经济参与全球范围内的生产要素的配置；第二，发展资本市场有利于我国产业结构在全球范围内的结构调整中，实现升级转型；第三，发展资本市场有利于增强我国经济金融在开放的条件下运行的弹性。

第二层含义是在全球金融市场格局新的变化下推动我国资本市场创新。随着经济发展的全球化进程，全球金融市场格局也正在发生着深刻的变化。投资者和融资者不通过银行等金融机构而直接以股票、证券、保险、基金等形式进行资金交易的金融脱媒趋势进一步加速。20世纪70年代到90年代末，金融脱媒带来了美国金融系统最深刻的变革，直接融资在融资整体体系中的比重显著上升。在我国，这种金融脱媒现象随着境内资本市场的快速发展和日趋活跃，近年来，金融脱媒有加速的态势。顺应金融市场格局的变化，我国资本市场应加快制度创新步伐，不断增强竞争实力。

2. 培育大型跨国企业集团

企业是实现中国经济由大变强的脊梁和基石。当今国际经济的竞争很大程度上是各国企业的竞争，拥有国际竞争力的大型跨国公司的数量往往代表了一个国家的经济实力。有关研究资料表明，全世界 6.4 万家跨国公司控制着全球 1/3 的生产、2/3 的国际贸易、70% 的技术专利、90% 的国际直接投资。

在市场经济条件下，企业直接面对市场，出于生存和发展的需要，做大做强的内在需要和动力最为强烈。从国家的战略角度来讲，支持企业做大做强，也是应对激烈的国际竞争，积极参与国际经济交流与合作的重要基础。支持企业做大做强，关键是要为企业的发展创造一个良好的环境，在全社会形成一种支持企业，尊重企业家的良好氛围。政府要强化服务和协调的功能，维护市场秩序，打破地区和条块分割，努力为企业的发展创造一个公平、公正、公开的竞争环境，通过多种途径，推动建立一批具有国际竞争力的大型跨国企业集团，积极鼓励企业在国际竞争中发展壮大。

二、品牌经济与经济强国关系构想

菲利普·科特勒认为品牌不仅具有功能性价值，还具有情感性价值，品牌在本质上代表着卖者对交付给买者的产品特征、利益和服务的一贯性承诺，品牌的本质是企业与消费者之间的无形契约。具体来讲，结合前面谈到的经济强国建设路径，品牌经济建设与经济强国的关系主要发生在内部转型层次，具体内容包括四个方面。

（一）品牌经济建设与高质量经济建设

学者在品牌与区域经济增长关系方面的研究主要集中在品牌对区域经济增长的正向推动上。区域品牌较好的地区经济发展也较好，反之，地区的经济发展也往往落后。区域经济发展与区域品牌塑造密切相关。品牌与区域经济存在互动关系，品牌推动区域经济的发展，而区域经济的发展促进品牌的成长。地区知名品牌的数量和质量将影响该地区的发展趋势，从而进一步影响着地区经济的格局。我国 500 强品牌的地区差异与我国经济发展水平的地区差异规律基本一致。

品牌对区域经济增长作用机制方面的研究，尝试着揭示品牌促进区域经济增长的内在规律和过程。品牌资本可以通过两种途径促进区域经济增长，一种是通过生产函数直接带来产出的增长，另一种通过增加人均资本增长率，从而带来经济增长。企业家通过比较生产活动与品牌创新活动经济贡献的大小来配置雇员从事生产活动和从事品牌创新活动的份额，进而影响经济增长。

品牌与产业集群方面的研究集中探讨品牌与产业集聚之间的关系。区域品牌是区域经济发展的产物，产业集群是区域品牌的有形资产，区域品牌是产业集群的无形资产。产业集群有利于形成区域品牌并能够使之得到有效的维护，区域产业的集聚，无形资产不断增长，使人均资本随着产业集群无形资产的增长而增长，区域人均产出也不断增长。学界对于品牌与经济增长之间关系的研究较多，但对品牌对经济增长的影响程度、贡献率大小的量化研究缺乏。

品牌资本对我国经济增长的贡献率很低，最高年份的贡献率也只有0.040 255。品牌资本的投入产出弹性系数也很低，而其他资本的投入产出弹性系数达到0.678 9，说明我国经济增长中固定资产投资的贡献率很大。这种分析结果与我国长期在品牌资本的投入方面重视不足，品牌资本运营刚处于起步阶段的情况相吻合。例如，2010年世界品牌500强中，我国入选数仅为17个，而美国为237个，法国为47个，日本为41个。我国的全球性品牌数量与经济总量极不相称。

另外，从近期趋势来看，品牌资本对我国经济增长的贡献率在逐渐加大，2009年已达到0.020 742。这与我国最近几年大力实施品牌战略，政府和企业均对品牌运营更加重视，投入力度有所加大的状况一致。1997年前后的贡献率数据较大，与我国商标注册政策有关，这期间曾经允许个人商标注册，后来该项政策取消，数据又趋于正常。

（二）品牌经济与可持续经济建设

环境保护的核心是三废排放问题，在生产过程中，三废排放具有必然性。目前提倡的循环经济就是从资源角度将各种排放物作为资源加以利用，而不是作为废物放弃，特别是能源循环、水循环、固体废碴循环、废气循环。但是，所有的循环都必须建立在产品能够销售出去的基础上，也就是要通过销售完成价值转换。否则，一切循环全都停留在技术层面。

目前，最为关注的是废水处理，特别是化工、造纸、食品、制药等。这些企业在投资时都要求必须建设配套的污水处理设备。然而，事实是相当多的企业即使建成了这些处理设备，存在运行费用，也没有投入运行。特别是在过剩竞争的条件下，每个行业的企业之间采取了价格战，企业内部自然采取降低成本的策略。此时，关闭废水处理设备以节省费用，就成为首选。而当地政府部门为了确保此类企业的税收和就业，也不采取坚决的关闭措施，最多是罚款了事。其实，对该类企业来讲，只要罚款小于运行费用即可接受。对政府罚款部门来讲，此类罚款还是本部门的收入，因此，该政府部门的最大化利益就是将罚款额限定在运行成本之下。目前关于区域三废排放控制问题主要有三种办法，即税收、许可证、限定标准。许可证和限定标准都要求有很高的监督成本，否则，其形同虚设。而且在我国目前的政府体制下，绝对无法避免企业与政府监督部门之间的交易行为。税收的办法则取决于区域对企业投资的竞争。如果其他区域都不对三废排放征税，则某个区域就不会开征，因为开征此税将增加企业成本。即使开征，如果属于地方税，则地方政府为了吸引或争夺投资者，也有可能减免该税。如果属于国税，也必须返还地方以用于地方环境整治，而一旦返还又有可能被地方政府以各种方式返还给企业。对企业来讲，是否采取三废处理，关键在于三废处理的投资和运行费用。投资属于固定费用，运行属于变动费用，那么，什么样的企业愿意采取三废处理投资和运行呢？笔者认为，只有那些追求品牌的企业，才有内在的意愿或动机。也只有追求品牌的企业，才能避免价格战。

在这个品牌的建设过程中，如果该品牌不愿意进行三废处理，被民间环保组织列入环境破坏者的名单并予以公布，特别是通过网络发布，传播速度将非常快，传播范围也将非常广泛。由此，将极大降低消费者对该品牌的认可，从而减少选购。由此以来，该品牌就难以生存下去。换言之，对于这些追求长期品牌的厂商来讲，不进行三废处理的风险远远大于进行三废处理的费用，它们当然要采取三废处理的措施。单纯从财务角度看，凡是追求品牌建设的企业，最终都将成为大规模企业，而大规模企业有能力承担降低三废排放的技术，也有能力承受三废处理的费用。

（三）品牌经济与以人为本经济建设

所谓有效就业，是指通过就业所得收入，能够满足自身生活、承担子女教育和基本医疗费用。但是，我国目前的以贴牌加工贸易为主的加工业，由于利润极其微薄，员工的工资也非常低。仅仅处于维持自己的生活水平，根本不可能承担子女教育和自身的基本医疗费用。在这种经济体系下，一切可持续发展都是空谈。

经济学解释的是人类的经济行为。而人类经济行为的本质是选择。不管是资源短缺还是信息过剩，正是选择成为人类普遍的经济行为。在供应短缺的经济环境中，人们是在有和无之间选择，目标函数是买到所需要的产品。而在过剩经济环境中，如果说商品品种的增长是算术级数，则内涵的信息增长就是几何级数。选择成本是指通过交易费用，顾客获取一组选择信息之后，从中选择一个品牌所花费的成本。现实中，当顾客在超市、商场、学校、证券市场、期货市场等市场中通过一定的交易费用获得了一组品牌信息之后，亦即解决了信息不完全问题之后，从中最终选择一个品牌仍然需要发生一定的比较花费，这个比较费用就是目标顾客对品牌的选择成本。那么，在信息过剩的条件下，选择成本决定了人们的经济效率。

显然，信任度越高的品牌，消费者的选择成本越低。现实中，在大型超市中，有成千上万的商品，如果没有品牌，消费者从中找到自己所需的商品，将是一件很迷茫和极难抉择的事情。但是，有了品牌引路，一切选择变得如此简单。也正是因为品牌降低了目标顾客的选择成本，所以目标顾客才会不假思索，愉快且持久地选购该品牌。

（四）品牌经济与跨国企业建设

强势品牌具有强大的品牌力。具体表现为：（1）强势品牌具有强大的吸引力。经验表明，20%的强势品牌往往占据着一个行业80%的市场份额；强势品牌具有强大的扩展力。强势品牌不但可以成就企业自身，而且还可以左右其他企业；强势品牌具有强大的延伸能力。强势品牌不仅可以使已有的产品名扬天下，而且可以使新产品迅速成长。（2）强势品牌具有很强的适应力。之所以强势品牌能够源远流长，是因为强势品牌往往能够经得起时间的磨练，与时俱进。从世界最具价值品牌100强的情况来看，89%以上的品牌具有50年以上的历史。（3）强势品牌具有很强的激发力。强势品牌往往能打动消费者，激发员工的热情；强势品牌不但价值高，而且可以获得更多的溢价。（4）强势品牌具有很强的渗透力。

强势品牌具有丰富的文化内涵，容易跨越区域发展，具有很强的渗透力。（5）强势品牌具有很强的品牌联想力。品牌是企业最重要的无形资产，而在这个无形的品牌资产中，品牌联想又最为重要。强势品牌可以给消费者带来丰富联想，满足消费者的心理需要。

　　品牌的基本特征之一就是品牌是企业的无形资产。由于品牌拥有者可以凭借品牌的优势不断获取利益，可以利用品牌的市场开拓力、形象扩张力、资本内蓄力不断发展，因此我们可以看到品牌的价值。这种无形资产和任何资产一样，是可以在市场交易的。在国际国内的各宗并购交易案中，品牌资产作为一块巨大的无形资产，得到了投资人及社会各界的广泛认可。

　　众多企业家更加深刻地认识到，品牌是企业获得持续竞争优势的源泉，是企业由弱变强、由强变久的重要砝码。当一个企业的品牌被市场认可并成为名牌后，市场对该名牌产品的需求量必然猛增，这就给企业生产提供了市场依据。同时，由于出了名牌产品，企业的知名度和信誉度也会提高。这时，企业可利用其名牌效应，一方面扩大原有品牌的生产规模，另一方面推出新的名牌产品，最终形成名牌产品系列，同时企业成为名牌企业。当企业的知名度、能力和经验都已足够时，企业必然会通过收购、合并、参股控股等手段进行资产重组，迅速扩大规模，并进行多元化经营。有条件的企业还可以在适当的时候进行跨国经营。没有品牌的支撑，必然成就不了跨国企业。

第四节　理论与启示：对既有文献的总结

一、品牌建设是衡量一国竞争力的重要指标

　　衡量一个国家竞争力的强弱，从国际上认可看，要看它有多少世界级的品牌。中国需要以品牌立国，只有品牌化才能赋予一个国家和企业长久的竞争力。拥有品牌的多少，是一个国家经济实力的象征，也是一个民族整体素质的体现，品牌代表了质量、效益、竞争力、生命力。

一个国家和一个地区是否拥有或拥有多少强势品牌，既是衡量其经济发展水平的重要标志，也是其经济实力和综合竞争力的反映。因此，发展品牌不仅是企业所需，也是一个国家和地区经济发展的必由之路。

党的十六大以来，为了促进国民经济持续、健康地发展，党中央明确提出，要形成一批有实力的跨国企业和著名品牌。党的十六届五中全会提出要形成一批拥有自主知识产权和知名品牌、国际竞争力较强的优势企业。党的十七大进一步提出加快培育我国的跨国公司和国际知名品牌。为认真贯彻党的十六大、十七大以来的文件精神，落实"十一五"规划目标，深入贯彻落实科学发展观，国家有关部委和各级地方政府都在积极主动出台一系列措施支持我国自主品牌的建设，以提升我国品牌的竞争力。

二、品牌经济建设有助于提升国家形象

企业是创造国民财富的绝对主导力量，品牌的崛起是国家崛起的标志，一个国家的强大与否取决于其具有世界性品牌数量的多寡。这些崛起的品牌也向世界传播着自己的国家品牌的形象和内涵，如美国的微软、IBM、波音，代表着美国的先进科技、经济的强势地位；德国奔驰、宝马汽车代表着德意志精工制造的大国形象。

提到瑞士，人们自然会联想到它的精致制表业。在 2005 年入围世界品牌 500 强的 10 个品牌手表中，瑞士一国就占据了 9 席，其中品牌年龄在百岁以上的就有 7 款，并且还有两款江诗丹顿和芝柏表的年龄均在 200 年以上。还有劳力士和欧米茄手表，它们的名字已深入人心。瑞士不愧为世界制表王国。而荷兰和瑞典两国都是以 4 个世界级品牌打天下。菲利浦、喜力、联合利华和力士让荷兰人骄傲；沃尔沃、爱立信、伊莱克斯和宜家让瑞典人引以自豪。在世界品牌 500 强中占据半壁江山的美国，则表现出了它在制造业、信息产业、金融保险、媒体、教育、批零餐饮，以及咨询等方面的强势力量和霸主地位。

三、中国急需加强品牌经济建设

在世界 100 强的榜单中，排行前五名的全部是外国品牌，而中国品牌却无一上榜。而在 100 强排行榜中的中国企业大多数都是国企，且为垄断企业。中国虽为全球第二大经济体，但在品牌建设上却与美国相距甚远，与经济总量低于中国的日、法、德等国家相比，中国品牌依旧望尘莫及，陷入了大国寡品的尴尬境地，这就是中国模式的品牌缺陷所导致的结果。

中国是一个制造大国，是世界工厂，为世界做代工在中国改革开放以来的发展中起到了不可磨灭的作用。然而，当低廉劳动力优势失去或被取代的时候，中国的制造优势也将不复存在，现在我们已经看到一个个企业将制造中心转移到了印度、越南等国家。为世界做代加工也不是一个国家经济发展的长久之计。作为新兴国家的印度在发展伊始就意识到了这个问题，它没用大力发展自己的制造业优势做"世界工厂"，而是致力于发展更具研发创新能力的软件服务业，做"世界办公室"。OEM 的发展模式为中国经济做出了巨大贡献，但这种模式的缺陷所导致的是中国品牌的缺失。在未来的竞争中，中国品牌要从 OEM 向 ODM 和 OBM 转变，以品牌立国，不断精致化我们的品牌。古代中国是一个很讲究精致化的国家，世界奢侈品的发源地就是中国，如中国的瓷器、丝绸等，都精美绝伦。中国企业要传承精致化的精髓，专心创造、精益求精，使中国品牌为世人所追捧。

本章小结

对经济强国内涵的研究，国内学者从经济增长、综合国力、国际上的相对地位、财富拥有、竞争能力等多个角度进行了探讨。其指标研究主要从国内生产总值的世界占比、R&D 水平指数、三大产业比重、城市化率、国际储备货币占比这五个综合指标进行了研究。国外的实践经验研究，主要集中于曾经在历史上出现辉煌的西方国家，以及二战后崛起的中等发达国家，如韩国等。这些国家实现经济强国的崛起有着不同的特点，有些通过贸易方式实现，有些通过制度与技术创新，有些则依靠技术与工业优势支撑下的武力侵略型路径。

品牌是一种专有信用符号，品牌经济就是以品牌为核心整合各种经济要素，带动经济整体运营的一种经济形态。品牌经济学则是将品牌引入企业与经济增长中，从另一角度对企业发展、经济增长做出解释。品牌经济学代表学者有孙日瑶、刘华军（2007），他们侧重于微观分析，强调成本收益分析。品牌经济学的应用研究有吴珊（2008），朱红红（2009），沈丽、于华阳（2010）等，他们提出了品牌贸易、信用卡市场有效差异化等概念，并对服装、食品消费等市场进行了具体分析。

关于经济强国的实现路径，不少学者研究认为内部转型是非常重要的方面，主要应通过高质量的增长、可持续增长、以人为本的经济增长实现强国转型；开放升级则应完善资本市场、培育大型跨国企业集团等。品牌经济与高质量经济、可持续经济、以人为本经济、跨国企业建设等有着内在的联系。

国内外的相关文献研究带来的启示是：品牌建设是衡量一国经济竞争力的重要指标，品牌经济建设代表并有助于提升国家形象，中国亟须加强品牌经济建设。

|第二章|

转型升级：从经济大国到经济强国的转变

　　由经济大国向经济强国转变的宏伟目标是中国实现富强、民主、文明、和谐的社会主义现代化的重要保障，是中华民族伟大复兴的核心条件。党的十八大"两个百年"①战略节点确立了实现中国经济强国梦的时间表："第一个百年"即到中国共产党成立 100 周年之际，全面建成小康社会；"第二个百年"即到新中国成立 100 周年之际，中国建设成为富强、民主、文明、和谐的社会主义现代化国家。这就要求中国的经济地位必须由经济大国向经济强国转变。截止到 2014 年，中国的经济总量已经取得了很大的突破，2011 年中国国民生产总值达到 73 011 亿美元，跃居世界第二位，仅次于美国；2011 年中国制造业产值为 2.05 万亿美元，首次超过美国，跃居世界第一；2012 年中国贸易进出口总额为 38 668 亿美元，位居世界第二，仅次于美国。但要看到的是，长期注重经济总量的增长，而忽略经济增长的持续、健康、高效性，中国目前的经济暴露出一系列问题：人均 GDP 远远低于中等发达国家；城市化水平与欧美强国相去甚远；科技创新能力不强，缺乏真正的核心技术。因此，本书对经济强国和经济大国的概念进行了梳理，指出目前中国经济发展中存在的不足，为中国走向经济强国指明方向。

---

① "两个一百年"是党的十八大会议中提出的一项奋斗目标，和"中国梦"相辅相成，是我们国家和党未来的发展、奋斗目标。

第一节　经济大国与经济强国的界定

经济大国与经济强国是两个相似但又不同的范畴，国内外学者关于两个概念并没有非常明确、统一的界定。本书探索从量化角度对不同范畴进行考量。

一、经济大国的基本内涵与特征

目前，国内学界对"经济大国"的概念缺乏明确的定义，大部分的学者都认为"经济大国"必须拥有世界靠前的经济总量，但在具体的指标上各有差异。魏礼群（2013）认为，经济总量、制造业产值、贸易进出口总额、外汇储备量4大数据是评判经济大国的核心指标。由于代表经济总量的指标很多，也有学者（张占斌、周跃辉，2014）把评判经济大国的指标进行分等级处理，并不要求所有的经济总量指标都达到特定要求，认为在一级指标体系①上符合要求就是经济大国。也有学者（金凤德，2004）对经济大国的指标提出了更高的要求，已经不满足于代表经济总量的指标，他认为经济大国应该具有三个特征：一是具有影响乃至左右世界经济全局的经济实力；二是拥有广大的国内市场，从而具有对世界市场产生巨大影响的能力；三是具有建立新的国际贸场体系和国际金融沐系(或促其形成)、从而扩大世界市场的能力。

综合上述观点，我们认为国民生产总值、制造业产值、贸易进出口总额、外汇储备四个核心指标都处在世界前列的国家，方能称为经济大国。

首先，最具代表的经济指标是国内生产总值（GDP），经济大国的国内生产总值必须处于世界经济的第一集团内。主要原因有两个方面：一是国内生产总值

---

① 一级指标体系主要指的是经济总量、人均国民生产总值、制造业产值、贸易进出口总额、外汇储备总额。

（GDP）是世界核算体系中一个重要的综合性统计指标，也是中国经济核算体系中的核心指标。由于它独特的世界地位，在各国的经济竞争中始终处于核心位置，是计算国家财富的首要指标；二是它不仅反映一国的经济实力，而且可以呈现一国的市场规模。一个国家或地区的经济究竟处于增长抑或衰退阶段，从 GDP 变化数字中便可以观察到。当 GDP 的增长数字处于正数时，一般该地区经济和市场都处于扩张阶段，经济比较活跃；反之，如果处于负数，一般该地区的经济进入衰退时期，社会的财富会减少，整个区域的市场消费能力会大幅缩减。因此，经济大国的国内生产值的增率要为正数，更为重要的是国内生产总值必须处于世界前列，否则不能体现大国地位。

其次，经济大国的制造业产值和外汇储备总量应处于世界前列。制造业产值和外汇储备是衡量一个国家经济实力的重要标准。制造业是国民经济的核心，是一国经济发展的重要推动力。外汇储备增加，当然首先表现为该国经济持续快速增长，对外贸易日益活跃，是经济实力的具体体现。一定规模的外汇储备，对于增强国家宏观调控能力，防范国际经济金融风险具有重要意义，增强了国家的经济抗风险能力。

再次，经济大国的贸易进出口的量必须体现大国地位。一国的贸易进出口是其与世界经济联系的表现结果，经济大国必须具有世界高排名的贸易进出口总额，这样才能集中反映经济大国对世界经济的巨大影响。

二、经济强国的内涵及目标

经济强国有着特定的内涵，并与经济大国有着本质的区别。判断一个国家是否具有经济强国的特征，可以用五个方面的量化指标加以衡量。

（一）经济强国的内涵

经济强国和经济大国在内涵上的区别是，经济大国追求的是高速的经济增长速度和巨大的经济总量，而经济强国不仅有庞大的经济总量，而且更注重经济发展的高质性、高效性。目前，国内学术界一般用国内生产总值的世界占比、科技创新水平指数、服务业产值占比、城市化率、国际储备货币占比五个综合指标来表征和量化经济强国的基本内涵和特征。本书在采用以上指标的同时，对经济发展的高质性和高效性提出了补充，要求经济的发展更注重对社会平均财富的增长和对环境的低破坏。前者引入的是人均 GDP 指数，衡量的是人民的财富是否增长；后者引入的是能源利用率，衡量经济发展的效率以及经济对环境所造成的影响。

第一，经济强国在拥有世界排名靠前的经济规模的同时，必须有较高的人均收入。首先，经济大国发展的下一阶段必定要向经济强国过渡，因此在成为经济强国之前，经济总量须有一定的基础，这是一国成为经济强国的前提条件。参考 IMD、WEF 等机构所发布的国际竞争力定量分析的相关指标，一个国家步入经济强国的门槛的条件之一就是该国的经济总量至少应占到世界经济总量的 6%。其次，仅仅拥有总量还不能显示国家经济强大，人均收入的高低才决定这个国家是否真正富裕。虽然国家具有大量的财富，但财富集中在少数人手里，社会收入差距巨大，整个国家的经济必定呈现两极化发展，最终加剧经济发展的不稳定性，不利于经济的持久性发展，而此时国家必定不能称为经济强国。

第二，强大的科技创新能力是国家经济持久发展的核心动力，才能保障经济强国的持久、高速发展。纵观世界近代经济史，我们可以很容易地发现，正是由于技术革命的诞生和作用，才造就了近代世界性的经济强国。18 世纪发生在英国的第一次工业革命，直接促进了英国成为世界性的经济强国；19 世纪后半期美国跟上第二次工业革命的浪潮，促成了一系列新兴工业部门的建立，带动了经济总量的迅速发展，第二次世界大战改变了世界的经济与政治格局，美国成为世界头号经济强国。科技是第一生产力，它在世界经济历史进程中表现得淋漓尽致。随着知识经济时代的到来和经济全球化的加速，国际竞争更加激烈，为了在竞争中赢得主动，依靠科技创新提升国家的综合国力和核心竞争力，建立国家创新体系，走创新型国家发展之路，已经成为世界许多国家的共同选择。纵观当今世界经济强国，其共同特征是，科技自主创新成为促进国家发展的主导战略，创新综合指数明显高于其他国家，科技进步贡献率大约都在 70% 以上，对外技术的依存度都在 30% 以下，甚至有学者提出，科技创新水平指数要进入世界前五名行列的国家才能称为经济强国。由此可见，具有强大的科技创新能力，才能保证国家掌握核心技术，成为经济大国走向强国的重要保证。

　　第三，优良的产业结构是经济强国的又一重要指标，其中服务业比重①最为关键。产业结构的优良对一国经济的高效、低环境污染有着良好的促进作用。经济大国走向经济强国，必须改变目前的高能耗、高排放的现状，发展生态友好型、低污染的服务业是目前走出这一困境的重要手段。而且，生态化的服务业可以破解能源资源约束和缓解生态环境压力。世界银行的统计数据表明，2012 年美国、日本、德国等国家的服务业产值占 GDP 的比重分别为 78.6%、71.4%、71.1%，产业结构呈现高端化的特点，使其牢牢掌控全球产业链和价值链的高端环节。

　　第四，城市化是一个国家现代化的重要内容。一个经济强国必定具有较高的城市化率。为什么把城市化率定义为经济强国的基本内涵，主要有两个原因。一是城市是国家的生产力的最重要载体，是国家经济发展的保障。纵观发达国家走向经济强国的过程可以看出，与其说是生产力造就了经济强国，不如说是城市化孕育了经济强国。二是城市的集聚效应，带动了大量农民转化为市民，带动消费水平的提高并引发巨大的消费需求，同时大量的基础设施和公共服务投资，引发巨大的投资需求，引导经济结构的优化升级。在中国，城市化也被学者称为城镇化、都市化，是由农业为主的传统乡村社会向以工业和服务业为主的现代城市社会逐渐转变的历史过程，具体包括人口职业的转变、产业结构的转变、土地及地域空间的变化。一般认为，经济强国的城市化率普遍超过 70%。中国城市化率②有待进一步提高，此外，中国还缺少具有国际影响力的城市群，这也是中国同世界经济强国的重要差距。

　　第五，国际货币储备占比的强弱决定了一国经济在世界的地位。不容否认，经济强国的货币一定是国家货币储备体系中的核心储备资产，在多元化国际储备体系中仍处于领导集团。国际储备体系的演变史能很完整地解释世界经济强国的崛起史。第一次世界大战以前，作为当时世界第一经济强国的英国，率先实行金

①　当今的世界经济强国都走完了工业化的进程，产业结构呈现出高端化的特征，经济理论界一般用"服务业产值占比"指标来表征这一特征。

②　2011 年的中国内地城市化率首次突破 50%，达到了 51.3%。这意味着中国城镇人口首次超过农村人口，中国城市化进入关键发展阶段。2013 年中国的城市化率为 53.37%。

本位制度，各国只是后来仿效，世界逐渐形成了以英镑为中心，金币(或黄金)在国际间流通和被广泛储备的现象。在当时的货币制度下的储备体系，又称"黄金—英镑"储备体系。在这个储备体系中，英镑是国际结算的主要手段，代表着英国强大的经济。第二次世界大战以后，随着英国的衰弱，美国强势崛起，取代了英国经济强国地位。布雷顿森林货币体系的建立标志着美元取代英镑，取得了与黄金等同的地位，成为最主要的储备货币。这时的储备体系称为"美元—黄金"储备体系，其特点是储备受美元统治。20世纪70年代以后，随着日本、德国经济强国的崛起，布雷顿森林货币体系崩溃后，国际储备体系发生了质的变化。国家货币储备体系开始向多元化的过渡，最终打破了美元一统天下的局面。国际储备构成已包括美元、英镑、日元和欧元以及黄金等，但美元迄今为止仍是世界最主要的储备资产，美元在多元化国际储备体系中仍处于主导地位。

（二）经济强国的目标

结合第一章的讨论，笔者认为，一个国家迈入经济强国的门槛条件有五个（见表2.1）：一是一国人均收入必须达到发达国家水平；二是科技创新水平指数要进入世界前五名的行列；三是服务业产值占比要超过70%；四是城市化率不能低于70%；五是国际储备货币占比要超过4%。值得指出的是，经济强国的指标有四项或四项以上符合门槛条件，就可称为"经济强国"。

表2.1　经济强国指标体系

年份	经济强国	经济强国指数目标
	人均国民收入	达到发达国家水平
	服务业比重	世界前五位
核心指标	科技创新指数	超过70%
	城市化率	超过70%
	国家储备货币占比	超过4%

资料来源：张占斌，周跃辉. 两个百年战略节点与中国经济强国梦研究 [J]. 中共党史研究. 2014（1）：32—36.

目前，能称为经济强国的主要有三个国家，分别是美国、日本、德国。以美国为例，该国的人均收入达到 52 340 美元①；科技创新指数居世界第一；服务业占 GDP 比重达到 79%；城市化率为 83%；国际储备货币占比达到了 61.9%。美国的五项核心指标都符合经济强国的要求，可以很容易地判断出美国是经济强国。此外，日本在国际储备货币占比指标上达到 4.1%，超过门槛标准 0.1%，德国的 5 项指标都符合上述要求。

三、经济大国和经济强国的联系和区别

首先，经济强国必然是经济大国。经济强国必须拥有强大的经济总量，纵观世界经济强国，如美国、日本、德国，其经济总量始终处于世界的最前列，美国的 GDP 产量为世界第一，日本为世界第三，德国为世界第四。

其次，经济大国未必是经济强国，两种在经济的发展上有着本质的区别。前者追求的是经济"量"上的快速积累，体现的是发展的高度。后者追求的是经济的"质"，提倡经济发展的高效、可持续性。

再次，经济强国必须在国际经济体系中具有重要地位，拥有较强的国际影响力。特别重要的是，经济强国都拥有一批跨国公司与国际知名品牌占领国际竞争制高点；经济强国在世贸组织、经合组织、世界银行、国际货币基金组织等国际性经济组织中占有一席之地，在全球的经济事务中发挥着越来越重要的作用；经济强国要能够主导区域性的经济组织。

最后，经济强国是经济大国的发展方向。当经济大国的经济总量积累到一定程度时，经济的量受内外压力开始向质转变，不再片面地追求经济的快速发展，经济持久、健康、稳定的发展才是经济强国的发展目标。

---

① 按照世界银行的标准，人均高于 11 900 美元的为高收入国家。

第二节　中国经济发展的阶段性判断：经济大国的阶段

中国作为全球第二大经济体和最大的国际贸易国，经济实力得到了实质性的提升，但能否据此认为中国已经成为经济强国？本书根据有关理论对此作出判断。

一、中国目前正处于经济大国阶段

分析中国经济发展正处于哪个阶段及其对世界经济的影响，必须沿着两条路径来具体分析：一是从经济增量和经济总量双重角度进行分析；二是从区域视角上进行判断。以此为据，结合中国的国民生产总值和部分省市人均 GDP、制造业产值、贸易进出口总额、外汇储备等综合指标来看，我国已成为名副其实的经济大国。

第一，2011 年中国的 GDP 达到 7.3 万亿美元，超过日本，跃居世界第二位，经济总量仅次于美国。

2012 年中国 GDP 达到了 8.26 亿美元（约 51.89 万亿元），继续位居世界第二位，有望在 2020 年追上美国（见图 2.1）。中国的制造业产值位居世界第一。制造业产值是衡量一个国家经济实力的重要标准。根据联合国统计，2011 年我国制造业产值为 2.05 万亿美元，首次超过美国，跃居世界第一。到 2012 年底，我国钢、煤、水泥、棉布等 200 多种工业品产量居世界第一位，我国制造业大国的地位基本确立。

第二，中国部分省市人均 GDP 已接近或超过中等发达国家水平，这是中国已成为经济大国的又一重要标志。

人均 GDP 直接决定和影响着一个国家在居民收入和生活水平及其社会建设方面的投入取向、投入能力与投入水平，表现出一个国家的经济发展潜力和经济健

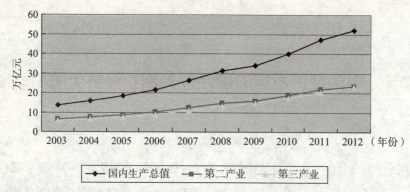

资料来源：2013 年中国统计年鉴。

图 2.1　2003 年—2012 年中国国内生产总值

康水平。2012 年中国人均 GDP 为 6 094 元，上海、北京、浙江分别居前三位。2013 年中国居民人均可支配收入 18 311 元，同比增长 10.9%，共有七个省市进入人均 GDP "1 万美元俱乐部"，分别是天津、北京、上海、江苏、浙江、广东和河南。山东和福建虽未上榜，但差距已经很小。预计到 2014 年，山东、福建的人均 GDP 将突破 1 万美元。也就是说东部沿海发达地区集体进入"发达状态"，其社会保障、医疗卫生、教育和人口寿命以及环境和生态建设等方面的发展水平要高于中国其他地区。

2012 年中国部分省市人均收入和 GDP 总量见表 2.2。

表 2.2　2012 年中国部分省市人均收入和 GDP 总量

省市	人均可支配收入（元）	GDP 总量（亿元）
广东	26 897	62 164
江苏	26 341	59 162
浙江	30 971	37 569
河南	18 000	32 156
上海	36 230	21 602
北京	32 903	19 501
天津	26 921	14 370

资料来源：2013 年中国统计年鉴。

第三，中国贸易进出口总额跃居世界第一。

贸易进出口总额代表一国经济与世界经济联系的深度。贸易进出口总额集中反映了一个国家对世界经济的影响程度。据中国海关总署 2014 年 5 月 8 日统计，2014 年 4 月份中国进出口总值 2.2 万亿元人民币，同比下降 1.3%，较一季度降幅收窄 2.4 个百分点。其中，出口 1.16 万亿元，下降 1.4%，较前三个月降幅收窄 4.7 个百分点；进口 1.04 万亿元，下降 1.3%。但中国进出口贸易总额仍居世界第一，中国巨大的贸易进出口量是保证中国经济大国地位的重要指标（见图 2.2）。

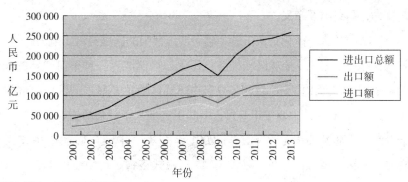

资料来源：中国统计摘要 2013 年。

图 2.2 2001—2013 年中国中国进出口总额情况一览

2000—2012 年全世界主要年份主要国家货物进出口贸易额统计见表 2.3。

表 2.3 全世界主要年份主要国家货物进出口贸易额统计 (2000—2012 年)

单位：亿美元

国家	2000 年		2010 年		2011 年		2012 年	
	出口	进口	出口	进口	出口	进口	出口	进口
世界	64 560	67 240	152 890	155 040	182 910	184 870	183 230	185 670
日本	4 792	3 795	7 698	6 941	8 232	8 554	7 986	8 858
韩国	1 723	1 605	4 664	4 252	5 552	5 244	5 479	5 196
美国	7 819	12 593	12 783	19 692	14 804	22 659	15 473	23 354
德国	5 518	4 972	12 589	10 548	14 740	12 549	14 071	11 674
意大利	2 405	2 388	4 473	4 870	5 233	5 588	5 002	4 859
俄罗斯	1 056	447	4 006	2 486	5 220	3 238	5 293	3 354
西班牙	1 153	1 561	2 544	3 270	3 066	3 766	2 922	3 322
英国	2 854	3 481	4 160	5 911	5 025	6 737	4 684	6 804
中国	2 492	2 251	15 778	13 962	18 983	17 434	20 489	18 178

资料来源：中国统计摘要 2013 年。

第四，中国的外汇储备位居世界第一。

外汇储备是一个国家经济实力的重要组成部分。中国的外汇储备规模自 2006 年超过日本后，已连续六年稳居世界第一位。1978 年我国的外汇储备仅为 1.67 亿美元，而到 2012 年底，已达到 33 116 亿美元，这对于我国继续运用外汇储备支持国家战略物资储备、支持企业做大做强、支持整个改革和发展，进一步增强我国的经济实力，具有重要意义。

第五，区域经济一体化背景下的中国表现出很强的区域经济影响力。

进入 21 世纪以来，全球区域经济一体化趋势已成为一种不可逆转的潮流。以双边和多边签署自由贸易协定和建立自由贸易区为主要形式的区域经济一体化在新世纪开始加速发展。2001 年 5 月，中国正式加入了曼谷协定，这是中国加入的第一个具有实质性的优惠贸易安排；2001 年 11 月，中国与东盟就 10 年内建成双边自由贸易区达成共识，并于 2002 年 11 月正式签署了自由贸易协定；2004 年 11 月，中国和东盟国家正式签约，启动中国东盟自由贸易区整合进程，这个"10＋10"自由贸易区成为拥有 17 亿人口、总产值高达 2 万亿美元的世界第三大贸易区。中国以快速发展的经济成为亚洲发展的领头羊，中国在亚洲经济影响力逐渐超过日本，和谐稳定的亚洲也符合中国的最高利益。中国通过其国内改革与区域经济一体化，释放新发展动力，寻求建立亚太国家参与的新的地区经济合作机构，探索本地区自我治理和合作的途径。毋庸置疑，中国理应在其中发挥领导和关键作用。

综上所述，中国进行的持续 30 多年的改革开放，中国创造的"经济奇迹"使其最终走上了经济大国的发展道路，并向经济强国迈进。

二、中国转向经济强国的长期性和艰巨性

前文对经济大国的判断是从经济增量和区域地位两个角度进行的判断，这显然与经济强国的要求还有差距，接下来我们将从中国对世界经济影响和中国的经济质量两个方面，对中国距离经济强国的差距进行判断。

（一）中国经济对世界经济的影响还不足

首先，中国对世界经济发展缺乏导向作用。主要原因是：国际贸易规则主要是由发达国家组成的国际贸易组织①制定的。全球金融交易则主要是按照国际货币基金组织以及世界银行制定的相关规则开展的。这中间看似公平的国际经济发展规则，实际上受到了以美国为首的"八国集团"②的主导。虽然伴随着我国经济实力的不断增强，在世界政治经济发展过程中的地位不断上升，但直到目前，由西方发达国家主导的经济秩序并没有彻底发生改变，发达国家始终占有绝对的领导和支配地位。

其次，中国对世界金融市场的影响力不足。一方面，中国的金融市场发展较晚，金融秩序和金融基础也不完善，在国际金融市场的竞争中还处在不利地位。尤其是改革开放以后，外商的大量投资和国际热钱的大量涌入，虽然给中国的经济发展输入了大量的资本，但却造成了中国过分依赖发达国家的不良局面。另一方面，中国外汇储量不断上升，自2006年后已连续7年稳居世界第一位。但是，中国外汇储备对象主要是美国国债，中国目前已经堆积了大量的美元，这就大大加深了中国与美国经济发展的联系，成为美国最大的消费者。2008年全球金融危机爆发以后，美国实行的量化宽松货币政策，中国成为此项政策最大的埋单者，这种被动的发展地位，很难谈得上主动影响作用。

再次，中国对世界实体经济的贡献不足。从中国经济发展的历程来看，20世纪90年代以后，中国就一直担任着世界工厂的角色，但这个"工厂"的主要作用偏向于加工、包装、模仿的色彩。中国的实体表现出创新能力不足，民族自主品牌竞争屡弱，缺乏国家核心竞争力的特征。例如，中国汽车自主品牌的建设受到越来越多人的关注，"中国汽车自主品牌才是中国汽车工业的明天"，"不发展自主品牌，无法把握世界汽车市场竞争的主动权"等呼声此起彼伏。虽然中国汽车自主品牌也获得了较快发展，在产销量、市场占有率、市场布局、产品形象等方面取得一定的成绩，但存在产品定位低端化、创新能力弱、国际化模式单一等问

---

① 主要的国际贸易组织包括世界贸易组织（WTO）、国际货币基金组织（IMF）、世界银行、国际商会等。
② 八国集团（Group-8，G8）成员国包括加拿大、法国、德国、意大利、日本、英国、美国和俄罗斯。

题，严重阻碍了中国民族汽车品牌的持久发展。

（二）中国经济的国际竞争力不足

第一，相对西方发达国家，中国的经济发展水平较低，主要表现为中国人均GDP偏低，国内收入差距较大，城市化水平不理想。

2013年中国的人均GDP为6 629美元，世界排名为86位，与世界平均水平整整差了3 857美元，这一数据完全不符合其经济强国的要求。相反，作为世界经济强国的美国、德国、日本，其人均GDP完全处在世界第一集团。由此可见，中国距离经济强国还有很大的差距（见表2.4）。当然，由于中国庞大的人口数量和基数，中国在未来的几十年内人均GDP的确很难取得重大突破。

表2.4 2013年世界部分国家/地区人均GDP排行

排名	国家和地区	2013年人均GDP(美元)	2012年人均GDP	2011年人均GDP
	世界平均	10 486		
1	卢森堡	112 135	107 206	114 186
10	新加坡	52 179	51 162	50 000
11	美国	51 248	49 922	48 328
19	德国	44 010	41 513	44 111
20	法国	43 000	41 141	44 034
23	日本	40 442	46 736	46 108
24	中国香港	38 797	36 667	34 970
25	英国	38 002	38 589	38 759
26	意大利	34 034	33 115	36 227
86	中国内地	6 629	6 076	5 434

资料来源：国际货币基金组织。

2003～2013年，中国的基尼系数基本保持在0.46—0.5[①]之间（见图2.3），收入差距比较大，社会贫富悬殊。2013年中国的基尼系数为0.473，这也是近十年来的历史最低点。但即便如此，中国的基尼系数也显现出国民收入差距较大的

[①] 基尼系数低于0.2表示收入绝对平均，0.2—0.3表示收入比较平均，0.3—0.4表示收入相对合理，0.4—0.5表示收入差距较大，0.5以上表示收入差距悬殊。

事实，这对中国经济的持续、健康、稳定发展有着非常不利的影响。此外，改革开放以后中国城镇化的发展速度很快，但仍然与经济强国存在很大的差距。据世界银行统计，2011年美国、日本、德国的城市化率分别为82.4%、91.1%、73.9%，而中国2013年的城镇化率为53.37%，差距可谓悬殊（见图2.4）。

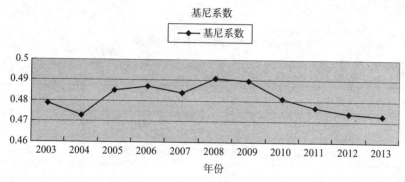

资料来源：中国统计年鉴。

图2.3 中国基尼系数

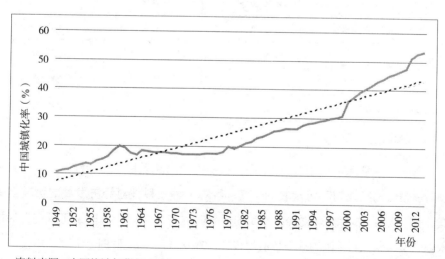

资料来源：中国统计年鉴2013年。

图2.4 中国城镇化发展情况

第二，中国经济结构的不合理，最为明显的是产业结构和贸易结构不佳。2012年中国的三次产业分别占国内生产总值的10%，45%，45%（见表2.5），虽然第三产业发展迅速，且第二产业和第三产业的比重几乎接近，但第二产业增加值仍然高出第三产业。实际上，第三产业比重的高低是测度经济强国的一个方面。一般认为，经济强国第三产业占 GDP 的比重应在 70% 左右。据世界银行的统计，2012 年美国、日本、德国、法国的第三产业产值占 GDP 比重分别为：79.7%、71.4%、71.1%、79.8%，中国离经济强国的标准还有很大的差距。

表 2.5　中国产业结构分布

年份	国内生产总值	第一产业	第二产业	第三产业
2003	135 822.8	17 381.7	62 436.3	56 004.7
2004	159 878.3	21 412.7	73 904.3	64 561.3
2005	184 937.4	22 420	87 598.1	74 919.3
2006	216 314.4	24 040	103 719.5	88 554.9
2007	265 810.3	28 627	125 831.4	111 351.9
2008	314 045.4	33 702	149 003.4	131 340
2009	340 902.8	35 226	157 638.8	148 038
2010	401 512.8	40 533.6	187 383.2	173 596
2011	473 104	47 486.2	220 412.8	205 205
2012	518 942.1	52 373.6	235 162	231 406.5

资料来源：世界经济年鉴。

第三，中国经济的质量层次不高，主要体现为缺乏自主创新能力。中国自主创新能力低已经成为不可辩驳的事实，客观上导致科技对经济发展的贡献度偏低。一般认为，技术进步对经济增长的贡献度达到 70% 以上的国家可以定义为技术创新型国家，而中国的这个数值仅仅在 40% 左右。与此同时，中国的科技创新指数在全球排名中与世界经济强国有很大的差距。2013 年科技创新水平指数全世界排名前五位的国家分别是瑞士、瑞典、英国、荷兰、美国。相对而言，中国的科技创新能力排名仅仅为第 35 位，而且较 2012 年下降了 1 位（见表 2.6）。当然，我们不否认中国近年来的科技创新能力有了很大提升，但与科技创新强国相比，我国还有较大的差距。

表 2.6 2013 年全球创新指数排名

国家/地区	GII 2013 排名	GII 2012 排名
瑞士	1	1
瑞典	2	2
英国	3	5
荷兰	4	6
美国	5	10
芬兰	6	4
中国香港	7	8
新加坡	8	3
丹麦	9	7
爱尔兰	10	9
中国内地	35	34

资料来源：世界知识产权组织《2013 全球创新指数报告》。

第三节 发达国家经济由大变强的基本经验

从全球范围来看，目前已经达到经济强国若干指标的国家，位于前列的有美国、德国、日本、英国等，经济上的主导与强势也相应地对国家的政治和全球地位产生极大影响，往往经济强国的兴起会伴随着世界中心的转移和历史上的重大变迁。综观历史，无论是早期大航海时代的西班牙、葡萄牙的坚船利炮打开贸易之门，17 世纪荷兰凭借"商业革命"享有全球"海上马车夫"的盛名，还是第一次工业革命的温床英国的崛起成为"日不落帝国"，直至二战后美国、日本、德国抓住时机后起称霸，不同的发展路径都为我国当前的强国战略提供了很好的案例和经验，从中我们可以找寻适合自己的方式加以借鉴，进一步深化当前各领域改革，从而早日迈入经济强国之列。

一、荷兰：海上霸主 商业发达

荷兰的国土面积相对其他经济强国来说很小，人口也不多，却逐渐超越了 16 世纪称霸全球的葡萄牙和西班牙，被称为"17 世纪标准资本主义国家"①，成为第一个具有代表性的经济强国。荷兰主要是通过航海优势，全球化商业殖民和金融业发展实现了这一崛起过程。

15 世纪大航海时代的到来，让葡萄牙和西班牙几乎统治了全球的航海贸易，也使得贸易中心从地中海沿岸发展到了大西洋地区，而荷兰恰好处于大西洋地区，又是波罗的海及北海通往地中海的重要关卡，是连接英国及地中海各国的最佳中转港口，也就便于其抓住这一机遇发展成为各国贸易的中转站。再加之荷兰在造船业上的领先技术，为荷兰成为"世界的运货人、贸易的中间人和欧洲的经纪人"②提供了最佳的交通运输工具。荷兰在 15 世纪就创造出一种"大肚船"，大船仓能装载更多的货物，却不需要像英法船只那么多人来操控，于是很快得到普及；另外荷兰与造船业相关的产业链成熟，材料又因可直接取自波罗的海沿岸各地区，使得荷兰造船花费更低的成本，可以周转于地中海沿岸各国赚取贸易利益差额，这些都是其他国家所不具有的优势。

同时荷兰政府也积极促进海上商业的发展，将"大力发展海上商贸"定为基本国策，并且超过了对本国工业方面的重视。荷兰的商业触角并不仅仅局限在西欧，在本国政府的支持下，其运用组建大型贸易公司的模式，逐步替代葡萄牙和西班牙，占领了美洲和远东的殖民地区，让荷兰的"赚钱机器"开遍全球，其中最著名的当属荷兰东印度公司，甚至可以拥有自己的军队与战后谈判的权力，其规模超过了众所周知的英国东印度公司 10 倍多。于是，荷兰大船的轨迹从传统的地中海区域一直延伸到美洲、远东地区，最终在 17 世纪凭借发展中转站贸易超越西班牙，成为海上霸主。

借助商业上的优势，荷兰也在金融方面有了前所未有的创新，其在阿姆斯特

---

① 马克思：《资本论》第 1 卷，载《马克思恩格斯全集》（第 23 卷），人民出版社 1972 年版。
② 布罗代尔：《15 至 18 世纪的物质文明、经济和资本主义》（第 3 卷），三联出版社 1993 年版。

丹建立了现代意义上的第一家银行，并迅速让阿姆斯特丹银行变为整个欧洲乃至世界范围的金融中心，荷兰也就成为"各地物产和八方财富汇集所在"。阿姆斯特丹银行在 1660 年成立了第一家国际票据清算中心，建立了当时最完善，辐射范围最广的汇票体系，另外它最先开创了信托业务，并可以为各国提供相当低的贷款利率，直到其霸主地位让给英国之后，其信贷业务依然十分发达。但是由于长时间以来，荷兰过分依赖商业贸易，而没有注重工业方面的发展，使得在工业革命之后，地位被英国轻松超越。由此可见，工业才是一国经济发展的基础和中心支柱。

二、英国：工业革命与市场经济

众所周知，始于 18 世纪下半叶，以蒸汽机的发明及其应用为标志的第一次工业革命，在英国这个欧洲岛国上爆发并不断产生几何式的发展效应，让英国成为第一个现代工业化国家，并在 19 世纪缔造了"日不落帝国"①的神话。

这首先是因为英国与欧洲其他国家相比，在体制、经济、社会环境等方面拥有更充分的先天条件。英国在 1688 率先完成了资产阶级革命，建立了现代民主制度，这与先前政府独裁统治有很大区别，同时工厂手工业的空前发达，让农村剩余劳动力纷纷涌进城市，这些都为工业革命创造了良好的体制和社会环境。另外，政府还将科技创新上升到国家战略层面，开始重视对科技创新项目的保护，第一部《专利法》的颁布实施及其他相关政策的配套跟进也极大激发了大家对技术革新的热情，让英国的产业革命在 19 世纪开花结果。英国之所以能够在工业革命中获得成功，一个重要原因在于它不仅仅只是发明创新，而是将各种新技术真正投入实践中，将一些概念和想法转化成为巨大的生产力，从根本上推动了英国工业经济增长，最终变为无穷的国家财富。到 19 世纪中叶，英国工业产业中纺织、钢铁及制造业的技术和份额占比已经在全球占有绝对优势，其一年的产值已经可以达到全球工业产值的 1/5，加上殖民地的低成本原料生产和全球市场，让英

---

① "日不落"帝国用来形容英国当时殖民地范围辽阔，国家强盛的景象，指任何时候太阳都会照在其所统治的领土上。

国向世界各个角落输出其工业成品。

英国的发展优势不仅在于其为工业革命提供了其他国家所不能提供的环境优势，同时还积极贯彻自由市场经济理念，降低政府对经济的干预。早期英国也和葡萄牙等国一样，实行重商主义，这些限制商业经济发展的封建毒瘤，不久就被由自由市场主义思想主导的新政府所摒弃。英国新政府在建立之初就颁布了《权利法案》，规定私人财产不受贵族皇权干涉，1846 年废除《谷物法》，3 年后放开航海市场，4 年后又宣布取消掉多项进口税——这些都为市场经济体制的建立创造了基础条件。自由贸易的经济环境又成为工业革命的一大推动力，让工业革命的效应有了畅通的市场释放途径。因此，英国工业革命表面上是一系列的技术革新改变了传统的产业结构，完成产业革命从而建立了现代工业体系，创造出了空前的生产力，实际上其实质是"用竞争观念取代了先前主宰财富的生产和分配的中世纪规则"①。

然而，在英国忙于将米字旗插遍五大洲，并陶醉在自身的全球霸主地位之时，过多依靠海外殖民和投资来赚取垄断利润而忽略技术革新，已使得英国不能在本土再找到经济增长的立足点，这让更加重视技术革新的美国及战后振兴的德国和日本快步赶超，从英国如今已经不复当年"世界工厂"的盛誉。

三、美国：快速工业化与创新驱动

美国相对于其他国家来说是一个"年轻国家"，它于 19 世纪初完成了独立革命，摆脱了英国的殖民统治和政府控制，并借助欧洲的第一次工业革命所带来的科技成果，推进工业化进程，又经过 19 世纪中期的南北战争，将现代先进工业推广至全国范围，真正开始加速实施有效的自身经济发展，美国仅仅用将近 70 年时间就完成了工业化革命，与英国、法国、德国在 19 世纪末就并称"四大工业化强国"。而美国的崛起过程又伴随着影响更加深远的"电力革命"②，世界经济体系的形成及国际分工和产业机构调整过程，让其成功在 19 世纪末将全球技术和制造

---

① 吴敬琏：《从大国崛起看各国富强之道》，《同舟共进》2007 年第 4 期。
② 第二次工业革命，又称电力革命。指 18 世纪下半叶，科学技术方面所取得的突出发展：主要表现在电力的广泛应用、内燃机和新交通工具的创制、新通讯手段的发明和化学工业的建立。

中心成功转移。之后普法战争的爆发及 20 世纪初的第一次世界大战，对欧洲国家的打击都很巨大，而美国抓住这一时机，大发战争横财，战争扩张的脚步由此从国内走向全球，美国大肆向欧洲输送物资、军需、资金并从战前的债务国变为债主国，斯大林指出"一战后资本主义财政和资本剥削的中心，已经从欧洲转移至美国"①。此后的二战，美国前期也远离世界战场，在全球硝烟弥漫时，美国仍保持了经济上的高速增长，采用经济军事化的方式推进现代化工业发展。二战后，美国毫无疑问地成为唯一的经济霸主，并在全球建立了布雷顿森林体系，成为全球金融中心，美元成为通行全球的交换货币和第一外汇储备。与其他国家战争经济必衰的定律不同，美国每次都能在对外军事扩张上实现一定时期的经济正增长，不管是朝鲜战争还是越南战争，美国都算是军事上的败者，却成为经济上的赢家。这和美国不断军事化经济输出有很大关系。

对于创新方面，不论是科技还是制度，美国政府都一直很重视扶持保护工作，这也是美国在整个 20 世纪乃至当今屹立不败的最根本原因。美国能成为除去第一次工业革命之后每次技术革命的中心，与其政府的大力支持不无关系。不论在 20 世纪初大力投资电气电力，还是二战后重心放在技术密集型工业，以及直到八九十年代信息产业的迅速发展，美国政府都投入了大量的资金和人力从事科研工作。美国拥有全世界最全面和最尖端的科技研发人员队伍，并通过对教育的投资和海外招揽建立更广泛的人才储备，科技的先进实际上靠的还是人类的发明创造，这一点毋庸置疑——人才才是 21 世纪最优秀的资源。另外，在制度方面，美国一直很好地保持政府与市场经济之间的平衡，尽量在保持市场活性的同时，能让政府在短期起到良好的刺激作用，这与被凯恩斯经济学主导的美国主流经济思想有关。美国一直在依据形势调整相关政策，以保持市场统一运行又具有扩张特性及高度自由度。此外，美国在不同阶段对企业制度也有不同创新政策。在战争扩张时期，美国鼓励建立跨国企业，并推行企业独立管理制度，让企业自身拥有决策权，这些公司成为美国提升综合实力的基石和核心竞争力；而随着时间的推移，二战后美国又对大小企业实施不同政策，对小企业减弱其竞争压力，鼓励创新型新兴企业发展，对已实现垄断的大型企业又进行压制分拆，以保持成熟产业

---

① 马克思、恩格斯：《马克思恩格斯全集》（第二卷），人民出版社 2005 年版。

的良性发展。

美国这些特性也让其在 2008 年蔓延全球的金融危机后，成为第一个走出低谷，开始逐渐恢复经济正态增长的国家。美国良性竞争市场与不断依靠技术创新和政策导向，使国家经济运行体系形成一个良性循环，让美国立于不败之地。

四、德国、日本：战后崛起与经济振兴

德国在二战后能够恢复经济发展水平，有几个主要原因：首先是良好的经济基础，在战前，德国就已经完成工业化革命，成为四大工业大国，战后大批的技术人才和原有较高的技术水平让德国经济恢复起来相对更加顺畅；再加上二战后没有军事化竞赛的干扰，政府集中资源发展经济，并加大对企业管理体制的改革。这其中，德国推行的工人参与企业管理的措施很值得一提，它让工人实际参与企业建设，有效地调动了工人积极性，改善了生产关系，使得经济活动更加民主、公平，创造了良好的企业生存和市场竞争环境；同时政府通过加大宏观管理手段的运用，不断推行产业改革和制度配套，加强法治推广，并鼓励科技创新，不断号召广大民众奋力追赶，扩大生产。在别国忙于军事竞赛和局势紧张时期，德国彻底抛弃军事化理念，并在当今欧洲一体化进程中占据优势。

日本经济的两次崛起堪称"日本奇迹"①。作为一个弹丸小国，它在全球殖民化危机时期，依靠明治维新从一个农业小国，走上了富国强兵的工业化道路，避免被欧美强国殖民的厄运，同时借助两次科技革命的双重机遇，迅速借鉴掌握适用于自身发展又具有高科技含量的工业技术，将欧洲国家需要花上百年的工业化进程在最短的时间内完成，并在 20 世纪初跻身为经济强国。

由于自身对物资的大量需求，日本很快在 20 世纪中期开始推行工业化和军事扩张并行的道路。但二战的惨痛教训让日本抛弃了原先的发展思路，找寻新的经济发展模式。二战后，日本恰逢美苏争霸，冷战对立的时期，美国从对日本限制到主动提供全方面的战后协助，帮助日本恢复经济。这里包括大量的贷款援助和直接投资，并开放本国市场给日本发展对外贸易，带领日本进入全球贸易体系，

---

① 有泽广巳：《日本的崛起——昭和经济史》，黑龙江人民出版社 1987 年版。

日本也在此阶段从美国吸收大量先进的技术，这些都为日本战后复苏提供了巨大的外部支持，让日本顺利确立一条资源进口、成品出口的"贸易立国"新型战略；同时日本国内，政府对科技方面从二战初期的科技大量引进到近几十年转变为加强自主创新，此外，日本还大大加强了对教育的投入和重视。尤其值得注意的是，日本在科学研发过程中，独创了"产学官"①的新型合作模式，让政府在国外技术引进和本国实际应用过程中起到衔接融合的作用。另外，日本相较于其他民族具有更强的团队协作意识，其在企业运营上更容易形成集聚效应，这就有效较低了企业成本，建立了良好的合作竞争环境。日本依靠这种效应，很快在国际上建立了一批高竞争力的企业群体，形成了具有全球优势的产业格局。

五、几点判断与结论

由以上经济强国的崛起与衰落过程，我们能够得到一些有益的启示，对于适合我国的经验做法，应该虚心借鉴和学习；而其中发现的一些问题和弊端，也可以引以为鉴，避免以后重复其错误道路。

第一，抓住有利机遇。不论是以上提到的荷英美德日，还是 20 世纪 90 年代亚洲四小龙的腾飞，抑或是当前新兴经济体的快速成长，我们都可以发现，时机是多么的重要。从最早的葡萄牙和西班牙来看，如果没有地理大发现，那么海外殖民和航运贸易就不会如此繁荣，更不会有 17 世纪统治海洋、称霸全球。这之后不同时期的四次产业革命，更是为发展经济创造了绝佳时机。英国在第一次工业革命时期占据强国至高地位，随后崛起的美国和德国又借助世界市场体系建立之机，在短时期内凭借电力工业的发展转移了世界的发展中心，从而改变了世界产业格局。之后 20 世纪五六十年代开始的第三次工业革命发展到 90 年代，尤其以电子计算机的发明与广泛应用及全球经济一体化为契机让亚洲各小国迅速发展，铸就崛起神话。而战争的机遇也尤其重要，如果不是到处蔓延的战火不断扰动全球政治时局，也不会让美国在近期的几十年成为唯一的经济霸主。当前我们正处

---

① "产学官"是日本的一种科技创新模式。即国立大学从事基础研究，国立研究机构从事应用研究，企业从事开发研究，政府则主要起到政策引导、资金支持和制度设计作用。

在一个全球经济高度融合互动，政治环境复杂多变的关键时刻，有潜在危机但同时也伴随着机遇。以生物新能源研发与应用为代表的"第四次技术革命"已经开启，我国应该抓住这次难得的机遇，与时俱进，进一步开创新的优势领域。

第二，及时跟进配套体制。历史证明，拥有统一政治主体的国家，国家体制层面的革新是崛起为经济强国的先决条件。英、美、德、法均是在完成民主革命建立民主主义制度之后，才走上了现代工业化的道路的。荷兰为了进一步发展全球金融贸易中心，而实施了多项金融创新和改革，这又进一步促进了贸易的流通和资本的快速流动。英国为了贯彻自由贸易的思想，建立了一套完善的产权机制，包括有对土地所有制、劳动自由、私有财产保护及对知识产权的保护机制。美国也为了能有效贯彻市场经济而多次调整企业发展导向模式，从最开始的集体大规模生产代替小手工生产，到"国家机器"对生产各领域的更多干预，再到当前鼓励拥有高科技含量的小企业发展，美国一直在为整体经济市场的良性运行疏通道路。

第三，不断加强技术创新。当前，科学技术已经被公认为第一生产力，谁能够找准发展定位，掌握更多关键性技术环节，并能将其转化为强大的生产力，谁就能在未来具有更加广阔的发展前景，并具有引领世界的能力。技术的不断革新和应用是强国崛起的必经之路。第一次工业革命"蒸汽机的发明"，让英国走向工业现代化，第二次的"电气革命"和第三次的"能源及计算机革命"让美国超越众多老牌资本主义国家，成为20—21世纪最大的经济霸主。而德国和日本在二战后，也紧随美国脚步，不断利用技术引进和自我革新找寻自身的发展出路，加强政府在技术导向和实际应用中的协调功能，加强基础学科研究的科研投入，让科技强国概念渗透到经济运行的各个产业中。正是这种鼓励科技创新的政策和坚持不变的决心，让德国和日本经济在战后的几十年时间里迅速恢复。

第四，高度重视人力资本。美国诺贝尔奖得主舒尔茨在1960年首次系统地阐述了人力资本的理论，之后美国、日本、德国等都将这一理论认真贯彻实施，投入大量的教育成本，注重人力培养和技术人才的培育，这也为科技提供了创新的源泉。日本的教育普及度早在二战前就已很高，战后日本更加注重对企业人员科技能力的培养和重视，这些都为日本构造先进的技术创新体系打下了坚实的基础。美国对研发人员的资金投入占比为全球最高，并不断从全球吸引尖端技术人才到美国效力，也正是因此，美国主导了后三次科技革命并成为全球创新科技的最大发源地。

第五，聚焦全球化道路。如果一个国家采取封闭的经济发展模式，其必将走向衰落，近代的中国就是一个很好的例子。清政府的闭关锁国导致信息及技术闭塞，军事设施陈旧，腐朽的统治最终让西欧国家的坚船利炮打开了中国的大门，持续一个世纪的半殖民地半封建制度让我国丧失了发展经济的最佳时机，又被掠夺了大量的资源和财富。国家要成为经济强国，就要有全球化视角。当前全球经济一体化的进程日益加深，国际产业结构不断调整，最好的做法是积极融入国际市场，开拓国际新兴领域，将企业做大做强，占领国际市场，让资源在全球范围内进行重置和再分配，促进本国经济的发展和产业的升级。日本和新加坡都是很好的例子。其在本身资源禀赋不强的情况下，发展外贸型经济并积极参与世界分工，适时调整自己的产业结构和贸易重心，顺应世界市场的不断变化，保持自己在经济体系中的优势地位，最终立于不败之地。

第四节　新形势下通向经济强国的战略思考

从工业经济时代的经济大国到经济强国，我国面临国家竞争力的全面提升。在此过程中，应当高度关注国家软实力的形成与塑造。当前，展现国家综合软实力的最好途径，应当是努力提升品牌经济的发展水平。

一、经济强国要关注"软实力"

国家软实力这一概念是 20 世纪 90 年代初期美国政治学家约瑟夫·奈（Joseph Nye）首先提出的，最开始是针对国际政治外交领域，之后该理论迅速推广并展开领域进行研究。约瑟夫·奈认为，软实力是"一国通过非强迫及非利诱的方式来试图劝服和影响他国的意志和行为，而达到自己想要的目的"的能力。软实力相对于硬实力而言，更多地是指一个国家在文化传播、政治外交、国民价值观等方面的无形影响力和传播能力。中国在之前 30 年的高速发展过程当中，主要依靠的是对物质资源的消耗和廉价的人力资源来迅速扩大现代工业的发展规模，以达到生产总量上的超高增长。但是伴随着这种只求速度的总量膨胀，发展方式的粗放和相关的制度配套缺失所暴露出的问题也越来越多，造成了当前我国经济发展处于亟待产业结构转型和体制全面改革的困境之中。而追求可持续、高效、高质的发展，就要提升我国的软实力。对于与经济相关的软实力类别，各家的意见不一，大致上涉及的软实力有以下几项。

（一）文化软实力

文化是国家的第一软实力。①一国的文化可以表现为强大的民族凝聚力，广大民众对自己民族的价值观和行为模式有高度的认同感和归属感；这种凝聚力还能够带来强大的民族创造力，借助文化传播、文化交流、文化教育等手段，让国家的精髓渗透到各个领域的产品和经济活动中，使本国所倡导的价值理念被国际上更广泛的人群所接受和认同，获得良好的国际评价，从而增强国际影响力。

（二）政治软实力

政治软实力，是指国家的政治体制良好运行所创造的国内和谐社会环境，以及在国际场合所采取的积极、独立的外交政策，以营造更加正面、亲和的国际形象。当前我国国际地位正在稳步上升当中，但部分西方国家仍持有"中国威胁论"②的想法，这些负面的看法需要通过积极的外交手段来改变，展现出我国"和平、独立、协作、发展"的特色外交战略，从而进一步加强与各国在经济方面的合作。对于国内来讲，一个政权稳定、民族和睦、社会和谐的环境营造能力也很重要，这种稳定的环境也会促使经济来往更加畅通和频繁。

---

① 孙波：《文化软实力及我国文化软实力建设》，《科学社会主义》2008 年第 4 期。

② 中国威胁论最早始于 19 世纪。而当前阶段，西方一些学者则认为随着中国近年的迅猛崛起，在未来不久后中国必将在经济、政治、军事等方面压制其他国家，甚至将其取而代之。

（三）制度软实力

制度软实力，是指国家对某一领域，依据自身的利益与价值准则所建立起来的一整套原则、规范、政策、法律体系，以被国际广泛认可与接纳的能力。通行全球的制度和标准，正在当今国际社会发挥越来越大的作用。积极参与构建国际组织、制定国际规则及决策议程当中去，可以将国家的意志和利益更好地灌输和执行，这种举措所花费的成本要比强硬的军事压迫和利益交换更低，但效果却更好。同时，国内各行业所采纳的制度标准尽可能地与国际接轨，能够在他国树立行业规范的良好国际形象，也可以避免因为规则的不同而损害本国利益。

（四）生态软实力

生态软实力是指国家在经济发展过程中控制环境污染，保持良好生态平衡的能力。我国当前强调的可持续发展，实际上就是在强调提升生态软实力。生态软实力还需要注意发展经济过程当中所牵涉的各方面的平衡。除了注意保持经济与环境生态的平衡，还要注意保持各产业间的平衡、各社会阶层的平衡、风险与收益的平衡、当前发展与未来发展的平衡，以保证社会整个生态体系的良好运转和国家未来的可持续发展。

二、品牌经济与国家软实力的培育

国家的软实力是一个综合体，各类别之间往往是相互影响、相互促进的关系。文化软实力是基础，政治和制度则相互辅助、相互补充。当前，展现国家综合软实力的最好途径应当是品牌经济的发展水平。从某种意义上讲，品牌既能够衔接国内的各个生产环节，又能够推向国际市场，在整个国际范围内发挥作用。品牌经济不仅指能够通过高品质产品的整体推广来宣传本国文化和价值观念，还能够在一定程度上影响国际规则的制定，更加广泛地参与国际组织的活动中，并且能从打造一系列国际品牌上体现一国良好的国际形象。进一步而言，提升品牌经济发展水平应包含三个层面：

首先，树立品牌的国民形象。中国商人在外国人眼中的形象，很多是目光短浅、不讲规则的经营者。而对于大众的认识，大多也是停留在勤劳自律却又愚昧无知的观念上。中国经历 30 多年翻天覆地的变化，应该更加广泛地向国际社会宣传自身的新形象。

其次，建立企业品牌。企业品牌的打造，是转变当前我国产业结构的关键，也是培育自我创新能力的重点。当前我国已在国际上树立良好形象的品牌企业大多分布在互联网行业和家电行业，其他行业却寥寥无几。打造优秀的品牌产品不仅需要投入大量的资金用于形象宣传和开拓市场，还需要投入资金在产品研发和技术革新上，这对于一个企业的有效管理和规范运营也提出了很高的要求。

最后，创立国家品牌。国家品牌的实力，即国家作为一种品牌推广到世界各地，让每个个体、每个品牌企业、每个行业都能够呈现出国家的一种正面、积极、优秀的固化特征符号；与此同时，相关个体在国际活动当中又能够将这种国家符号变为一种竞争优势，在与别国经济对抗和政治谈判时也会更具话语权和决定权。

从工业经济时代的经济大国到经济强国，再到当前信息时代的国家软实力竞争，我们面临的国际环境时刻在变化。但是从中我们也要看到机遇，在坚持遵循中国特色社会主义道路的同时，寻找适合自己的发展模式，为中国经济的可持续发展开拓新的方向。

本章小结

经济强国和经济大国在内涵上的本质区别是，经济大国追求的是高速的经济增长速度和巨大的经济总量，而经济强国不仅有庞大的经济总量，而且更注重经济发展的高质性、高效性。从经济增量和经济总量双重角度，以及区域视角等方面进行判断，目前中国正处于经济大国阶段，而向经济强国转变尚需时日。

从全球范围来看，目前已经达到经济强国若干指标的国家中，位于前列的有美国、德国、日本、英国等，经济上的主导与强势也相应地对国家的政治和全球地位产生极大影响。往往经济强国的兴起会伴随着世界中心的转移和历史上的重大变迁。这些国家不同的发展路径都为我国当前的强国战略提供了很好的案例和经验，从中我们可以找寻适合自己的方式加以借鉴，进一步深化当前各领域改革，从而早日迈入经济强国之列。

从工业经济时代的经济大国到经济强国，我国正面临国家竞争力的全面提升。在此过程中，应当高度关注国家软实力的形成与塑造。国家的软实力是一个综合体，各种软实力之间往往是相互影响、相互促进的关系。文化软实力是基础，政治和制度则相互辅助、相互补充。当前，展现国家综合软实力的最好途径，应当是品牌经济的发展水平。从某种意义上讲，品牌既能够衔接国内的各个生产环节，又能够推向国际市场，在整个国际范围内发挥作用。品牌经济能够通过高品质产品的整体推广来宣传本国文化和价值观念，这有助于中国更加广泛地参与到国际组织的活动中去，并通过塑造一系列国际品牌来体现良好的国际形象。

|第三章|

文化创意驱动：品牌经济助推经济强国

品牌经济是国民经济发展到一定阶段的产物，它是以品牌为载体，承担和发挥地区经济资源集聚、配置和整合功能的经济发展形态，其本质是服务经济。在宏观经济背景下，品牌对经济发展的作用可以归结为产品品牌、企业品牌、区域品牌等不同发展阶段。对于寻求转型的中国而言，品牌经济不仅代表国家的竞争优势，更重要的是可以有效增强国家的软实力。在激烈的国际竞争中，核心的问题就是要大力发展品牌经济，通过品牌这一核心要素来提升本地区国民经济的价值创造能力，利用文化创意重塑国家品牌经济，由此来破解来自发达国家的约束。

第一节　理论分析：品牌经济的内涵与外延

多数理论观点认为，品牌和品牌经济存在着显著的差异，品牌应当是品牌经济的微观基础。因此，科学界定品牌经济的内涵与特征，还需要从品牌的范畴及内涵展开分析。

一、品牌的由来与内涵

品牌最早产生于中世纪，当时欧洲的农场主为了把自己的牲畜和其他农场主的牲畜有效区别开来，就在自己牲畜的身上烙上自己家族的独特标记，表明该牲畜属于某一个农场主，即使该牲畜走丢了，也能够很快找回来。现代意义上的品牌定义是由美国市场协会最早提出的，他们认为品牌产生的目的是为了有效地表明某个企业或产品的特色，和竞争对手区别开来。在形式上主要表现为某种名称、标记、符号等，也可能是这几种形式的综合运用。美国学者道尔（Doyle，1990）认为品牌能够通过提升消费者对产品的偏好和忠诚度，增加其购买量。具体的品牌策略是采用多种方式塑造品牌形象，例如加大广告宣传、设计产品的精美包装等。西蒙和沙利文（Simon & Sulhvan，1993）则从品牌的价值角度分析了品牌的含义，他认为品牌，尤其是名牌产品，能够产生诸多权益，对企业的发展提供良好的现金流量。①

品牌对于企业和消费者的作用是不同的。对企业而言，品牌能够有效地把一家企业和竞争对手区别开来，在市场上对企业本身具有很强的保护作用，使其不易被模仿和跟随；对消费者而言，由于企业和消费者相比，消费者处于严重的信息不对称（信息劣势）地位，面对众多产品，消费者无法做出有效的选择，而品牌一定程度上提供了很多信息，如质量、信用等，使得消费者降低了信息不对称的程度，这时品牌具有了信息价值。

品牌营销大师艾克（Aaker，1991）则认为品牌的作用有两个方面：一是企业向消费者提供产品的信息，二是表明该产品的供给地，即宣传企业的形象，从形式上表现为企业所使用的一个标记、符号或名字等。②艾克后来进一步拓展了品牌的内涵，认为品牌、产品、企业、符号是一个统一体，品牌是企业综合信息的反映。彻纳东尼（Chematony，1989）则把品牌作为一个工具，认为品牌是企业为了保证自身产品的质量和企业的附加价值所使用的工具，该工具能够为消费者区

① Simon, C.J., Sullivan, M. W., "The Measurement and Determinants of Brand Equity: A Financial Approach", *Marketing Science*, 1993, 12(1): 28—52.

② Aaker, D.A., *Managing brand equity*, New York: The Free Press, 1991.

分不同企业的产品提供信息，代表着企业的自身形象。①科特勒（Kotler, 1997）认为品牌是企业所做的一个承诺，即品牌是企业对消费者做的一个承诺，承诺自身的产品质量、特点、企业信用等综合信息；品牌作为一个企业综合信息的载体，有着多重内涵：产品的物理属性、企业的利益点、企业文化、企业的价值、产品的个性和特征、消费者群体等。

国内学者也从不同角度对品牌的内涵做了分析，黄昌富(1999)从系统论入手，把品牌看做一个包含三重要素的综合体：一是品牌包含了产品与服务的物理性能，例如产品的功能、质量、价格、形状等；二是品牌代表了企业和产品的形象，例如企业和产品的设计、颜色、宣传广告等外部形象；三是品牌代表着消费者的心理因素，主要是提高消费者对该产品的忠诚度问题，例如消费者对企业的服务态度、感受、购买体验和消费体验等。②王新新(2000)则从契约视角分析了品牌的含义，认为品牌是一个包含多重关系的契约，不仅包括企业和消费者之间购买产品的交易关系契约，也包括企业和消费者之间的感情方面的社会关系契约。③何佳讯（2000）则认为品牌是一种感觉，品牌发挥效应的关键是看消费者通过购买产品的感觉和消费产品感觉如何，品牌的核心在于它不仅仅是一个产品的名称，消费者购买产品所支付的是一个品牌。④

年小山（2003）认为现有对品牌内涵的界定缺乏对品牌物质性的系统分析，他从品牌的系统因素入手，认为品牌是企业通过整合其内部各种要素，形成了企业自身的隐性资产，在此基础上，企业以该隐性资产为经营对象、以企业文化为核心、以企业产品为载体所实施的某种标准和规范；企业希望通过培育品牌，以达到有效地把自身和竞争对手区别开来，形成竞争优势的目的。在此过程中的企业文化、产品、企业行为有机融合的统一体就是品牌。⑤

基于上述分析，我们将品牌界定为：品牌是一种差异化和特色化的标示，它随着载体的不同而表现为多种类型，如产品品牌、企业品牌和区域品牌。

---

① Chernatory, L. D & Mcwilliam, G., "Branding Terminology the Real Debate", *Marketing Intelligence and Planning*, 1989, 4(1): 157—179.
② 黄昌富：《品牌竞争：买方市场条件下的系统竞争》，《中国流通经济》1999 年第 3 期。
③ 王新新：《新竞争力》，长春出版社 2000 年版。
④ 何家讯：《品牌形象策划》，复旦大学出版社 2000 年版。
⑤ 年小山：《品牌学》，清华大学出版社 2003 年版。

二、品牌经济的理论内涵

放置在宏观经济背景下，我们可以将品牌对经济发展的作用归结为三个发展阶段：

第一个发展阶段是产品品牌，这是品牌发展的初期阶段，这时的品牌知名度较低，需要对产品的质量、属性等物理特征加大宣传推广，重点在于产品本身。第二个发展阶段是企业品牌，这个时期的品牌已经有了一定的产品品牌做支撑，品牌本身有了相对较高的知名度，此时的重点在于企业，品牌所代表的是一个企业的综合实力，而不仅仅是产品的物理属性。企业品牌能够提高产品的附加值和企业形象，极大地提升企业竞争力；也是代表着企业的文化和价值，如七匹狼的"狼文化"，运动服装企业的"拼搏、永不言败"的运动文化等。第三个发展阶段是区域品牌，这是个性化品牌发展的高级阶段。一般而言，一个具有较强国际竞争力的地区，都会有众多知名的企业品牌所支撑。而特定区域能够为企业品牌的发展提供良好的外部环境和氛围，该时期的品牌培育和发展重点已经超越了具体的产品和单个企业，而是一个地域内不同空间板块上相似产业的综合实力象征，其重心在于强化区域品牌的知名度，培育和发展多种不同类型的区域品牌，促使区域进入以品牌推动经济发展的阶段，即为品牌经济阶段。

那么，究竟应该如何理解品牌经济呢？我们认为，品牌经济是以品牌为载体，承担和发挥地区经济资源集聚、配置和整合功能的经济发展形态。在通常意义上，品牌经济的载体是特定的地域空间，这可以是城市，也可以是国家；从表现内容上看，品牌经济是由多种区域品牌（品牌板块）叠加而成的综合形态，这里的区域品牌绝不是单一的产品品牌或企业品牌，而是由众多关联企业集聚所形成的、有较高知名度的特定产业集聚区。

第一，品牌经济通常显现为众多区域品牌的综合体。

通过上述界定，我们认为，品牌经济是国民经济发展到一定阶段的产物，其本质是服务经济。因此，品牌经济是一种宏观意义上的经济发展现象，其载体是特定的地域空间，如城市或国家。进一步讲，品牌经济是特定地域空间内众多品牌板块（区域品牌）的综合体。以上海为例，陆家嘴（金融）、安亭（汽车）、南京路（商业）等均是区域品牌的典型表现。从这里也能够看出，当我们论及发展上海品牌经济时，绝不是单纯地追求某一区域品牌的发展，而是试图从上海城市整体层面寻求各类区域品牌的最优配置，并以此达到以品牌吸纳和整合经济资源，推动城市创新、实现经济转型的目的。

第二，区域品牌集中表现为有影响力和知名度的地区产业集群。

既然品牌经济表现为众多区域品牌的综合体，那么，区域品牌就应当被视为品牌经济的核心构件，并集中表现为有影响力和高知名度的区域产业集群形态。实际上，根据相关的讨论和研究，区域品牌特指某个地区的特色"产业集群"，它象征着该产业集群的现状，是区域产业集群的代表；同时，区域品牌也是一个识别系统，这个识别系统是由区域（地名）和产业（产品）名称为核心构成的；它在法律上表现为证明商标或集体商标。也就是说，作为产业集群的区域品牌，它在性质上既具有产业集群的属性，又具有品牌的属性。当然，特别要指出的是，一些所谓的区域品牌并不表现为产业集群的属性，如兰州拉面、福建沙县小吃、水韵东平等。这种区域品牌更多的是和地区文化和历史惯性相联系，并不属于本书讨论的范畴，因为我们对品牌经济的研究是从地区经济演化的角度展开的。

第三，品牌经济虽然以区域品牌为核心，但离不开产品品牌和企业品牌的支撑。

根据品牌经济的定义，区域品牌是品牌经济的核心，但这并不意味着不需要产品品牌和企业品牌。事实上，产品品牌是区域品牌发展的基础，一个没有名牌产品的区域品牌是不可想象的，例如山东青岛，海尔、海信和澳柯玛等企业的家电产品，创出了自身的产品品牌，更是创出了青岛市的家电区域品牌。相反，一个区域品牌的发展，如果没有知名的产品品牌做支撑，则其发展是不可持续的。一个显著的事实是，产品品牌缺失将造成区域内产品价格的低廉，"有品无牌"决定了"品牌打工仔"的低层次命运，付出了较多的劳动，却只能得到较少的回报。例如，海宁的中国皮革城，作为一个区域品牌虽有一定的影响力和知名度，但由于缺乏自身的知名产品，处于初级加工和贴牌生产阶段。从某种角度看，企业品牌是区域品牌的基础和支柱，这是因为区域品牌的形成需要区域内的产业集群具有相当的聚集规模和产业优势，聚集规模是从量上来衡量产业集群的，包括区域内企业数量、产品总生产量和供应量等；产业优势是从质上来衡量产业集群的，主要是区域内名牌产品、名牌企业的拥有情况和产业链的配套能力等。基于这样的理解，品牌经济内涵应当有所扩展，即品牌经济应当是以区域品牌为核心，以产品品牌和企业品牌为支撑的构成框架，并在形式上体现为产品品牌、企业品牌和区域品牌的综合体。

第二节　现实依据：发展品牌经济的重要意义

从外部条件上看，面对中国经济的崛起，发达国家或地区越发加大了对中国经济发展进程的干预，一种显著的表现形式就是通过营造西方品牌经济来控制中国经济质量的提升。这种冲击的危害不仅持续地将中国锁定产业价值链的低端环节，更表现为借助于品牌的影响力吸收中国的创新资源，加大了经济转型的难度。因此，对于寻求转型的中国经济而言，核心问题就是要大力发展品牌经济，并据此制定发展策略，以破解来自发达国家的约束。结合国外经验，我们认为，大力推进以城市为载体的品牌经济的发展，不仅可以通过集聚资源而促进文化创意、科技进步和技术创新的快速发展，而且顺应了"产业服务化、服务增殖化、增殖特色化（不可替代）、特色品牌化"的目标要求。更需关注的是，中国的经济发展模式还具有强政府的特征，这就在客观上使得快速促进品牌经济具有了现实的可行性。具体来讲，发展品牌经济，具有以下四个方面的重要意义。

一、品牌经济与区域核心竞争力

品牌经济以其自身高度凝练的形式，集中一个地区自然资源和社会资源，是良好区域形象的缩影，是一个区域综合竞争实力的主要标志。品牌和形象是一个区域的最大无形资产，良好的区域品牌形象一方面可以提高区域品位，另一方面使区域增值，带来更大功能效应和环境效益。其机理表现在三个方面：

一是凝聚力。凝聚力主要作用于区域内部，实质是一种文化力。一个良好的区域品牌，代表着一个区域的个性、地位和身份，如上海市，以其中国经济的龙头地位和海派文化在我国城市中具有极强的竞争力，使得广大市民对于作为一个上海人感到十分自豪，本地人中很少有人愿意放弃上海去外地；另外对于居住来说，有着"上有天堂，下有苏杭"之称的苏州和杭州，该称号本身就是一个响亮的区域品牌，当地人也以能够居住在"人间天堂"而自豪。从这方面来讲，上海以其自身实力，苏州、杭州因其"人间天堂"的区域品牌而大大增强了凝聚力。

二是吸引力。吸引力主要作用于区域外部，是一种向心力。良好的区域品牌有利于吸引投资，从而给经济发展注入活力，解决部分就业，增加群众收入和政府税收，有利于提高当地的综合竞争力；如20世纪90年代以前，珠三角经济区由于基础设施的大量投入和丰厚的薪酬待遇等因素成为各路人才竞相涌入的热土，而从90年代末起，长三角地区的迅速崛起加之其独具的文化特色、历史魅力等精神性利益，吸引外地的各类资源如资金、人才等大幅度流入，使得该地区成为更多精英人才的首选。当然，由于不同区域的发展条件不同，区域品牌的自身定位和特征也不同，如有的区域品牌是以经济为主，侧重吸引就业者和创业者；而有的则侧重社会文化，吸引休闲旅游者，发展旅游产业等。

三是辐射力。辐射力是区域品牌作用于外部的一种扩散力。一个具有良好形象的区域品牌具有较强的辐射力；其内涵越丰富，认同性越大，其辐射力也就越强。如法国巴黎是"时尚之都"、好莱坞是"影视之都"、维也纳是"音乐之都"。这些区域品牌为全球所认同，辐射力很强，具有强大的吸引力，其吸引力也就很大。应在促进自身发展的同时实现本地区域品牌和外部资源的联动，提高区域的消费水平和带动区域整体的经济发展水平，增强区域竞争力。

二、品牌经济与区域经济转型

在经济发展过程中，我们最为担心的问题就是能否真正地根除"唯经济增长"和"投资主导"的理念。不可否认，这两个问题在中国近30多年的经济发展中都曾经出现过，它们对经济发展的最大害处就是抑制了创新精神，经济发展的质量难以提升。从这个意义上讲，发展品牌经济有利于改变区域传统增长观念固化的问题。这是因为一个真正重视发展名牌战略的地区，不可能再片面去追求外延型、速度型的增长方式。相反，它会真正地转到追求以技术进步和文化创意提高产品质量的轨道上来。其结果是，区域经济发展模式必将逐步由攀比增长速度转向比较增长质量的方向。不仅如此，发展品牌经济将更加轻视粗放型、数量型的增长方式，更加重视内涵型和质量型的投资。事实上，在发展品牌经济的过程中，必然要求以改变区域投入结构为先行条件，要求相对减少数量型投资，较大幅度地提高质量型投资的比重，包括增加技术更新改造投资、科技开发和产品开发投资、职工教育和培训投资等方面的比重，这对于推动经济增长方式的转变具有实质意义。

三、品牌经济与要素集聚

品牌经济是区域形象的标志，它是区域自然资源、社会资源、经济资源、文化资源等众多资源的综合表现。发展品牌经济不仅可以提高区域的知名度，还能使区域经济增长质量提升。具体来讲，品牌经济可以通过区域知名度和产业影响力的提升，能够持续地吸引人才并留住人才。在这里，凝聚力主要作用于区域内部，在本质上来讲是一种经济引力。因为一个良好的区域品牌，代表着一个区域的个性和功能。以上海为例，如果仅仅是因为上海经济发展能级较高或政策比较优惠而吸引人才流向上海的话，那么，持续留住人才就成为一个问题，因为一旦其他地区的经济迅速崛起或者政策优惠力度加大，就会导致人才从上海流出。反过来看，如果上海拥有中国最具规模和发展实力的"药谷"，或者上海拥有中国最具有发展潜力和影响力的陆家嘴金融区，那么，从事药品开发和金融产品开发的专业人才前往上海发展的意愿不仅更为强烈，而且持续留下发展的动力也更为充足。显然，这里的"药谷"和陆家嘴金融区都是品牌经济的基本构建。

四、品牌经济与价值链拓展

在国民经济体系中，品牌经济的发展可以引致需求的扩张。我们认为，在一个买方经济主导的市场中，需求价值的提升应该成为人们关注的重点，而以模块化分解为架构的价值系统模块化则清楚地告诉我们文化价值是需求价值的高端领域（胡晓鹏，2004b）。由此出发，品牌作为区域经济发展的一种核心要素，可以有效地与传统产品相结合，既能使已无市场价值的产品重新焕发价值活力，也可以通过塑造新型的文化理念，延长产业的生命周期。而所有的这一切对于追求新奇，崇尚个性化消费的知识经济时代，显得极为重要。比如，近年来，韩国、日本借助"韩流"、"日流"品牌效应改变了传统产业的价值构成。从供给层面看，品牌通过融入相关产业价值链环节，可以显著改变传统产业的内容，甚至也可以改变以三次产业为特征的纵向产业格局，这种产业纵向整合的功能也将赋予产业升级以新的内容。同时，在品牌经济的过程中，不同的经济主体（如生产者、品牌管理者、品牌维护者）被联接起来，并最终出现了一条横跨不同产业和企业的协作链，而链条中的各个环节涵盖各种类型的具体产业，这对于诱发相关产业的发展具有重要的作用。

总的来讲，发展品牌经济，对于中国这样一个发展中大国具有很强的现实意义。原因很简单，从全球视角看，当前国与国之间的竞争已经不仅仅是企业与企业之间的水平竞争，而转变为战略性的垂直竞争关系，这就是产业价值链的位置竞争。从全国视角看，地区与地区之间的竞争也不再仅仅是彼此生产能力、市场拓展能力和税收来源的竞争，正在表现为区域功能塑造的竞争关系，也就是支撑区域功能的产业群落间的竞争关系。然而，在我们引入西方经济理论的时候，理想地以为竞争就是市场经济的唯一真谛，只要实现了完全竞争就可以解决一切问题，但我们却忽视了"竞争——效率"的基本前提是竞争双方在发展层次上的对等性。当我们认识到这一点之后，又试图通过市场换技术来激发自己的后发优势。实践证明，这条道路并不成功。今天，强调自主创新的呼声越来越高，取得的成绩也越来越多。但越是在此时，我们就更需要注意，因为自主创新不是追求高新尖，而是要从根本上提升我国在全球经济中的竞争实力，快速改变被动担当制造车间的低水平竞争位势之局面。在这样的背景下，企业作为微观的经济主体和区域作为中观的决策主体都需要超越本位利益做更高层次的设想，发展品牌经济便为此指明了前进的方向。

第三节　功能导向：品牌经济的宏观效应

随着全球地缘经济不平衡程度的加剧，广大发展中国家和地区寻求经济腾飞的愿望日益强烈。客观上看，导致发展中国家或地区经济落后的主要原因是结构刚性、制度短缺、资本匮乏等，但这些国家和地区要想实现经济上的赶超，就必须发掘出新的、具有更强大比较优势的且不可替代的竞争要素，而加强品牌培育和品牌经济的建设则是一个较好的战略切入点。

一、品牌经济的功能分解

纵观各国实践，发展品牌经济的目的并不复杂，其本质都是希望通过品牌这一核心要素来提升本地区国民经济的价值创造能力。原因是在知识经济的时代背景下，产品开发和商业化的时间间隔迅速缩短，谁能够以最快的速度提供有效的产品，它就能够获得"赢者通吃"的效果。从形式上看，时间紧缩体现为产品生命周期缩短、产品开发时间缩短和利润回报时间缩短三个方面。为了应对时间紧缩的挑战，技术创新和文化创意开始变得普遍起来，而最终将这些创新和创意的内容固化下来并转化为具有可持续经济效益的做法，就是确立属于特定地区的品牌标识。那么，品牌经济究竟具有怎样的具体作用呢？

（一）品牌经济的价值扩张效应

霍金斯（2003）在《创意经济》一书中曾经提出过创意等式 $CE = CP \times T$ 的概念，即创意经济（CE）等于创意价值（CP）乘以交易数量（T）。但是，这个方程式充满着太多的无法准确度量因素。他指出创意是无法量化的，而交易数量虽然可以量化，但产品的重复性、多样性以及交易难以有效统计的性质却是无法精确计算的。其实，无法计算的价值正是创意经济的魅力所在。在本书中，笔者以产品品牌基础，结合创意经济等式，提出品牌经济的价值总量公式，具体如下：

$$CE = \Big(\sum_{m \neq i} \sum_{i=1}^{n} (FV_{mj}^2 - FV_{mj}^1) \Big) + \Big(\sum_{s = \neq j,}^{n} (EV_{is}^2 - EV_{is}^1) \Big) + ICP_{ij} \times T$$

其中，$ICP_{ij} \times T$ 指某企业 i 品牌产品 j 的价格与其交易次数的乘积，代表区域内企业 i 产品 j 品牌实现的价值总量；FV_{mj}^2、FV_{mj}^1 分别代表将产品品牌 j 提升为区域品牌前后对区域内其他企业产品价值量的影响；EV_{is}^2、EV_{is}^1 分别代表企业 i 将产品 j 品牌提升为企业品牌前后对本企业其他产品（s）价值量的影响。依据上述等式，我们可以发现，品牌经济的价值总量由产品品牌价值、企业品牌价值和区域品牌价值三个部分构成。而且，按照价值量的高低排序，必有区域品牌价值>企业品牌价值>产品品牌价值的不等式。在现实生活中，那些具有相当多高价值含量的品牌产品，并不一定也同样拥有高度的区域价值，就像许多名牌产品所在地区经济发展可能仍然比较落后一样。因此，当产品品牌的基础价值经过市场测试以后，"单个企业的品牌化运营"、"市场层面的品牌化运营"，以及"区域层面的品牌化运营"就是促成品牌经济总量最大化的重要条件。这表明当我们致力于讨论品牌经济的时候，要特别注意品牌化运营的重要性。此外，我们还需注意的是，实践中有些地区的产品品牌和企业品牌是合一的，如双汇。这里地区品牌化运营的重点就不再是如何将产品品牌提升到企业品牌层次，而是如何上升为区域品牌层面，因为许多时候，人们只知道双汇是知名企业或产品，却不知道漯河是在什么地方。这种情况下，同样来自漯河的其他食品就无法获得双汇这一品牌正的溢出效应。

（二）品牌经济的转型效应

转型与创新，是人类发展的永恒主题，也是各省市"十二五"发展规划的重要内容，随着人口的增长，土地、劳动力和商务成本的上升，企业创新创业活力不足，基本公共服务和社会保障压力加大以及国际经济形势的变化，以出口拉动的经济增长的传统模式难以为继，因此，未来区域经济转型和创新的任务，显得十分现实又非常紧迫。因此，发展品牌经济有助于实现地区经济"转型"，是转型的内在驱动力和重要路径选择。具体而言，品牌经济对转型的作用可以概括为以下四个方面。

第一，发展品牌经济可以促进消费导向型的转型。

所谓消费导向型的转型，即整个社会由为生产型企业或制造业服务转变为消费者的消费行为服务，也就是提升消费在 GDP 中的比重，以及提高对经济增长的贡献率。虽然提高收入可以推动消费导向型的转变，但这并非是唯一路径。事实上，在某些情况下，大力发展品牌经济，也是扩大区域消费需求的重要手段。这是因为城市是多种产业的综合体，而产业则是生产同类产品的企业集合。显然，城市也可以看做众多商品的生产基地。在这种情况下，凡是能够将商品持续卖出好价格且让消费者满意的地区，其经济发展的可持续性一定会比较高，消费对经济的贡献也会比较大。实际上，在产品价值构成①中，除了功能价值以外，体验价值、信息价值和文化价值都是具有显著差异性的组成部分，这恰是产品品牌的价值构成。在这里，如果将此三类产品价值在区域层面按照产品种类进行汇总，其数值就等于该地区品牌经济的价值总量。更为重要的是，浓缩为体验价值、信息价值和文化价值的城市品牌经济，还可以形成垄断竞争的优势和消费忠诚度，不仅可以使单个消费者的消费规模扩张，还可以源源不断地从其他地区吸引增量的消费。

第二，发展品牌经济可以促进服务导向型的转型。

服务导向型转型，特指由生产型社会向服务型社会的转型，或者说在地区经济中占主体地位的经济结构由以制造业为主向第三产业为主转变。这是介于经济层面与社会层面之间，或者说兼顾经济层面和社会层面的发展方式转变。从理论

---

① 胡晓鹏认为，理论上可以将产品价值定义为由消费者心理延伸出来的产品价值，它是产品价值系统的基本组成部分，包括功能价值、体验价值、信息价值和文化价值四个部分。具体来讲，功能价值是消费者为满足自己基本需要时愿意给商品物理属性支付的价格部分。体验价值指在同样物理属性的前提下，人们因外观形象等方面的差异而愿意多支付的部分，它主要取决于个人偏好。信息价值是指人们在消费商品物理属性的同时，因其具有给他人传递信号的能力而使商品增值的部分。以购买服装为例，其基本功能（御寒或遮体）和款式（体验价值）完全相同，但某些消费者却通过选择高价位同类产品显示自己的富有，这里多支付的价格就构成了信息价值。文化价值则表示人们消费商品的物理属性只是次要的，信号的传递也不是主要的，重要的在于商品内在的文化属性以及个人因消费商品所带来的归属感；就上例而言，即使服装的功能价值、体验价值以及信息价值完全相同，但由于消费者对传统文化更为偏爱，以至于因服装是传统的中式设计而多支出的价格。

上讲，城市功能主要是服务功能，城市服务功能的产业载体就是服务业，因此，在"十二五"时期，许多地区提出了构建服务经济时代的产业体系，努力形成服务经济为主的产业结构。在这一过程中，要特别注意品牌经济与服务导向型转型的关系。必须强调的是，品牌经济在本质上就是服务经济，属于服务经济的质的体现。营销理论告诉我们，一个知名品牌的建立需要经过很长时间的积累和努力，时间越久越说明品牌产品经受住了市场的考验，值得信任，顾客也就越愿意购买。因此，地区发展品牌经济，需要强化服务意识和服务能力，并以此增强潜在投资者、消费者对城市品牌的忠诚度，并吸引更多的优秀人才进入本区域。在此过程中，新闻媒体、政府部门要充分发挥引导和监督的作用，防止低层次、共性化的服务蔓延并最终取代个性化、高品质、多层次的服务。从这个意义上讲，品牌经济就是与城市的综合服务水平、服务能力、服务质量密切关联的，而作为品牌经济经营者的地方政府，需要依托品牌经营手段争取到利益相关者的更多支持并积累形成区域持续发展的竞争能力。

第三，发展品牌经济可以促进创新导向型的转型。

创新导向即是创新驱动的发展模式，核心技术和创意日益成为区域经济增长的主动力，并在形态上表现为由纯粹的工业化生产型向以技术研发和文化创意为先导的创新方向转变。本质上讲，创新导向型的转型是产业层面发展方式的转变，而发展品牌经济则能够显著地推动创新导向的转换。以上海为例，目前上海已经开始步入服务经济发展阶段，且正面临着全球金融危机的考验，如何唤起上海地区经济再次回归到良性发展轨道，成为摆在理论界和实务界面前的重大问题。结合实践来看，上海要促进服务经济的发展，除了继续加大政策刺激力度推动服务业总量的扩张，还需要改善服务业的供给结构和供给水平，通过培育代表上海特色与形象的城市服务品牌，从质的层面提升服务经济的层次。在这方面，最好的解决方法是通过服务创新来发展城市品牌经济。然而，服务创新不同于制造创新，后者多体现为以产品为载体的生产技术、生产效率等方面，而服务创新则更多表现为营造出被人们熟知的上海服务的品牌，且在这个品牌背后将包括服务产品的创意化、服务流程的标准化、服务产业的高科化和服务过程的高质化四个重要的物质基础。显然，一旦这"四化"条件成立，上海就具有城市服务品牌的影响力，不仅可以持续吸引更多的服务资源进入上海，而且还能够引致更多的服务消费流量，最终成为全国乃至全球服务经济的高地。

第四，发展品牌经济可以促进低碳导向型的转型。

调整高能耗、高污染、高危险的劣势产业，提高土地使用效率和资源使用效率，倡导绿色低碳的生产方式、消费方式和生活方式，将成为未来经济和社会实现成功转型的重要方面。因此，我们认为，发展品牌经济，是促进地区低碳导向发展的重要手段，这是因为，品牌经济是生产力与市场经济形态发展到一定阶段的产物。一方面，用户关系、文化使命、社会责任①是人们之所以关注品牌经济的重要诱因之一，另一方面，产业发展的层次和经济增长的质量则是品牌经济能否形成的关键。这就在客观上告诉我们，品牌经济绝不是"品牌＋经济"的运行模式，而应当是一种新型的经济发展形态。例如，如果一些地区塑造了区域品牌，但以资源消耗特征的经济增长模式没有变化，那么，这种所谓的品牌经济是不可能得到人们的认可的，以品牌集聚和配置资源的努力最终将走向失败。实际上，日本汽车在很长的时间里都被人们视为玩具，而20世纪70年代之后石油危机的发生，让人们开始关注能源消费和环境污染等问题，也就是从那时起，日本汽车开始逐渐为世界所认可，因为日本在对本国汽车销售的宣传上特别强调低能耗、污染少的社会责任意识。由此可见，品牌经济与低碳导向型的转型是完全一致的，而发展品牌经济也必将因为集聚更多的高端要素而推动经济走上生态化的发展道路。

总的来看，上述四种转型方向既是相互联系的，又是各有侧重的，但它们却共同构成区域经济发展的一个总的演进方向。也就是从这个意义上讲，创新驱动、转型发展，实际上已经构成品牌经济效应的一条主线。

二、品牌经济是实现经济强国的重要路径

伴随着地缘经济不平衡程度的加剧，广大发展中国家和地区寻求经济腾飞的愿望日益强烈。相关研究虽然表明，导致发展中国家或地区经济落后的主要原因是结构刚性、制度短缺、资本匮乏等，但由此而衍生的经济政策却对发展中国家

---

① 冯蕾音、钱天放：《品牌经济的产生、构成、性质——内涵式释义》，《山东经济》2004 年第 6 期。

发展目标的实现略显乏力。出现这一结果的原因很多，既有经济政策制定过程中的针对性不强的一面，也有经济政策实施过程有效性不高的另一面，但从根本上讲，还是与落后国家或地区所要实现目标的复杂性密切关联，即发展与赶超的双重目标客观上增加了有效经济政策制定的难度。

让我们换个角度来理解上述问题，如果落后地区仅仅把经济发展作为自己的目标，那么问题就变得比较简单。这是因为，一国或地区的经济发展是从纵向的时间序列上比较的，只要它能够保持今后的发展速度高于以前的发展速度，那么这一目标就达到了。仅就这一目标而言，发展中地区可以在相关政策的制定上，突出对外资和技术的引进力度。进一步分析，如果落后地区再把赶超纳入自己的目标体系，那么上述政策就不能够保证实现。这是因为，在现代经济发展过程中，无论是资本，还是技术，都具有明显的层级差，发达国家为了实现经济的进一步发展，它更多地是将本地区已不再具备生产、经营条件的产业，以及与此相关的二流甚至是落后的技术和资本转移到发展中地区，这一方面促进了发达国家产业的升级和优化，另一方面推动着发达国家经济进一步发展。

虽然，我们并不否认这种转移也有利于落后地区的经济发展，但转移的结果使得落后地区与发达地区的经济落差显著拉大。在许多时候，发展中地区往往寄希望于自身的廉价要素的使用，以求获得赶超战略的成功。但事实证明，这一希望是渺茫的。因为随着全球经济一体化的加速，发达国家的产业转移已不再是单纯的以放弃产业为导向的产业转移，而是形成了以跨国公司为控制手段的产业转移方式，这种方式最大的效果是为发达国家在全球进行产业分工和价值链布局提供了条件，发展中国家的低廉要素成本优势成为决定跨国公司产业布局的重要因素，进而转化为发达国家自身生产、制造体系的成本优势。

既然成本优势无法实现发展中国家赶超战略的成功，那么是否可以采取通过科技进步与技术创新能力的提高实现赶超呢？理论上讲，科技进步与技术创新能力提升可以做到这一点，但在现实层面上看，这一手段的效果却是不可预期的。因为对于大多数发展中国家而言，不仅原有的技术水平和创新能力很低，而且人力资本也比较匮乏。即使引进和吸收了国外发达国家的先进技术，但对这些技术进行自主创新的时间周期一般会比较长；同时，技术创新成果也会因为缺乏现代产业发展理念而无法得到有效的推广和应用，后者往往成为制约发展中国家技术创新充分发挥作用的主要因素。

在这样的背景下，重新认识和界定发展品牌经济的作用，无疑会为发展中国家的经济崛起路径提供更为可行的新选择。当前，关于品牌经济对经济发展作用的文献，主要集中在品牌建设对经济增长的作用，而忽视了品牌经济的改造效应和转型效应。应当说，后者是界定品牌经济功能的主要方面。其实，人类社会发展的历史过程就是品牌经济不断提升和深化的过程，而以品牌为基础的经济要素，则从根本上改变了国民经济运行的质量。例如，近年，韩国、日本借助带有国家文化特质的品牌产品在大大提高了经济附加值的同时，通过"韩流"、"日流"的品牌拓展方式实现了传统产品价值链的扩张。由此可见，对广大的发展中国家而言，要想实现经济上的赶超，就必须发掘出新的、具有更强大优势的且不可替代的竞争要素。显然，加强品牌培育和品牌经济的建设就是一个较好的战略切入点。这不仅因为品牌能够显著延长发展中国家产业的价值链并延长产品生命周期，而且品牌经济因其地理黏性的特征使得任何发达国家都不可替代；同时，品牌还可以通过重塑竞争主体的发展理念，改变发展中国家思想落后、观念落后的现状，使文化创意和技术创新的应用效率得到显著提升。只有这样，才有可能以最快的速度、最大的效率将发展中国家的其他比较优势和潜在竞争优势转化为现实优势。

第四节　核心纽带：品牌经济与经济强国的连接点

在全球化经济环境下，品牌经济不仅代表国家的竞争优势，更重要的是可以有效增强国家的软实力，是经济强国的身份和地位的符号。在推动品牌经济发展的过程中，应当密切关注到文化创意与技术创新是孕育经济强国的核心纽带。同时，文化创意与技术创新作为两种相对独立的稀缺资源，彼此之间也有着密切的关联性。

一、品牌经济与经济强国的核心纽带

　　培育品牌经济的关键是什么？在我们看来，凡是成功、高效的品牌经济，其一定包括了强大的创新内容。根据笔者的观察，决定品牌价值高低的核心变量不是品牌的 LOGO，而是隐藏在品牌背后的核心技术和文化创意，品牌之战的核心其实是知识产权与文化创意之争。正如图 3.1 所显示的那样，品牌标识、经营创意和核心技术三个圆的交集才是培育品牌经济的应有之意。而且，对于一个国家而言，品牌标识、核心技术、文化创意三者互为整体，不可分割。只有在三者有机结合的情况下，才能确保品牌经济真正树立起来，失去了核心技术和文化创意的支撑，品牌经济只是空壳了。

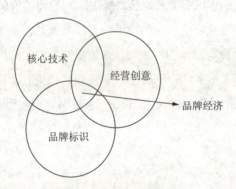

图 3.1　品牌经济要素

　　从宏观意义上看，伴随着全球经济一体化的加深，"品牌经济"的发展应该同时具备对创意与技术的诉求。品牌虽然是一种名称、术语、标记、符号或设计，或是它们的组合运用，其目的是借以辨认某一个或一群销售者的产品及服务，并使之与竞争对手的产品和服务区别开来。但对国家来说，品牌经济不仅代表国家的竞争优势，更重要的是可以有效增强国家的软实力，是经济强国的身份和地位的符号。

　　谈及此，我们有必要对创新本身进行回顾。事实上，自 20 世纪 70 年代以来，在全世界的范围内掀起了一股对未来社会发展前景的探讨和预测，并相继出版了一系列的专著。其中，最具影响的主要有丹尼尔·贝尔（Daniel Bell）的《后工业社会的来临：社会预测初探》、耐斯比特的《大趋势——改变人们生活的 10 个新方向》、托夫勒的《第三次浪潮》以及亨廷顿的《文明的冲突》等。在这些著作中，学者们不仅对未来社会的生活方式、生产方式做出了大胆预测，而且也蕴涵地指出了未来的人类社会将进入信息化时代，技术创新和文化创意等也都将成为未来经济和社会发展的关键元素。

进入 20 世纪 90 年代以来，随着美国副总统戈尔所致力于"信息高速公路"的建成，美国经济实现了连续 10 年的高增长、低通胀。在这样的背景下，人们更是对技术创新的力量顶礼膜拜。当前，知识经济在世界范围内已经兴起，对各国经济的发展和国力的提升越来越发挥出重大的影响和作用。本质上讲，知识经济的含义其实就是：通过知识创新和技术创新推动经济的发展。在知识经济时代，世界范围内的市场竞争，已由成本的竞争转变为技术的竞争。在成本竞争时代，依赖于资本和企业规模；在技术竞争时代，则是以知识和技术力量为核心来决定竞争的胜负。人类的文明史就是一部人类创造、发展、发现的历史。在当前经济趋向全球化时代，如果不能创新、不去创新，一个民族就难以发展起来，难以屹立于世界民族之林。一个企业如果缺乏创新精神，就会被市场所淘汰。因此，各个国家纷纷将提升技术创新能力作为立国之本。

20 世纪 90 年代末，出现了一股以文化创意要素整合经济资源、推动经济发展的成功案例，如英国、中国台北、韩国等。这股趋势无疑给知识经济时代注入了一股新鲜的血液，使人们清楚地看到经过头脑风暴产生的文化创意不仅是一种能够带来经济效率迅速提升的新型资源，也是一种在知识经济时代里、普遍重视技术创新资源时所长期忽视的短缺性要素。其实，随着人类社会的发展，文化艺术市场已不再是传统意义上艺术家与消费者面对面的交流，属于少数人的消费产品，它开始占据更大的市场空间，面对更广泛消费群体的精神文化需要。文化艺术消费品开始了与产业化结合的过程，对此，凯夫斯将其称为"创意产业"。正是在这样的起点上，许多国家或地区开始着手对文化创意的经济功能、文化创意产业的发展等问题进行研究。

广义上讲，创新与创意具有较为相似甚至完全相同的含义，即它们都是指将一个潜在机会转变为新的"点子"，并将这些"点子"转化为广泛的实践应用的过程。狭义上讲，创新与创意所对应的主体不尽相同。最近，随着对文化创意产业研究的兴起，人们在习惯上将创意与文化连接在了一起，而将创新与技术连接在了一起。正是基于这样的背景，我们有必要将文化创意与技术创新对构筑品牌经济的作用联系起来，并回到中国经济实现强国之路的思考逻辑之中。

二、两个连接点的作用比较

理论上讲，文化创意与技术创新是品牌经济孕育经济强国的核心纽带，作为两种相对独立的稀缺资源，它们之间具有着密切的联系。

第一，技术创新带来的是成本竞争型，文化创意则形成了差别型竞争格局。

技术创新对经济发展的作用主要在于，通过提升产业劳动力生产率，达到降低企业成本、增加利润的目标。显然，技术创新是生产率导向型的，其直接的结果就是使产业内企业间的竞争形成了成本竞价型；与此不同，文化创意对经济发展的作用主要在于，文化创意自身充当着一种竞争要素直接加入企业的产品中，其直接结果就是使差别化竞争成为产业内企业间争夺市场的主导方式。其实，本质上讲，技术创新所形成生产工艺、加工流程具有可重复性、可复制性的特征，这种特征保证了它对产业内的所有企业的影响是相同的；很明显，文化创意并不具备可重复性、可复制性的特征，它将会因国别、地域、甚至员工构成的不同而不同，这种差异性也将自然地融入企业的产品、企业的管理方式、组织结构、甚至产业的运行态势之中。

第二，文化创意具有黏性，技术创新具有流动性。

根据我们的界定，创意是与文化联系在一起的；而创新则是与技术联系在一起的。因此，文化与技术的差异成为区分创意与创新的关键点。由信息理论的基本内涵可知：技术在本质上实际就是可编码的知识（codified knowledge），这种可编码性决定了技术可以在人与人之间、国与国之间的自由流动；与此不同，文化则是缄默知识（tacit knowledge）或黏性知识(sticky knowledge)，它不能在不同的人与人、国与国之间有效转移。尽管随着信息传递技术的发展，可编码知识（技术创新）的传递成本会随通讯技术的发展而迅速下降，甚至其通讯成本会接近于零。但缄默知识（文化）或黏性知识的传递成本则不会随信息技术的发展而下降，因为这些知识必须通过连续、重复的面对面的接触与交流才能传递，而且这类知识往往与特定的地理位置和人文环境密切相关。由此可见，文化创意的黏性特征使得各个地区或国家都具有了不可替代的优势，而技术创新的流动性则使得国家或地区间的优势可以迅速转移。

第三，较技术创新而言，文化创意是培育国家竞争优势更为高级的资源。

我们认为，无论是文化创意还是技术创新，说到底它们都是培育国家（地区）竞争优势的资源。早在工业时代，人们就认为：将现有的生产要素（资本、劳动力等）集聚在一起，可以显著地提高企业的生产效率，进而提升一国的产业竞争优势。但随着经济的发展，规模经济可利用的程度不断衰减，取而代之的是，技术创新推动产业竞争力提升。这时，谁能够拥有先进的技术、高效的技术创新能力等资源，谁就可以在市场上占据有利地位。也正是因此，人们纷纷把问题的焦点引向了技术创新能力的培育上。然而，信息技术的来临和普及彻底改变了人们的生活方式和生产方式，信息技术促进了产业的融合发展，不仅使生产流程更加复杂化，也使经济结构更加细微化。此时，人类开始步入体验经济时代，能否塑造出具有特定文化内涵、艺术内涵、并被人们普遍接受的观念，成为决定企业、产品等能否获得强大竞争力的关键。也正是在这样的背景下，文化创意开始成为增强竞争力和提升抗风险能力不可或缺的重要因素。

第四，技术创新具有价值结构调整功能，文化创意则具有价值总量提升功能。

从实践层面上讲，技术创新强调实用性特征，即新技术不仅要能为我所用，而且也要求使用后可以显著提高生产效率。具体来讲，技术创新的成果必须符合现有人力使用的能力要求，同时技术创新的成果可以实现最大限度地降低生产成本，提高产品附加值比率的目标。而其达成目标的手段则是改造生产流程或生产工艺。与此不同，文化创意则更加突显出渗透性特征，即文化创意通过对产业、企业乃至产品的全面渗透，不仅提高了产业的差别化程度，而且因其成为产品价值的组成部分而显著增加产品附加值。进一步讲，文化创意的目标不是以降低生产成本、提高附加值比率为己任，而是以塑造差别化、增加产品价值增量为目标。因此，技术创新具有产品价值结构调整的功能，而文化创意则具有扩大产品价值总量的功能。

第五，技术创新与文化创意具有强烈的互动性。

尽管技术创新和文化创意所对应的主体不同，但两者在实践中仍然具有强烈的互动联系。首先，技术创新是文化创意大规模发展的推动力。一方面，技术创新改变了经济领域中各类要素的相对价格，使人们的偏好结构发生了变化，也重新缔造了人与人之间的激励结构，这将在根本上为头脑风暴式的文化创意大规模产出提供了制度条件；另一方面，技术创新推动了信息成本的持续降低，这为文化创意对经济领域的全面渗透提供了社会基础，如互联网对文化创意的传播。其次，文化创意是决定技术创新能力的重要因素。新制度经济学告诉我们，任何社会的技术创新力都是特定制度安排下的产物，制度变迁或制度创新的效果往往是技术创新的源泉。由于制度包括非正式约束、正式约束和实施机制三个组成部分，因此，制度创新的效果离不开非正式约束的作用。这里的非正式约束特指人们在长期交往中无意识形成的、具有持久生命力，并构成代代相传的文化的一部分。显然，文化创意实际就是制度创新过程中非正式约束的创新。正是在这一点上，作为非正式约束创新的文化创意也就成为决定制度创新效果的关键因素，进而成为决定技术创新能力的关键。

第五节　品牌经济与中国的强国之路

作为一个发展中大国，自改革开放以来，中国经济总量实现了翻两番的目标，2003 年人均国民生产总值首次突破了 1 000 美元。通过对外开放和引进外资，中国经济全球化的趋势正在不断加速，并逐步成为国际分工体系的一部分。在数量增长和规模扩大的同时，中国的制造业有 100 多种产品产量已达世界第一，制造业整体排名已进入世界第四，制造业大国已初露端倪。但是，缺乏具有自主知识产权的核心技术却是中国打造制造业强国的"软肋"。中国制造业如家电、计算机通讯、汽车、纺织服装、机械和成套设备、石油化工、钢铁、飞机制造、新型建筑材料、环保十大主要产业，无论是技术装备水平、产业集中度、生产组织管理水平，还是生产效率，与世界发达国家相比都十分落后。

当人们津津乐道于成为制造业大国的时候，实际上，以激发创意能力培育品

牌经济的实践已经悄然对我们的这一愿望构成了实在的冲击。这一冲击的致命之
处还在于创意日益呈现出融入国民经济的趋势。由于创意的渗透和介入，传统产
业业态发生变化，产业分工重新洗牌。浓缩在品牌经济之中的创意要素以其处于
价值链的高端地位，借助于新技术并以其分配利润的特权，对其所渗透的产业按
价值链进行重组。处于价值链低端的服务业或者是制造业将出现交易量最大但价
值增长最小的趋势。中国经济的比较优势是廉价劳动力，跨国公司对中国投资的
战略目标是将中国置于跨国公司国际分工体系中低增值环节生产基地的位置，跨
国公司实现这种国际分工的主要手段是品牌经济，这就是为什么中国在向世界出
口的产品生产规模急剧扩大的同时，而中国劳动力工资水平并未获得同步增长的
主要原因。这也充分说明，以廉价劳动力为优势的制造业大国地位，在当今国际
分工体系中的位置是极为被动也是极具风险的。

　　我国是一个发展中的大国，目前还处在工业化加速发展时期，面临发展与赶
超的双重使命。在这一发展阶段中，产业结构优化升级的任务十分艰巨。但即便
如此，中国的工业化道路也绝不能按部就班地重复西方发达国家的工业化发展模
式，否则将在全球价值链体系中永远处于被支配的地位。因此，如何将劳动力资
源的比较优势与核心竞争优势的培育融为一体，成为当下亟须解决的重大课题。
针对这一问题，我国已经提出依靠科技进步和创新实现经济超越式发展的战略，
但这一战略在具体产业层面落实时遭遇很大困难，一个重要原因是所依据的发展
理念已经滞后于当今世界产业发展趋势。因此，要真正实现中国经济的跨越式发
展，就必须寻求新的发展路径。由前文可知，利用文化创意重塑国家品牌经济是
一种主导性的发展趋势，这一趋势不仅为我们把握发达国家经济发展演变的新动
向提供了新的观察视角，同时也启示我们在落实依靠科技进步和技术创新实现中
国经济跨越式发展战略时，必须将创意化发展、信息化发展与品牌化发展有机结
合在一起。

　　参照国内外发展的实践，并结合品牌经济是文化创意与国家软实力有机结合
产物的本质特点，笔者认为：塑造以文化创意为核心的品牌经济，绝不能盲目地
"跟风追热"，必须从自身的实际情况出发确立合适的发展思路。（1）如果地区经
济发展水平高，并具有发达的信息产业和高科技产业，那么，品牌经济的基本定
位也应该放在全国乃至全球的层面。（2）如果地区经济发展水平较高，但不具有

发达的信息产业和高科技产业，那么品牌经济就应该定位在推动地区信息化和科技水平提高的这一层面上。（3）如果地区经济发展水平较低，那么品牌经济就应该以历史文化（狭义文化）的产业化为基本发展方向，并应该将重点放在对传统、落后产业的改造层面上。

在具体策略上，应着重考虑四个方面：一是应当考虑文化创意转变为经济价值的途径和能力，着力思考文化创意的品牌化、品牌的文化创意化以及品牌、文化创意一体化的中国特色发展模式。二是通过打造中国的品牌经济，以整个创意能力提升来集聚和整合中国现有的处于分散状态的科技、人才、管理、设计、自主知识产权等价值链高端要素资源，以中国自己的品牌实力来引导整体经济实现两个转变和跨越式发展，力争在较短时间内扭转目前中国在国际分工体系中的不利地位。三是考虑品牌经济及其载体的特征如何体现于全球投资战略转移，着力推进具有中国文化特色的学习型组织结构建设，并加强培育以本土文化为特征的品牌化发展理念。四是在加速完善知识产权保护制度的前提下，着力推动官、产、媒、学各界的通力合作，促进创意生成环境的健全；同时，各级地方政府也必须积极有效地把区域内研究机构、产业内公司、辅助公司、行业协会、大学教育机构等适应性主体动员起来，加速整合本地区各种资源和力量。

综上所述，提升中国品牌经济的实力并非易事，这不仅需要在政策上给予必要的引导和支持，也需要集合各类主体乃至全民的智慧和努力才可能完成。本质上讲，品牌的核心不仅仅在于创意是否新颖，更为重要的是要保证对创意的认可和接受，并大规模实现创意对其他产品价值的增值功能。

本章小结

品牌是一种差异化和特色化的标示，它随着载体的不同而表现为多种类型，如产品品牌、企业品牌以及区域品牌。相应地，在宏观经济背景下，可以将品牌对经济发展的作用归结为三个不同的发展阶段。品牌经济是以品牌为载体，承担和发挥地区经济资源集聚、配置和整合功能的经济发展形态。在通常意义上，品牌经济的载体是特定的地域空间，可以是城市，也可以是国家；从表现内容上看，品牌经济是由多种区域品牌（品牌板块）叠加而成的综合形态，是由众多关联企业集聚所形成的、有较高知名度的特定产业集聚区。

从外部条件上看，面对中国经济的崛起，发达国家或地区加大了对中国经济发展进程的干预，一种显著的表现形式就是通过营造西方品牌经济来控制中国经济质量的提升。这种冲击的危害，不仅是持续地将中国锁定产业价值链的低端环节，更表现为借助于品牌的影响力吸收中国的创新资源，加大了经济转型的难度。对于寻求转型的中国而言，核心的问题就是要大力发展品牌经济，并据此制定发展的策略，以破解来自发达国家的约束。大力推进以城市为载体的品牌经济的发展，不仅可以通过集聚资源而促进文化创意、科技进步和技术创新的快速发展，而且顺应了"产业服务化、服务增殖化、增值特色化（不可替代）、特色品牌化"的目标要求。

综观各国实践，发展品牌经济的目的都是希望通过品牌这一核心要素来提升本地区国民经济的价值创造能力。为了应对时间紧缩的挑战，技术创新和文化创意开始变得普遍起来，而最终将这些创新和创意的内容固化下来并转化为具有可持续经济效益的做法，就是确立属于特定地区的品牌标识。从我国经济实践来看，发展品牌经济有助于实现地区经济"转型"，是转型的内在驱动力和重要路径选择，是实现经济强国的重要支撑。在全球化经济环境下，品牌经济不仅代表国家的竞争优势，更重要的是可以有效增强国家的软实力，是经济强国的身份和地位的符号。

|第四章|

转型发展：品牌经济与消费驱动型经济

在经济从以产品为核心的实体经济阶段发展到以品牌为核心的品牌经济阶段的过程中，品牌成为影响人们选择行为的关键。改革开放以来，中国的经济增长方式长时间处于低水平投资拉动为主的阶段，转变经济增长方式要求经济发展在总体上从高投入、高消耗、低产出、低效益转向低投入、低消耗、高效益。为此，需要从国家和企业两个层面来规范其目标和行为。国家通过制定产业政策进行宏观引导和调节，企业作为社会经济增长的微观基础，应当成为转变经济增长方式的主体。由于经济增长最终要体现在产品这一最基本的市场要素上，因此我国国民经济能否实现持续高速增长，我国企业能否得到快速发展，我国经济能否在国际竞争中取得优势和主动，在很大程度上取决于我国品牌产品的规模和层次，取决于品牌效应。

第一节　转型发展：从投资拉动到消费驱动增长模式

随着美国金融危机所引致的全球金融危机的爆发，全球经济出现了停滞不前甚至严重衰退的局面，其对我国经济的冲击主要是通过对出口的影响导致经济增速下降。从中国当前的发展阶段看，在我国投资率明显偏高的情况下，拉动内需，扩大消费应是目前我国实现促进经济增长的公共政策目标的主要手段。

一、经济增长与转型发展

（一）经济增长理论的发展沿革

经济增长理论的兴起和发展，在西方有其特定的时代背景，在不同经济学流派里的论述各不相同。古典经济学重农学派的主要代表人物魁奈认为，经济增长是农业剩余产品再投资的一种经济结果，只有农业的发展才能成为经济增长的源泉。但最早对经济增长问题进行系统研究的是古典政治经济学的创建人和第一个系统表述者亚当·斯密。斯密在其经典著作《国民财富的性质和原因的研究》（1776）中最早论述了经济增长问题，他认为经济增长就是人均产出的提高，或者是劳动产品（社会纯收入）的增加。大卫·李嘉图认为，经济增长就是国民财富的增长，表现为社会总产品的增加。[1]马克思、恩格斯强调经济增长是社会物质财富的积累过程[2]，其扩大再生产理论深刻地刻画了社会生产的动态过程。20世纪60年代中期以来，世界范围内的经济增长速度缓慢为新经济增长理论产生提供了新的发展动机。保罗·萨缪尔森将经济增长定义为一个国家潜在国民产量或者潜在的实际国民生产总值的扩展，是生产可能性边缘随着时间向外推移。[3]西蒙·库兹涅茨认为，经济增长是一个国家向其人民提供品种日益增加的经济商品的能力的长期上升，这个增长的能力，是基于改进技术以及它所要求制度和意识形态的调整。[4]

本书中经济增长泛指一个国家在一定时间内，人均产出水平的持续增加。其经济学解释为：生产可能性曲线的向外扩张。影响一国经济增长的因素有很多，如资源禀赋、生产效率、产业结构、实质资本的数量累积与质量提升、人力资本

---

① 田春生、李涛：《经济增长方式研究》，江苏人民出版社 2002 年版。

② 马克思、恩格斯：《马克思恩格斯全集》（第 26 卷），人民出版社 1975 年版。

③ 高鸿业：《经济学》，中国发展出版社 1992 年版。

④ 西蒙·库兹涅茨：《现代经济增长：事实与思考》，中国社会科学出版社 1986 年版。

累积、技术水准提升以及制度环境改善等。

（二）中国经济增长模式转型

在全球金融危机中，尤其是发达经济体受到的冲击更严重，经济增长率快速下滑甚至出现负增长。我国也未能幸免，由于我国资本账户并未开放，金融危机对我国经济的冲击主要是通过对出口影响产生。其主要传导机理为：经济危机导致全球经济衰退，进而使国际市场的消费需求萎缩，国外市场需求的下降使我国出口下降，国内出现产能过剩，导致国内出口企业生产下降甚至倒闭，最终导致国内经济衰退。

这与 1998 年以来我国形成的出口导向型经济增长模式直接相关。根据经济增长模式的定义可知，当一国的出口对 GDP 的贡献率超过 20% 时，该国的经济增长模式就为出口导向型经济增长；当内需对 GDP 的贡献率大于 80% 时，就为内需拉动型经济增长；当投资对 GDP 的贡献率超过 30% 时，就为投资拉动型经济增长。

改革开放以来，中国的经济增长方式长时间处于低水平投资拉动为主的阶段。我国固定资产投资质量低下，低水平一般投资拉动型经济增长必将最终面临产能过剩、通货紧缩、效益低下和投资浪费的后果。现阶段的投资拉动型经济增长存在着局限性，投资拉动型经济增长的进一步发展空间不大。主要表现为以下几个方面：第一，固定资产投资增速远远高于 GDP 增速，投资对消费的挤出效应明显；第二，投资效率逐渐降低，资本边际效益递减效应明显；第三，投资技术含量低，建筑安装工程比重过大；第四，投资驱动型经济增长受到技术提升的潜力、资本边际效益递减和产业结构演进的制约；第五，资源短缺和基础设施瓶颈难以支撑高投资的经济增长；第六，投资增长过快造成生产能力低水平过剩。

1997 年在亚洲金融危机期间，我国明确提出了扩大国内消费需求的战略方针，但没有形成有效机制。投资、消费、出口是拉动经济增长的三大动力，其中居民消费需求是拉动经济增长的根本动力，没有居民消费需求的不断增长，生产就难以持续增长，投资就难以实现效率。与国外比较，我国目前的投资率明显偏高，消费率明显偏低。2008 年以来，为应对国际金融危机挑战，投资拉动增长格局进一步强化。改革开放之初，中国最终消费率为 62.5% 左右，居民消费率为

50% 左右；2012 年，最终消费率只有 47.4%，居民消费率只有 33.8%，降到改革开放以来的最低点，与同等发展水平国家尤其是金砖国家相比，相差近 20 个百分点；与世界平均最终消费率相比，相差近 13 个百分点；与发达国家相比，相差 40 个百分点左右。与历史相比，我国消费率还有 15—20 个百分点的提升空间。

世界平均最终消费率[①]一般为 70% 左右，居民消费是拉动经济增长的主要动力。2010 年，按现价计算，美国最终消费率为 87.6%，资本形成率为 15.9%，净出口率为 -3.5%；三大需求对国内生产总值的贡献率分别为：最终消费支出 79.4%，资本形成总额 44.4%，货物和服务净出口 -23.9%；对国内生产总值增长的拉动分别为：最终消费支出 3.0 个百分点，资本形成总额 1.7 个百分点，货物和服务净出口负 0.9 个百分点。2010 年，中国三大需求对国内生产总值的贡献率分别为：最终消费支出 37.3%，资本形成总额 54.8%。货物和服务净出口 7.9%；对国内生产总值的拉动分别为：最终消费支出 3.9 个百分点，资本形成总额 5.6 个百分点，货物和服务净出口负 0.8 个百分点。

消费需求的持续低迷，一方面使得我国经济增长后劲不足，经济增长不得不更多地依靠投资需求和出口需求拉动，进而恶化产能过剩问题，并加剧国际贸易摩擦，这又反过来使得投资和出口拉动型经济增长越来越难以持续；另一方面使得我国居民消费水平长期得不到应有的提高，影响了国民生活质量的提高。所以，我国提出扩大消费需求的方针，是针对我国多年来消费偏低，消费需求对经济增长的拉动力较弱的状况提出的战略方针。扩大国内消费需求是我国的战略方针，党的十七届五中全会通过的《中共中央关于制定国民经济和社会发展第十二个五年规划的建议》进一步提出"建立扩大消费需求的长效机制"。

二、投资拉动到消费驱动型经济增长的逻辑诠释

按照传统经济学理论，消费、投资和净出口都可以拉动经济增长，但从中国当前的发展阶段看，扩大消费应是目前我国实现促进经济增长的公共政策目标的主要手段。消费作为社会再生产的终点和新的起点，消费需求的规模扩大和结构

---

① 最终消费率，通常指一定时期内最终消费额占 GDP 的比重，一般按现行价格计算。

升级是经济增长的根本动力。引导居民合理消费，发掘消费热点，促进消费需求回升，实现消费与生产的良性互动，是有效促进经济增长的基本路径。从消费、投资和净出口对我国 GDP 增长的贡献率来看，中国国民收入长期持续的增长不可能主要依靠投资和净出口的无限制增长来实现，带动我国经济增长的主导因素是消费，只有消费需求才是经济长期增长的助推器。

消费是 GDP 的组成部分，在生产能力的界限之内，消费的直接增长就是经济的增长，消费增长多少，GDP 也增长多少。由于经济增长的消费弹性比投资弹性大得多，所以消费需求的变动对经济增长的影响比投资的影响更大。从目前我国国民经济核算情况看，居民消费增长率每提高 1 个百分点，相当于固定资产投资增长提高 1.5 个百分点。在民间投资需求不足和居民最终消费需求不足的情况下，实行积极的财政政策，增加政府公共投资支出，则可更加直接、更加有效地提升需求水平，促进经济增长。消费除了在经济复苏和繁荣时期具有拉动经济增长的作用外，还可以较好地防止经济萧条。这是因为当经济处在经济周期的衰退与萧条阶段时，居民收入下降，但由于消费具有刚性，其下降的速度总是慢于收入下降的速度或维持原来的水平不变。因此，消费需求与投资需求相比要稳定得多，对经济衰退具有自然的遏制力。

对投资需求来说，其作为"需求"有其特殊性：一是投资本质上是中间需求，是为了最终满足消费的派生需求；二是投资有"名为当期需求，实为下期供给"的两重性，从社会再生产循环看，这一阶段的投资需求形成下一阶段的生产能力供给。投资对经济增长的贡献主要体现在对有效供给形成的贡献，即为社会生产提供有效的生产手段上，而不是体现在对有效需求形成的贡献，即因投资活动而引起社会产品和劳务的需求上。这种特殊性才是投资活动对经济增长作用的本质特征。因此，投资对经济增长的需求效应实际上只不过是其供给效应的副产品。对国民经济长期发展而言，投资结构如果不适应消费需求结构的变化，投资增长超过了消费需求的增长，则这一阶段投资需求扩张，虽然能一时拉动增长速度，但将加剧下一阶段供给过剩和需求不足。

投资对经济增长的贡献带有长期性和滞后性，过度投资还会导致经济过热，而且投资最终需要消费的支撑，投资收益的获得以及投资对经济增长的拉动作用需要通过消费的扩大来实现，投资结构和规模的优化受到消费规模和消费结构的制约。如果投资与消费不能实现良性互动，社会经济资源将难以有效率地实现优化配置。因此，消费的需求效应才是拉动经济增长的关键要素和最终动力。

从净出口的角度看，有观点认为可以用净出口的增长来补偿消费的不足。但要持续地保持正值的净出口是非常困难的。对于一个出口产品技术竞争能力不强的国家来说，情况更是如此。这是因为：其一，出口是外生变量，主要取决于贸易对方国的需求状况和整个世界经济的景气状况，而不是直接取决于国内的经济状况。其二，持续的净出口正值会引起贸易摩擦，会受到双边贸易政策、贸易壁垒、反倾销、国际政治经济形势等因素影响，带有不确定性。其三，在产品技术水平缺乏竞争能力的情况下，要持续地扩大出口，就要更多地通过本国货币的贬值来实现，而不正常的货币贬值会扩大进口产品与出口产品的价格剪刀差，导致本国资源和财富的流失。因此，用净出口的扩大来补偿国内消费不足，也是不能持久的。

三、投资拉动到消费拉动型经济增长路径

由投资拉动型经济增长转向消费主导型经济增长需要很长一段时间，这一转变过程中需要正确处理投资和消费的关系，做好衔接工作，把握转变时机，以实现投资主导向消费主导的平稳转变，不然可能会出现经济增长速度的骤减等各种问题。从经济周期角度看，这个时机往往出现在经济从复苏阶段走向繁荣阶段的过程中。这是因为只有在居民收入增长加快的前提下，消费潜力才能释放出来，消费也才能成为经济增长的主要动力。当经济走出萧条并进入复苏阶段后，就业开始增加，企业效益好转，居民收入开始恢复增长，消费也开始逐步增加。与此同时，辅之社会保障、教育等各项配套改革，并注意防止投资的过度增长。

（一）明晰环境产权，促进人与自然的和谐发展

在我国经济发展过程中，企业和居民对于资源的节约意识相当淡薄。即使企业有一定的资源节约意识，但碍于技术、管理方式等多方面的阻碍，使得节约成本大大提高。同时，居民对于环境的保护意识低，而生产者追求效用最大化，导致很难在不破坏环境的前提下促进经济发展。因此，做到环境的外部成本内部化

是改善经济增长和环境关系的有效途径，也是较为关键的途径。

（二）优化产业结构，提高企业自主创新能力

产业结构的优化必须保持对各产业之间的投资达到其所需的最低要求，尽量防止过度投资或者投资不足，促进各产业之间达到一种合理平衡，使得产业结构整体素质和效率向更高的层次不断演进，促使各产业协调发展并与整个国民经济的发展相适应。在优化产业结构的过程中，必须加强对企业自主创新能力的培养，使企业拥有自己的品牌和核心技术，不再依赖于抄袭或者买进外来的技术以达到发展的目的，这对于消除我国经济和企业在国际竞争中的技术劣势至关重要，也是我国经济发展和企业发展长久以来的一个目标。

（三）强化制度建设，营造健康安全的经济环境

有效、合理、健康的制度对于我国这样一个正处在社会主义初级阶段的发展中国国家来说，不仅能够使得经济发展更快、更好、更稳定，而且可以避免在发展中走弯路，节约财力、物力和人力。综观我国当前的发展状况，要实现经济健康发展则必须做到以下几点：第一，加快政府职能转变，加大对于国有大中型企业的控制，逐渐放松对于中小型私人企业的管制，以增加市场活力；第二，以科学发展观为指导理念，转变政绩考核机制；第三，完善监督机制，加强执法力度。

（四）深化投资改革，建立严格投资约束机制

深化投资体制改革要规范各级政府、各类企业的投资行为，强化投资的约束机制。要落实企业投资自主权，逐步缩小政府对投资项目的核准范围，健全企业投资项目核准制和备案制。要健全政府投资管理体制，合理界定政府投资范围和中央与地方的投资事权，改进和完善决策规则和程序，建立政府投资项目决策责任追究制。而且要合理控制投资规模，优化政府投资结构。我国目前的投资规模比较大，应适当加以控制。控制投资应该区别对待，对需要耗费大量资源、污染严重、技术含量低、重复建设的投资，应该严格限制。同时，正确引导投资方向和投资结构，把资金引导到社会和经济发展最需要的地方，如中西部地区的教

育、科研等薄弱环节，以促进城乡、区域、经济与社会协调发展。

总之，中国作为发展中大国，在追求经济增长的同时难免会出现各种各样的问题，正确处理这些问题关乎我国经济的可持续发展。在经济全球化过程中，尤其是我国改革开放 30 多年来取得了举世瞩目的成就，有"世界工厂"之称的我国的经济增长和经济发展方式的转变对于世界经济平稳健康发展有着举足轻重的作用。加快经济增长方式转变，是全面实现战略目标的客观需要，同时也将是我国经济发展史上的一个重大转折。

四、进一步思考及观点

在消费拉动型经济增长呼吁越来越广泛的同时，学术界关于中国到底是应该实行投资拉动型经济增长还是消费拉动型经济增长，众说纷纭，莫衷一是。以林毅夫为代表的学者认为，消费应是经济增长的结果，而不能成为拉动经济增长的动力机制。①原因是消费在当前是需求，按照国民经济核算其似乎对增长有贡献，但劳动生产率没有提高、收入不增加，如果以消费拉动经济增长的话，就要举债。举债需要还本付息，如果生产力水平不提高、收入不增加，容易发生债务危机。只有投资才能成为中国经济长期增长的动力，因为投资在当前是需求，能促进经济增长。只要投资是有效的投资，生产力水平就会提高，产出就会增加，在增加的产出中又可以拉动消费，继续进行基础投资，投资又能带来收入的增加，又可以增加消费和投资——这才是经济可持续增长的动力。

投资、消费是拉动经济增长的三驾马车中两个重要组成部分。我国正处于经济发展初期阶段，投资与消费更应该按照本国情况有所平衡，而不是一味偏向投资或者只顾拉动消费需求。目前我国存在较高的投资率，而由于金融危机和国内通货膨胀，外部需求和内部需求都处于疲软时期，长期下去将会使我国目前的经济增长畸形发展，从而影响我国经济和社会健康发展。再者较高的投资率会导致社会产出增加，但是消费需求的下降则会导致人们对于消费品需求降低，一定程

---

① 选自林毅夫的《谈经济增长方式转型》一文，根据 2013 年 11 月 5 日上海发展研究基金会主办的"经济增长方式的转型"研讨会的演讲录音整理。

度上造成资源浪费。资源环境约束问题就变得更加严重。因此，经济的增长要靠投资与消费来拉动。

经济学对于大国经济发展模式与小国经济发展模式之间的区别有着十分经典的论述。当代发展经济学的代表人物霍利斯·钱纳里在其著名的《结构变化与发展政策》中进行了大国发展模式与小国发展模式的比较，其结论是："大国发展形式的主要特征是较低的国际贸易水平。国家越大，且政策的内向性越强，它的经济就越趋于封闭经济的情形。在整个转变时期，典型的大国形式具有占国民生产总值12%的出口额，假想的半开放国家的出口额占6%。"小国的经济发展模式不同于大国。"那些在大国中导致有限贸易和平衡增长的因素在小国中产生了相反的影响。后者具有较少多样性的资源和较小的市场，这就使对外贸易的利益增加了，对大多数小国而言，外资也更容易得到"。这些论述为我们提供了理解大国经济增长模式的基础。如果说我们在改革开放初期因为资本短缺，应当更多地依赖对外贸易，那么，在已经有了一定的资本积累，且国际经济形势发生了变化的情况下，就应当不失时机地转换经济增长模式，注重内需拉动，把注重内需拉动调整到一个战略性的高度。内需包括投资需求和消费需求，而投资需要不但包括国内投资需求，也包括国外投资需求。

中国对内应实行消费拉动型经济增长。目前我国处于投资过热、消费疲软的窘态，在外部需求无法控制的情况下，扩大内需特别是消费需求有利于消化过剩的产能，降低人民币过快升值和出口压力，缩小投资、消费差距，降低投资热度，减少投资过热引发的一系列潜在的不稳定因素，从而促使经济繁荣稳定发展。相反，如果不断拉大投资与消费的差距，投资过剩、消费不足，则会导致供求矛盾不断加剧，物价不稳定，资源浪费加剧，整个经济的发展始终处于一种剧烈波动的状态。长此以往，经济必然面临崩溃。

中国对外应实行投资拉动型经济增长。在经济全球化浪潮中，我国抓住了发达国家产业转移的契机，积极参与国际分工和国际贸易，经济取得快速发展。从经济规模来看，2009年我国GDP总额超过日本，成为仅次于美国的全球第二大经济体。从出口和对外投资规模来看，我国出口额已连续四年位列榜首，对外直接投资位列全球第6位。经济理论说明，对外贸易能使一个经济体发挥其比较优势以提高生产率，并能促进技术转移，以及通过国际竞争提高效率。

我们不能忽视消费拉动的重要性，否则我国经济增长转型升级难以破解，而且会累积社会的不稳定因素，也不能忽视良性的投资拉动。要合理投资，通过体制层面的深化改革，全面激发市场的内生投资需求；合理消费，通过解决民生之忧和分配失衡，从根本上激发民众的消费需求。总之，要做到投资和消费的均衡。

第二节　机理分析：消费驱动经济增长的机制与政策

理论分析表明，消费对拉动经济增长有多方面的促进作用。就内在机理而言，消费既是上一轮生产过程的终点，又是下一轮生产过程的起点，是社会再生产周而复始循环进行的必要环节和基础，是推动经济增长和生产力发展的重要影响因素。

一、消费拉动型经济增长的机理分析

（一）消费拉动经济增长的理论解释

消费对经济增长的推动原理表现为：个体为了生存与发展，需要通过生产、分配和交换等社会行为以满足个人消费需求。个人消费合起来经过社会再生产过程形成社会总需求，从而推动生产力发展和经济增长。生产力发展、经济增长使民众生活富足、收入水平提高，又会反过来激发社会更大的消费需求。因此，满足消费需求是经济增长的目的，同时也是促进经济增长的动力。

（二）消费拉动型经济增长的乘数模型

消费拉动型经济增长的机制可以用扩散效应解释，用乘数模型进行描述。

假定国民收入 Y 由消费 C 和投资 I 构成：$Y = C + I$；其中 $C = a + cY$，a 是常

数，表示基本消费，c 为边际消费倾向（$0<c<1$）。边际消费倾向描述的是消费者的一种心理反应，是指消费者对于某种产品消费的愿意程度，即消费额的变化与消费者收入变化的比值，边际消费倾向越大，对于国民收入的影响就越大。

合并两式得：

$$Y=\frac{1}{1-c}(a+I)=\frac{1}{1-c}a+\frac{1}{1-c}I$$

令 $I=b(c_t-c_{t-1})$，b 是常数，即投资取决于预期产量，而预期产量取决于消费的增长，则

$$Y=\frac{1}{1-c}a+\frac{1}{1-c}b(c_t-c_{t-1})$$

由于 a、b 和 c 为常数，可知国民收入可以通过增加消费来实现增长，当消费增加后通过乘数 $\frac{1}{1-c}$ 扩散出去，边际消费倾向决定了国民收入的增幅。

二、我国消费拉动型经济增长的转型背景

近年来，国家把扩大消费需求提到了相当高度，中央政府发展经济的指导思想已逐步转变为以扩大消费、提高人民生活水平和经济增长质量为中心的全局经济发展战略，这将为消费需求的扩大营造良好、和谐的发展环境。在国家政策引导和其他相关因素的共同支持下，消费需求有望进入新一轮的快速增长周期。

（一）老龄化社会带来的新消费需求

根据亚洲人口统计模型得到不同年龄的数据显示，1994 年，在中国拥有的年轻人口中，29 岁以下的人口占大多数，而目前大多数的人口年龄处于 19—50 岁，到 2024 年，老龄人口的比例增长将很明显，预计 50—54 岁年龄段的人数将是1994 年的 3 倍，从 1994 年的 4 000 万左右上升到 2024 年的 1.2 亿以上。人口老龄化的到来，极大地提高整个社会的消费倾向，进而使我国居民未来的消费率大幅提高。

（二）服务业快速发展对居民消费的支撑

第三产业的发展缓慢，导致服务型消费增长缓慢，是20世纪90年代中期我国消费需求不足的原因之一。"十二五"期间，我国第三产业将会取得更为快速的发展，以此将极大促进劳动服务型消费的增长，使发展型消费和享受型消费在消费中的比例大幅提高，从而带动我国未来整体消费水平的提高。

（三）深度城市化将拉动消费需求持续增长

我国的城市化率落后于工业化的发展，不仅影响到第三产业结构的发展，而且城市化率低直接影响到居民消费的增长。城市由于种种便利，成为消费快速增长的摇篮，但有限的城市人口很难带动整个消费的增长。推进城市化将在很大程度上促进消费的增长，进而推动我国经济持续快速增长。

（四）"三农"问题逐步破解将有助于开启农村新消费格局

随着国家对"三农"问题的重视，农民的收入状况将得到较大的改善，农民的消费水平也将会有较大的提高。农民收入低、农民消费需求增长缓慢制约了整体消费需求的快速增长已成为共识。随着中央政府对"三农"问题的不断重视，未来农民的收入水平仍会以较快速度提高，将成为拉动我国消费需求快速增长的主要驱动力。

（五）信贷消费将推动整体消费水平大幅提升

随着国家对信贷性消费的支持和鼓励，信贷性消费将会对我国整体消费的增长起到巨大的促进作用。信贷消费在推动耐用消费品，尤其是在推动不动产的消费上，有着不可替代的作用。在西方，购房按揭贷款已成为人们实现其住房消费的基本模式，我国1998年以来启动住房消费，也在很大程度上依靠了信贷消费。我国在信贷性住房消费方面有着巨大的潜力，且随着国家对信贷性消费的大力鼓励和支持，预计在未来，以信贷买车和买房为主的信贷性消费将成为一股拉动我国消费增长的重要力量。

（六）消费政策引导也有利于促进消费增长

近年来，我国消费增长缓慢、消费对经济增长的贡献不断降低等问题，已引起政府部门和专家学者们的普遍关注。2004 年以来，国家把扩大消费需求提到相当高度，中央政府发展经济的指导思想已从 1998 年以来通过扩大投资规模、提高投资速度来促进经济发展转变为以扩大消费、提高人民生活水平和经济增长质量为中心的全局经济发展战略，该经济发展战略将为消费需求的扩大营造良好、和谐的发展环境，在国家政策引导和支持下，消费需求有望进入新一轮的快速增长周期。

此外，随着我国经济持续的发展，国家将不断致力于社会保障体系、医疗卫生体系和基础设施体系的完善，致力于积极地促进居民间、地区间收入差距的不断缩小等工作，这些都将会对我国未来消费需求的增长起到极大的促进作用。

通过上述分析可知，未来我国消费需求将有着巨大的增长空间和潜力，这将为我国实行消费拉动型的经济增长模式奠定坚实的基础，同样，也在一定程度上说明了消费拉动型的经济增长模式将是促进我国经济持续、稳定发展的最优选择。

三、消费拉动型经济增长的政策取向

在当前形势下，要有效发挥消费在拉动经济增长中的作用，迫切需要从多方面加强政策支持与引导。

（一）改革收入分配，刺激有效消费

经典的消费理论（凯恩斯的绝对收入理论和弗里德曼的相对收入理论）都认为收入水平是决定居民消费的主要因素。因此，要想提高我国的消费需求，首要的任务是提高广大居民的收入水平，关键是改革收入分配制度。基于我国目前收入分配中存在的问题，对居民收入分配制度改革提出几点建议：第一，不断提高初次收入分配中劳动收入所占国民收入的比重，切实地按照劳动所创价值大小的标准进行收入分配，合理地体现出劳动在价值创造中发挥的重要作用；第二，在

收入的再分配中，政府要逐渐地将收入分配倾斜于居民，以提高广大居民的收入水平；第三，不断缩小居民在城乡间、区域间及居民内部的收入差距，通过增加低收入者的收入，合理调节少数垄断行业的过高收入，取缔非法收入，扩大中等收入占全体城乡居民的比重，努力使居民收入合理分配。社会矛盾和社会风险因素很复杂，大部分和收入分配关系、基本公共服务均等化直接相联系。如果能理顺收入分配关系，加快公共服务均等化进程，会在相当程度上缓解社会矛盾，化解社会风险因素。

（二）调整供给结构，调整产业结构

我国处在新一轮消费结构升级的转型期，其中大部分区域已经转入享受型消费阶段，这对于我国保增长、扩内需、调结构非常有利。根据消费生命周期理论可知，在老龄时期，居民的消费支出一般要大于其所得收入，即居民处于负储蓄率阶段。中国正逐步进入老龄化社会，这会使中国掀起一场老年人的消费高潮，也有助于整个社会消费率的提高。对此，政府要积极引导企业致力于未来具有较大需求空间的老年人消费品的生产和各种服务业的提供。以全社会消费需求结构的调整来引领供给结构的调整必将会促进全社会消费水平的提高，为我国经济增长模式的转型奠定坚实的基础。通常，在享受型消费阶段，居民消费的热点主要集中在服务业领域。因此，通过各种政策措施来引导和鼓励服务业的发展，加快产业结构的调整步伐，不断丰富服务产品的供给以满足广大居民日益增加的服务产品需求，有助于我国的消费拉动型经济增长模式。

（三）转变消费模式，促进经济增长

艾伦·杜宁说："当大多数人看到一辆大汽车并且首先想到它所导致的空气污染而不是它所象征的社会地位的时候，环境道德就到来了。"经济增长的目标是要实现全体劳动者合理消费需求的最大满足，但要受到社会和环境的制约。政府应出台政策并加以引导，实现消费行为向促进经济可持续增长的消费模式转换。消费具有一定示范效应，改变消费模式是实现经济良性增长的必要条件。应从社会角度，抵制商业引导和利诱，节制消费。同时应从保护身体健康、保护生态环境、承担社会责任角度出发，采用一种理性消费方式，在消费过程中减少资源浪

费和防止环境污染。政府应统筹考虑人口、资源、环境的协调发展和经济的可持续性发展，制定符合经济发展规律的鼓励消费的宏观政策，使消费规模的快速增长不会构成对人口、资源和环境的损害。因此，只有与人口、资源、环境等影响因素相匹配的消费行为模式才能促进经济与社会、人与自然的协调发展，才能实现可持续消费，进而促进经济的可持续增长。

（四）完善社会保障，调整消费预期

在居民的消费构成中，预期型消费占据着重要位置。目前，我国居民的预期型消费还不足，主要原因是我国的社会保障体系还不够完善，人们对未来支出的预期充满了不确定性，日益严重地影响到居民消费心理预期，导致了居民"不愿、不敢花钱"的心态，保持较高的储蓄率，以储蓄自保来代替社会保障对居民的保障功能。因此，我国政府应该继续完善社会保障制度，加大社会保障投资力度，为社会保障制度的改革奠定坚实的物质基础，增加社会保障制度改革的透明度，不断扩大社会保障的覆盖范围，逐步消除抑制居民消费的后顾之忧，让居民能够大胆消费、放心消费。

（五）发挥品牌效应，整合品牌资源

现代经济的一个重要特征就是品牌主导，我们对于世界经济强国的了解和认识大多是从品牌开始的，同样，这些国家对世界经济和市场的渗透、占有和垄断，也是通过品牌实现的。正是因为认识到了品牌的好处，他们才高度重视品牌战略，许多国家把品牌战略上升到国家战略的高度，始终把打造品牌作为谋求长远发展的企业战略，坚持不懈地围绕自己的品牌来提升产品质量，培育企业文化，提供优质服务，推进自主创新，最后形成世界性影响力。因此通过实施品牌战略、推动产业升级，逐步形成产业龙头、产业链条、产业集群，树立用品牌引领经济发展的理念十分必要。品牌之所以具有如此重要的作用，是因为它具有品牌效应。产品品牌的声誉一旦树立，就会通过消费和流通领域的传播，迅速扩大产品的影响力，赢得越来越多的消费者青睐。只要产品质量信誉不受损害，它的影响力及其经济效果就会长期持续下去，以至于延续几代人的时间。此外，品牌的信誉可以由一种产品放大到一组产品，由此带来的经济效果也起到乘数作用。

（六）加大政府扶持，优化消费环境

制定相关政策、法规，构建有利于各阶层提高消费倾向的环境。为购买商品和服务创造良好氛围，使消费者乐于消费。打击假冒伪劣，净化市场环境。在垄断产业引入竞争机制，提高信息的对称程度。政府应加强行业的有效监管，如账目公开、行业检查、舆论监督等，使有关企业出于竞争和公众的要求来降低价格和提高服务质量。

第三节　品牌经济与品牌效应：消费拉动型经济增长的要求和选择

品牌效应与消费经济之间具有极为紧密的联系。一方面，品牌效应是消费增长的动力源和实现方式；另一方面，消费型经济增长是品牌效应的形成基础和实现路径。

一、品牌效应是消费增长的动力源和实现方式

在经济从以产品为核心的实体经济阶段发展到以品牌为核心的品牌经济阶段的过程中，品牌成为影响人们选择行为的关键。强化品牌效应，是有效扩大消费、推动消费升级的重要因素。

（一）品牌效应是消费增长的动力源

消费者选择品牌产品在于品牌产品能够为消费者提供成本最小化和效用最大化的两方面好处。首先，从成本角度考虑，购买品牌产品能够减少消费者购物时的搜寻成本。品牌产品之所以更为人们所知，原因是品牌产品通过各种媒体在消费者眼前的曝光率较高，各种宣传使消费者对该产品的款式、特性、质量和售后

服务信息较为了解。对消费者来说，购买品牌产品意味着不必进行品质比对，不必担心产品质量和售后服务，而且品牌产品的销售渠道较广，能够很方便地获得，因此购买品牌产品能够大幅度减少购物时的搜寻成本。

其次，从效用上来说，品牌产品能够为消费者提供更多的消费者剩余。为了说明这个问题，假定某类产品在同样的价位上消费者倾向于选择品牌产品，因为品牌产品的购物成本较低。这样可以得出，品牌产品的需求曲线在一般产品需求曲线的外侧。

假定消费者对一般产品和品牌产品的反需求函数分别是 $P = D'(Q)$ 和 $P = D''(Q)$，则在 P' 价格水平上的消费者剩余分别为：

$$CS' = \int_0^{P'} D'(Q)\mathrm{d}Q - P'Q'$$

$$CS'' = \int_0^{P'} D''(Q)\mathrm{d}Q - P'Q''$$

由于品牌产品的需求曲线在一般产品需求曲线的外侧，显然，$CS'' \geq CS'$。因此消费者在同价位选择品牌产品能够获得更多的消费者剩余。

品牌是消费品生产者与消费者对消费品品质保障的契约，品牌能给消费者带来特定的属性，商品或企业的品牌就代表着对消费者的承诺。在享受品牌的产品和服务时，企业就能尽到自己的义务，消费者就能享受自己的权利，消费者通过品牌的购买就可以保证自己的购买利益。随着社会的进步和经济的发展，生产效率的提高和经济的迅猛增长，人们的生活水平不断提高，产品过剩成为常态，特别是当人们面对如此多的品牌的时候，在价格一定的条件下，影响人们选择的就是品牌。品牌是消费者对消费品信任的凭证和依据，能促使消费者愿意为品牌产品支付相对较高价格的理由，更愿意消费那些能给自己带来心理满足的知名品牌。

总之，品牌有助于消费者避免购买风险，更有利于消费者选购商品，通过品牌及品类化来降低消费者选择和购买过程中的选择成本，减少消费过程中的摩擦力，提高选择效率。品牌效应成为消费者选择的重要决定因素，从而成为消费增长的动力源，实现消费增长。

（二）品牌效应是经济增长的实现方式

刘华军（2006）认为"品牌从需求方面解释了消费者的选择效率对经济增长的促进和拉动作用"，基于此他提出了分工—制度—品牌模型，从微观经济学的角度探讨了品牌对经济增长的影响。分工在产生了规模效益的同时，也增加了交易成本，当交易成本的增速超过报酬递增的速度时，分工的好处就会被抵消，这样经济增长的速度就会受到影响；合理的制度安排能够减少部分交易成本；品牌能够降低人们搜寻的成本，从而使交易成本进一步降低，这样就能够拉动一国的经济增长。上述观点从微观逻辑上证明了品牌对经济增长的影响。除此之外，本书认为，品牌从宏观经济角度对经济增长的拉动更加明显。品牌效应对宏观经济的影响机理在于品牌溢价和扩散效应的共同作用。

品牌对经济增长的拉动来自两个方面：首先，品牌产生的溢价效应对边际消费倾向产生影响。品牌能够对边际消费产生影响原因在于消费者均衡，好的品牌能够使消费者获得更大的效用，从而愿意支付更高的价格，当购买同样数量的产品的时候就会产生更高的消费额，这样就使边际消费倾向增加，当边际消费倾向增加的时候，乘数的扩散效应随之扩大；其次，品牌溢价能够产生更高的消费，通过消费数额的增加拉动经济增长。与此同时，由于更高的乘数，因此，购买名牌产品对经济增长的拉动作用要更加明显。

（三）品牌效应是转变经济增长方式的有效选择

转变经济增长方式要求经济发展在总体上要从高投入、高消耗、低产出、低效益转向低投入、低消耗、高产出、高效益。为此，需要从国家和企业两个层面来规范其目标和行为。国家通过制定产业政策进行宏观引导和调节；企业作为社会经济增长的微观基础，应当成为转变经济增长方式的主体。由于经济增长最终要体现在产品这一最基本的市场要素上，因此我国国民经济能否实现持续高速增长，我国企业能否得到快速发展，我国经济能否在国际竞争中取得优势和主动，在很大程度上取决于我国品牌产品的规模和层次，取决于品牌效应。

二、消费型经济增长是品牌效应的形成基础和实现路径

品牌效应的形成需要一定的经济环境，其中消费型经济增长在强化品牌效应过程中发挥了重要作用。

（一）消费型经济增长是品牌效应的形成基础

经济增长的驱动结构的构成变化直接影响供给方向。过去中国经济的增长过度依赖投资和出口需求，这种不合理驱动结构造成了资源的不合理利用、环境污染，增加了经济运行的波动性和风险。消费增长将直接作用于经济增长的驱动结构，通过增加消费需求在驱动结构中的比重，逐渐改善当前驱动结构的不合理状况。建立在居民消费需求增长基础上的经济增长将着眼于居民消费水平的提高，有利于避免过度投资，防止低水平的重复投资。经济增长的驱动结构改变将直接促进经济转型。

（二）消费型经济增长是品牌效应的实现路径

消费增长意味着居民可支配收入水平的增长，随着居民可支配收入水平的增长，居民的消费需求结构将逐步向高层次推进。由于居民消费结构和产业结构直接存在着相互影响、相互促进的关系，居民消费结构的升级有利于促进产业结构升级，对产出结构的改善产生积极影响。此外，随着居民消费结构的升级，居民将更注重发展型和享受型消费，这有利于提高劳动者素质，有利于充分发挥人力资本对经济增长的贡献，减少经济增长对物质资本投入的过度依赖，从而有利于改善投入结构。产出结构和投入结构的改善，都将改变经济增长的供给结构，从而促进经济转型。

（三）消费型经济增长是品牌效应国际化的支撑

中国作为世界第二大经济体和最大的发展中国家，其经济的发展也面临着一系列急需解决的问题，如资源枯竭、污染严重、产业结构不合理等。这一切都需要我们切实地转变经济发展模式。转变经济发展方式是"十二五"时期我国经济

发展的主线。党的十七届五中全会通过的《中共中央关于制定国民经济和社会发展第十二个五年规划的建议》提出，"十二五"时期我国经济社会发展，必须以科学发展为主题，以转变经济发展方式为主线，为全面建设小康社会打下有决定意义的基础。转变经济发展方式的一个重要内容就是选择和培育新经济增长点，因为新的经济发展方式往往会催生新的经济增长点；而选择和培育新的经济增长点，也有助于经济发展方式的转变。

在国际营销学领域，"原产国效应"说明商品原产国对消费者购买决策的影响。斯库勒（Schooler，1965）最早对"原产国效应"进行研究。斯库勒在对中美洲共同市场的研究中发现，原产国是一种无形的贸易壁垒。对于同一件商品，如果去掉它原来的标签，然后分别注明不同的原产国给不同的受测试组，对这件商品的评价结果有显著差异，即民众是根据商品原产国信息对商品品质进行评价的。如果一个国家呈现给国外消费者的是正面形象，那么这一正面形象会导致消费者对该国商品质量产生积极的评价并乐于以较高价格购买该国产品；反之，则会导致消费者对该国商品质量产生消极评价，从而使消费者对该国产品产生偏见。

原产国形象，备受推崇的是 Nagashima 的定义，即业务人员和消费者对特定国家产品的图景、声望和刻板印象，这种形象是由代表性产品、国家特征、政治、经济、历史和传统诸多因素交互作用而形成的。[1]现有研究已经证实消费者不可避免地利用原产地信息评价产品质量，原产地作为产品的外在线索和无形属性，附着了消费者的认知和情感，显著影响消费者对产品的评价和选择。[2]Han[3]及其后继的研究者建立并丰富了原产地形象对品牌产品态度的作用机理。当消费者不熟悉来自某国的产品时，原产地形象主要发挥光环效应，即国家形象影响消费者对产品属性的评价，进而影响消费者对品牌的态度；当消费者熟悉来自某国的产品时，原产地形象主要发挥汇总效应，即国家形象起到概括产品属性的作

[1] Nagashima A., "A comparison of Japanese and US attitudes toward foreign products", *Journal of Marketing*, 1970, 34 (1)：68—74.

[2] Maheswaran D., Chen C. Y., "Nation equity：Incidental emotions in country-of-origin effects", *Journal of Consumer Research*, 2006, 33 (3)：370—376.

[3] Han C. M., "Country image：Halo or summary construct", *Journal of Marketing Research*, 1989, 26 (2)：222—229.

用，并直接影响品牌的态度。

原产国效应属于品牌效应的一种，特指国家品牌形象对产品出口的影响。在探索中国经济的可持续发展模式和经济增长的新增长点时，要大力发掘品牌效应对经济增长的重大促进作用，因为品牌效应能显著促进消费增长。

第四节　案例研究：品牌效应促进消费增长的实证分析

21世纪被称为品牌经济时代，品牌经济的作用日益凸显。各国经济发展的经验表明，品牌效应对促进经济与消费增长有着多方面的积极作用。笔者通过对Rovio公司、宝洁公司、三星集团等案例的分析发现，这些品牌企业在品牌经济方面有着显著成就，并且显著拉动了各国的经济增长，取得巨大成就。它们在品牌经营方面的经验对中国的品牌建设提供了借鉴。

一、品牌效应促进经济增长的普遍经验

品牌带动区域经济增长的机制主要是指在打造品牌的过程中以及在品牌培育完成以后品牌所发生的一些改变对区域经济增长的内在因素和外在因素同时产生的影响。然而，一个区域的经济发展又会对本区域的品牌产生反作用力，从而实现区域品牌和经济的同时发展。

（一）识别区域优势，发展相关品牌，增强区域核心竞争力

在市场经济不断完善的同时，市场竞争也日趋激烈，其竞争方式也逐渐由低层次竞争向高层次竞争的方向转化。美国学者迈克尔·波特曾经说过："竞争是企业成败的核心。"当把区域作为一个品牌来经营时，就是将区域品牌作为一个形象参与到市场竞争中，而品牌之间的竞争成败在很大程度上取决于各品牌之间的各种要素的比较优势，该比较优势往往体现在品牌的核心竞争力上，核心竞争力

是战略形成中层次最高、最持久的单位，它使品牌保持长久和鲜活的生命力。每一个区域品牌从创立到发展的过程都有其各自的特色，其形成过程也各有不同。这是因为区域品牌从来就不是某个单一的企业或单一的行业发展的产物，而是由当地的政治、经济、文化、地理和自然资源共同作用和发展的产物。因此区域优势作为有别于其他区域的独一无二的条件，由于区域品牌的培育是一个长期的、持续性的过程。因此，在寻找区域优势的时候，必须明确只有那些具有规模型、低消耗、可持续的特色资源。易于使顾客产生巨大的吸引力的特有资源才是优势资源，只有这些优势资源才能产生与众不同的核心价值。为了提高区域的核心竞争力，可以通过对以优势资源为基础建立起来的名优产品和名牌企业进行扶持，进而提高区域内产业品牌的竞争力，打响区域品牌的名号，从而不断增加区域知名度，创造良好的美誉。

（二）把握区域品牌的乘数效应，有助于推动当地企业迅速发展壮大

企业不仅是区域品牌形成的基础，更是区域品牌的直接使用者和受益者。所以当企业成为区域品牌发展的主导者之前，就应该充分了解区域品牌效应拉动经济的乘数作用。可以说，品牌对于每个企业都具有足够的影响力，关键就在于其品牌效应。因为企业如果很好地调节品牌效应的杠杆，那就能够获得巨大的正面回报。一旦建立产品的品牌声誉，并通过消费领域传播开，就能够获得众多消费者的偏好，甚至在长期获得忠诚度。只要区域品牌良好的形象能够长久地维持下去，那么它的影响力和经济效果也会长期持续下去。企业以区域品牌为依托陆续开发的产品也会因此得益——因为产品的形象可以不断放大，可以成为企业甚至地区的形象。

二、芬兰：Rovio 公司与"愤怒的小鸟"

"愤怒的小鸟"（Angry Birds）是由芬兰 Rovio 公司开发和发行的一款画面卡通可爱、充满趣味性的益智游戏。"愤怒的小鸟"于 2009 年 12 月在苹果公司的 iPhone 手机平台首发，问世仅一个月，游戏的下载量就突破了 5 000 万次，先后征服了芬兰、瑞典、英国以及美国等地区的玩家，至 2013 年 4 月这款游戏的下载

量已突破 17 亿次，居全球移动游戏下载排名榜榜首位置。"愤怒的小鸟"最初投资 2.5 万欧元，但是 2011 年该款游戏为 Rovio 带来 1.06 亿美元盈利。2012 年 Rovio 收入为 2.01 亿美元，比去年同期的 1.06 亿美元增长了 89.62%。同时，该公司还公布净利润为 7 300 万美元，比去年同期的 4 700 万美元增长 55.32%。收入和利润的强劲增长正反映了"愤怒的小鸟"品牌的流行，Rovio 将品牌价值充分转化成了经济收入。

单凭一款游戏的风靡，其影响力和生命力毕竟是短暂的，只有靠塑造成功的品牌，给消费者留下深刻印象，才会有长久生命力。Rovio 公司将"愤怒的小鸟"打造成一个娱乐品牌，形成品牌产业链，包括毛绒玩具、服饰、书籍等一系列线下衍生产品。由于品牌效应带来的高知名度，促进了衍生品的畅销，2012 年其衍生品的收入占公司总收入的 30%。在 2012 年 12 月初于赫市举行的创新企业大会上，Rovio 市场营销总监彼得·维斯特巴卡称，"愤怒的小鸟"苏打水已进入澳大利亚和新西兰市场，并称该款饮料在芬兰的销售已经超过了可口可乐和百事可乐，成为芬兰最主要的软饮品牌。"愤怒的小鸟"还与多个知名品牌进行跨界合作，利用知名品牌给自身品牌带来联动效应。在新加坡，Rovio 与圣淘沙游乐场的缆车运营商合作，每一个去圣淘沙的游客都会先乘坐"愤怒的小鸟"缆车；在澳大利亚，"愤怒的小鸟"的专柜铺向主要城市的机场。

"愤怒的小鸟"已不再是一款单纯的游戏品牌，而是全球流行文化的一部分，成为世界上增长最快的品牌。它为芬兰的经济带来新的增长点，成为全新的增长因素。

三、美国：宝洁公司的品牌体系建设

宝洁公司创始于 1837 年，是一家美国消费日用品生产商，也是目前全球最大的日用品公司，总部位于美国俄亥俄州辛辛那提。在 1987 年，宝洁创立 150 周年之际，宝洁公司已经成为《财富》全球五百强企业中历史最长的第二家公司。2003 年，宝洁即拥有 13 个年销售超过 10 亿美元的品牌。2008 年，宝洁公司是世界上市值第 6 大公司，世界利润第 14 大公司，同时是《财富》500 强中第十大最受赞誉的公司。2010 年《财富》世界 500 强企业榜中，宝洁公司以 796.97 亿美元年营业收入、134.36 亿美元利润高居第 66 位。2014 年"Brand Z 全球最具价值品牌 100 强"榜单中，宝洁旗下的帮宝适作为唯一一家入驻榜单的婴幼儿护理品牌，以 22.60 亿美元的品牌价值位列第 39 位。

当人们还在讨论多品牌战略和多元化战略的利弊时，宝洁公司在半个世纪以前就开启了多品牌和多元化战略之路，通过大量的品牌收购，最终成为一家多品牌、多元化的全球最大的跨国公司之一。随着消费需求日趋多样化、差异化和个性化，市场竞争也由最初的产品竞争逐渐转向品牌竞争，宝洁树立的多品牌战略满足了不同的市场需求。宝洁公司的品牌多达 300 多个，在这个庞大的品牌体系中，宝洁并没有成为任何一种产品的商标，而是作为公司对所有品牌起到品质保证的作用。多品牌战略的实施，使得每个产品都具有极强的针对性，形成每个品牌的鲜明个性，最大限度地占有市场，使得宝洁在顾客心目中树立起实力雄厚的优质品牌形象。宝洁的一项品牌原则是：如果某一种类的市场还有空间适合更多的"其他品牌"生存，最好这些"其他品牌"也是宝洁公司的产品。宝洁公司经营的多种品牌策略不是把一种产品简单地贴上几种商标，而是追求同类产品不同品牌之间的差异，包括功能、包装、宣传等方面，从而形成每个品牌的鲜明个性。此外，宝洁进行差异化的品牌营销，使得每个品牌有自己的发展空间，市场就不会重叠。

宝洁的多品牌策略模式包括母子品牌组合、线性多品牌战略。母子品牌组合指宝洁公司作为母品牌为其他全部产品向广大消费者提供信誉、质量的保证，增强子品牌及其产品的竞争力，公司子品牌则作为具体消费体验丰富并提升母品牌的形象。线性多品牌策略指将其产品分为几个大类，然后在各大类下再分若干品牌，公司的策略模式规划、组织结构等各个方面都按照这个线形条理进行规划，更为重要的是其强调了各个子品牌之间的关联性。

宝洁有自己的品牌管理系统，宝洁的品牌管理系统萌芽于 20 世纪 20 年代末。到 1931 年，公司创立了专门的市场营销机构，由一组专门人员负责某一品牌的管理。这一系统使每一品牌都具有独立的市场营销策略，至此，宝洁的品牌管理系统正式诞生。宝洁公司品牌管理系统的基本原则是：让品牌经理像管理不同的公司一样来管理不同的品牌，因此，宝洁公司就能让自己的每个品牌做到最好。

宝洁公司通过各细分市场的品牌打造，形成和积累了大量的资本资源、渠道资源、技术资源、公司品牌资源，并将这些资源转移到各细分市场和新市场中，从而打造了庞大的资源共享、交叉补贴的产业网络和价值网模式。

四、韩国：三星集团的全球品牌战略

三星集团是韩国第一大企业，同时也是一个跨国企业集团，1996 年跻身全球第五大集团。《福布斯》杂志发布的 2013 年"全球最具价值品牌"榜单，三星首次进入前 10，排名大幅提升，品牌价值 295 亿美元，较去年增长 53%。2012 年，三星的资产总额达 3 843 亿美元，净销售额 2 475 亿美元。2013 年，三星的品牌价值仍不到苹果公司的 1/3，但三星的发展为所有主要科技公司提供了经验，其年营业收入达到 1 810 亿美元，超过苹果公司。2013 年第一季度，三星的净利润约为苹果公司的一半，而第三季度，三星的净利润为 760 亿美元，连续第二个季度超过苹果公司，并成为全球最大的智能手机厂商。

从 1999 年开始，三星电子坚持实施全球品牌传播战略。美国 Interbrand 发布的研究结果表明，三星电子的品牌资产价值从 2001 年的 64 亿美元增长到了 2005 年的 150 亿美元，在品牌价值中名列第 20 名，成为增长最快的品牌。2005 年 11 月 10 日以来，三星电子将实施整体市场营销战略，来取代单独的市场营销计划，以增强其市场力量，并用高质量的产品提升品牌价值。在"Wow（惊叹）、Simple（简单）和 Inclusive（亲和力）"的品牌理念指导下，三星电子展开了一个全球范围的品牌推广活动。

以前三星是一个低端消费电子制造商，拥有一大推品牌，比如 Plana、Wise-view、Tantus、Yepp 等，使消费者眼花缭乱。新的品牌战略制定后，三星果断砍掉其他品牌，着力打造"三星"一个品牌。三星还对 50 余家广告公司进行整合，选用全球五大广告集团之一的 IPG 公司负责三星的品牌推广业务，使三星的品牌形象得以统一和简化。为了进一步提升品牌形象，2003 年三星全面停止了传统低端消费电子和家用电器产品的生产，无论是手机、电视，还是 MP3，三星都将产品定位于高端市场。三星还对其产品的销售场所进行了调整，将产品从沃尔玛、Kmart 等以低价吸引消费者的连锁超市撤出，转移至 Best Buy、Sears、Circuit

City 等高级专业商店进行销售，使三星产品在消费者眼中从"低价格"转变为"高品质"。

三星创造的品牌奇迹，归功于确立了"引领数字融合革命"的品牌愿景，致力于领导全球数字集成革命潮流。紧密围绕这一品牌愿景，三星提炼出了"数字世界"（Digital All）的品牌核心价值，使品牌内涵和进军高端数字化产品、追求高附加值的战略相适应，使三星展现新形象。

任何正确的战略都必须有力执行才能取得成效。为了把品牌战略贯彻到企业运营的每个环节中去，1999 年，三星在集团层面正式设立了"集团品牌委员会"，规定所有三星集团下属公司在海外市场使用三星品牌时都需获得"集团品牌委员会"的许可。与此同时，集团设立每年高达 1 亿美元预算的集团共同品牌营销基金，以有力推进品牌战略的执行。

1997 年，三星受到亚洲金融危机重创，三星集团毅然决定出巨资取代摩托罗拉成为汉城奥运会的奥运 TOP 合作伙伴。奥林匹克 TOP 赞助计划成为三星体育营销的最高策略，三星每年的市场营销费用达 20 亿美元，其中体育营销占 20%。2007 年 4 月，三星与国际奥委会续签了 TOP 赞助协议，将赞助时间延续至 2016 年。

五、比较与借鉴

21 世纪被称为品牌经济时代，品牌经济必然以消费者为导向，通过消费需求增加来拉动经济增长。品牌是企业的软实力和"无形资产"，在市场竞争中具有重要的战略意义。Rivio、宝洁、和三星都是各自领域的优质品牌代表，在品牌经济方面有着显著成就，并且显著拉动了各国的经济增长，取得巨大成就。它们的品牌之间有着相同点和不同点，并对中国的品牌建设提供了借鉴。

（一）普遍借鉴

一是树立良好品牌形象和正确品牌定位。品牌形象树立起来并得到健康发展后，品牌就变成一项无形资产，甚至有人说是企业最大的资产，"但实际上真正的资产是品牌忠诚。如果没有消费者的忠诚，品牌只是一个识别符号或几乎没有价值的商标"①。品牌定位是指在市场上针对特定的目标消费群为品牌树立一个明确的、有别于竞争对手的形象。②有了明确的品牌定位，品牌才能在目标消费者心目中占据一个独特的、有价值的位置，企业才能有效地寻求到一个品牌形象与目标市场的最佳结合点。

二是重视持续品牌价值建设。不应仅仅将品牌建设的重点停留在已有品牌的宣传上，在宣传品牌的同时，应尤其重视品牌持续的价值建设。持续的品牌价值建设，是指主动研发、改进产品的性能。在品牌建设后期，应深入挖掘消费者的需求，为他们提供更加适用的产品。持续的品牌价值建设，可为企业的品牌管理提供源源不断的创新活力，在不断变化的市场上增强品牌的竞争力。

三是重视消费者需求。消费者的需求是品牌存在和发展的基础，品牌策略的制定和新产品研发都遵照消费者至上的原则，将市场看成一个差异化的市场，根据消费者的个性化需求制定品牌经营策略，防止出现"一刀切"现象。在分析不同市场及消费者需求的不同特点之后，才据此生产相应的产品。

（二）不同特点

"愤怒的小鸟"开创了游戏产业的品牌协同效应，打造品牌价值链。Rovio 公司提倡游戏开发商应该从不同的角度看待其游戏产品，游戏开发商应在迎合品牌营销者需求的同时，对游戏进行塑造和协调，并为其玩家提供与品牌互动的新途径。Rovio 公司擅长利用和知名公司的合作，产生品牌协同效应和品牌互动。品牌价值链指以客户需求为导向，以市场占有率为目标，以营销质量为保证，以市场情形为条件，以品牌价值的增值为最终目的，有效整合价值链各环节，使之符合品牌价值增值的要求。Rovio 公司明确了其品牌价值，以消费者需求为导向，研发设计一系列线下衍生产品，并且打上"愤怒的小鸟"的品牌烙印，相互协作，通过商业活动把品牌宣传到极致。

三星的清晰品牌定位和体育营销策略。三星公司正是提出了清晰的品牌战略，提炼了品牌的核心价值，成功制定品牌营销策略，才取得巨大成功。三星公

① 胡晓云、李一峰：《品牌归于运动——十六种国际品牌的运动模式》，浙江大学出版社，2003 年版。

② 宿春礼、Fred 主编：《全球顶级企业通用的 10 种品牌管理方法》，光明日报出版社 2003 年版。

司为了提升品牌形象，适时地提出清晰的品牌战略，主打三星一个品牌，极大地塑造产品的领导性。在企业受到金融危机冲击，在负债累累的情况下，三星果断作出年出资 4 000 万美元加入奥林匹克 TOP 计划的体育营销策略，极大地提升了品牌价值和品牌形象。三星董事长李健熙说，"我们制定了可以提高品牌价值的策略，品牌是最主要的无形资产，是企业竞争力的来源。三星决定赞助奥运会，以加强其在全球的企业形象和品牌价值，我们已经以奥运会和奥林匹克运动为主题开展了全球性的营销活动。"

宝洁的多品牌战略。多品牌战略就是企业对同一种产品使用两个或两个以上的品牌，并统领企业投资、研发、生产、管理、营销等各经营环节的品牌战略。①宝洁的多品牌战略在于细分市场，设计出多种不同品牌，满足不同层次、不同需要的各类顾客的需求。多品牌策略的优势在于：第一，细分市场，提高市场占有率。不同的品牌针对不同的目标市场，这样可以利用不同的品牌在多个市场上加大争夺消费者的资本和优势，最终提高市场占有率。第二，多个品牌之间相互配合。用次要品牌先去参与竞争，根据竞争对手的新动向采取相应的反击措施，这样在打击竞争对手的同时，也保护了主要品牌不受影响。第三，降低市场风险。如果一个公司品牌众多，公司的信誉就会分担到每个品牌之上，这样就降低了市场风险，不会出现一损俱损的现象。第四，灵活性。多品牌自然会抢占各个投资机会，在可以下手的地方都生产自己的品牌，"见缝插针"就是对多品牌灵活性的贴切比喻。第五，促进销售。多个品牌的产品可以多占货架面积，吸引消费者的目光，本身也就增加了消费者购买的概率。第六，在企业内部促进负责各品牌的管理团队的相互竞争，提高士气和工作效率。

本章小结

按照传统经济学理论，消费、投资和净出口都可以拉动经济增长，但从中国

---

① 菲利普·科特勒：《市场营销管理》，中国人民大学出版社 2002 年版。

当前的发展阶段看，总体处于投资过热、消费疲软的一种窘态，扩大消费应是目前我国实现促进经济增长的公共政策目标的主要手段。消费作为社会再生产的终点和新的起点，消费需求的规模扩大和结构升级是经济增长的根本动力。引导居民合理消费，发掘消费热点，促进消费需求回升，实现消费与生产的良性互动，是有效促进经济增长的基本路径。

消费拉动型经济有其内在的增长机制，并需要国家政策的引导。在当前形势下，要有效发挥消费在拉动经济增长中的作用，迫切需要从多方面加强政策支持与引导。主要包括：改革收入分配，刺激有效消费；调整供给结构，调整产业结构；转变消费模式，促进经济增长；完善社会保障，调整消费预期；发挥品牌效应，整合品牌资源；加大政府扶持，优化消费环境等方面。

在发展消费拉动型经济过程中应当关注品牌效应的作用，品牌效应与消费经济之间具有极为紧密的联系。一方面，品牌效应是消费增长的动力源和实现方式；另一方面，消费型经济增长是品牌效应的形成基础和实现路径，是品牌效应国际化的支撑。

品牌带动区域经济增长的机制主要是指在打造品牌的过程中以及在品牌培育完成以后品牌所发生的一些改变对区域经济增长的内在因素和外在因素同时产生的影响。反过来看，一个区域的经济发展又会对本区域的品牌产生反作用力，从而实现区域品牌和经济的同时发展。进一步从各国经济发展经验来看，品牌效应对促进经济与消费增长有着多方面的积极作用。从 Rovio 公司、宝洁公司、三星集团等案例情况可以看出，这些企业在品牌经济方面有着显著成就，并且显著拉动了各国的经济增长，取得巨大成就，它们在品牌经营方面的经验对中国的品牌建设提供了借鉴。

|第五章|

价值增值：品牌塑造与高端价值链布局

品牌塑造是能够给企业带来价值和财富的一系列活动，是能够给企业带来溢价、产生增值的一种无形资产。企业通过塑造品牌来提高产品的附加值，力争在国内激烈的价格战中生存下来，并做大做强，提高产品在整个国际市场的竞争力，从而谋求国际市场的长远发展。在企业品牌塑造的过程中，通过高端价值链的合理布局，也带动了整个产业价值链的发展，提升了国家的经济实力。我国品牌建设与国外发达国家有很大差距，需要从技术创新、品牌推广、产品差异化路线、接轨国际标准、营造良好的宏观环境等多方面进行努力。

第一节　价值增值：价值链竞争与经济强国

国际实践表明，经济强国的发展离不开高附加值的价值链。企业品牌作为企业和产业价值链的重要环节，通过微观层面的作用提升了价值链，从而带动了整个国家的经济实力和综合竞争力。

一、价值链理论

价值链（value chain），顾名思义就是能够给企业带来价值（财富）的一系列企业活动组成的链条，价值链理论由美国管理学大师迈克尔·波特最先提出，在《竞争优势》一书中他主要介绍和分析了在企业内部如何通过优化开展各项企业活动提高企业效率，创造价值。但是在工业化的时代，产业的分工提高了生产的效率，一个企业的发展离不开与其相关的上下游其他企业发展的整体情况。价值的创造不仅来自企业内部效率的提高，也来自各个产业之间的组织与协调。

波特认为，每个企业都是其产业链中的一环，其价值的实现，竞争优势的获取和维持不仅取决于企业内部的价值链的优化，还取决于整个产业体系价值的实现，即产业价值链的实现。价值链既存在内部联系，也存在纵向的联系，通过企业上下游的供应商价值链、渠道价值链、买方价值链相互的协调，降低企业的生产经营成本，强化企业的竞争优势。①

（一）企业内部的价值链

按照美国管理学大师迈克尔·波特的理论，一定水平的内部价值链是企业在一个特定的产业内的各种活动的组合，是在明确了自身产业定位的基础上开展的企业活动，每一个企业都是用来进行设计、生产、营销、交付以及对产品起辅助作用的各种活动的集合，所有这些活动都可以用价值链表示出来。内部价值链主要包括两部分：价值活动和利润。价值活动包括两方面：基本活动和辅助活动。他认为企业的每一项生产经营活动都可以创造价值，这些相互关联的企业活动便构成了创造价值的动态过程，即内部价值链。分析企业内部价值链的目的就是为了细分企业的各项价值创造活动，寻找企业的竞争优势，建立一条有别于竞争对手的价值体系，谋求更高的企业的利润。②

从竞争的角度来讲，价值就是买方愿意为产品支付的价格，所以说企业赚取

---

① 迈克尔·波特：《竞争优势》，华夏出版社 1997 年版。
② 同①，第 36—44 页。

更多利润的过程，就是为消费者创造更多价值的过程。①如何创造更多的价值？这就需要企业深入了解整个产业的价值链，找到自己企业在整个产业链上的定位，根据自身的定位，寻找竞争优势，进而优化自身的企业内部价值链，制定自己的发展战略。

图5.1即为企业的内部价值链的各个组成部分。

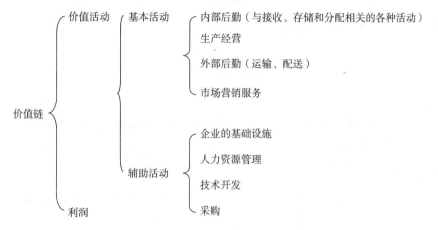

资料来源：迈克尔·波特. 竞争优势[M]. 北京：华夏出版社，1997：39—43.

图5.1　价值链示意

（二）产业价值链

但是一个企业的发展不可能孤立地存在，它要面临同行业竞争者的竞争，要处理好与上游原料供应商的关系，及与下游产品经销商的关系，除非企业进行的是全产业链的生产和管理模式（那时产业价值链转换为企业内部的价值链），否则一个企业要想得到较好的发展，争取更大的利润，就要协调和利用好与发展相关联的各个上下游企业之间的关系。产业价值链是产业链概念的一个维度，可将产业链上的各个产业活动看成是创造价值的动态链条。②

产业链是基于产业分工而形成的，是由各个产业部门在经济关联的基础上组成的链条，是价值实现和增值的主要途径。产业链包含价值链、企业链、供需

---

① 迈克尔·波特：《竞争优势》，华夏出版社1997年版，第36页。

② 白永秀、惠宁：《产业经济学》，北京：中国经济出版社2009年版，第136页。

链、空间链四个维度，这四个维度在相互对接的均衡过程中调控着整个产业链的形成。产业链存在着两重属性：价值属性和结构属性。产业价值链正是从价值的角度来分析产业链，产业价值链是企业价值链的一个纵向的延伸。

产业链分为接通产业链和延伸产业链，接通产业链就是将一定地域范围内的断续的产业部门借助某种产业合作形式串联起来。延伸产业链就是将一条产业链尽可能向上下游延伸，产业链向上游延伸，就是使产业链进入基础产业环节和技术研发环节，向下游延伸就是进入市场和服务的环节，实现不同产业的企业之间的供需关联。①

（三）微笑曲线

微笑曲线的概念由中国台湾企业家施振荣先生在 1992 年"再造宏碁"的时候提出，为的是谋求宏碁的长远发展。微笑曲线其后发展成为企业制定中长期发展战略的分析工具。

微笑曲线将产业的价值链分为三段，分别为技术环节、生产环节、营销环节。以生产制造为分界点，越是往两边，产品附加值越高，利润空间越大，整个产业价值链的两端控制了整个价值链 70%—80% 的利润，而且这一比例随着专业化和机械化程度的提高不断上升。企业要想获得持久的生命力，长久地维持高利润，就要了解自身产业链的结构，不断地将自己的企业地位向高利润率的位置转移。全球产业价值链是指各国按照资源禀赋（竞争优势）参与国际分工，形成在整个世界产业链条上的分工地位。②

由于发展中国家工业化的历史比较短，缺少核心的技术和国际市场，在整个的全球产业链分工中，只能按照自身的资源禀赋（通常是廉价劳动力和资源要素）的优势从事低端的制造和组装环节，而这一环节，在整个的微笑曲线上是劳动要素密集度最高、产品同质化最高、竞争最激烈、利润最微薄的环节。这些国家的企业为了保住自己的订单，拼命压价，盲目扩大产能，以期降低生产成本，弥补价格上的损失，防止被其他要素禀赋相同的国家以及国内的其他竞争对手所

---

① 白永秀、惠宁：《产业经济学》，北京：中国经济出版社 2009 年版，第 136—188 页。
② 芮明杰、李想：《网络状产业链构造与运行——基于模块分工和知识创新的研究》，格致出版社 2009 年版。

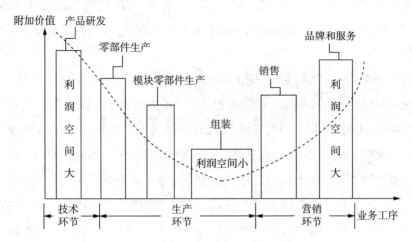

图 5.2　微笑曲线示意图

替代。因为他们没有核心竞争力，更谈不上长久地在产业链上生存。跨国公司掌握核心的技术研发和流通市场，投入的是高附加值的生产要素，他们在整个的全球的产业链上处于不可替代的地位。靠着这种技术垄断和市场垄断，他们"掠夺"了整条产业链的绝大部分利润。根据施振荣先生的微笑曲线，我们得出的结论是，企业要想谋求长期的发展，就要将企业的主体活动向曲线的两端即研发和营销转移，向附加值更高的位置转移。

　　一个企业在制定国际化战略的时候，必须结合自身的情况。微笑曲线分析的是整个全球产业的价值链，也促使企业尽量向产业链的两端靠拢，具体到企业自身的价值链，还需结合国内环境和自身发展来制定发展战略，在了解竞争对手产业链的基础上，不断地优化自身的产业链，"独辟蹊径"而非价格竞争才是竞争力的可靠保证。

二、经济强国与品牌经济发展

　　在央视为星巴克的全球垄断定价愤愤不平，为中国一杯拿铁 27.8 元人民币，美国相同一杯拿铁 19.8 元人民币而大肆报道的时候，我们是否应该反思在这个体验经济、品牌经济到来的时代，我们为什么没有一个全球连锁的的品牌茶座？为什么作为一个产茶大国，作为一个茶文化源远流长，有着白、绿、红、黄、黑各个品系茶叶的国家没有做出一个像"立顿"一样的国际茶饮品牌？是什么让我们只大不强？又是什么让我们只能在国际品牌定价权的夹缝下，赚取那么一点点的微薄利润？

中国在改革开放之后经济得到了前所未有的发展，从 2010 年开始，中国的经济总量开始超越日本和德国，跃居世界第二，成为仅次于美国的第二大经济大国。据世界银行 2014 年五一前预测，按照购买力平价，中国将在 2014 年成为世界上第一大经济体，美国位居世界老二，但就目前中国的发展情况来讲，这个估计实在是为时尚早。2012 年，我国的全球贸易总量首次超过美国成为世界第一大贸易国。但是中国的人均 GDP 排名靠后，2013 年的统计数据显示，中国的人均 GDP 为 5 414 美元，世界排名 89 位，低于秘鲁、利比亚。同年，日本的人均 GDP 为 45 920 美元，美国为 48 387 美元，中国不及日本和美国的 1/8。①尽管经济总量排名前列，但中国人均 GDP 水平排名靠后，中国还有着 2 亿多人口生存在贫困线以下。从这些数据可以看出，中国只能算是一个经济大国，现阶段还不是一个经济强国。

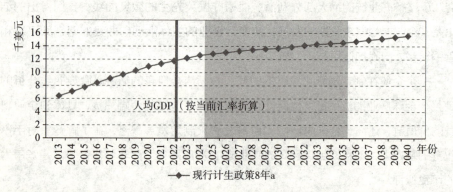

注：即使到 2022 年，中国人均 GDP 和美国比尚低。

图 5.3　中国人均 GDP 预测

经济强国有别于经济大国，衡量经济大国的标准就是 GDP 在世界的排名，但是，要想成为经济强国，考察的指标远不止这些。经济强国要求不仅有世界领先的 GDP 总量、贸易总量，还要有世界领先的现代化产品；有代表世界发展水平的

---

①　数据来源：国际货币基金组织数据库网站，http：//www.imf.org/external/chinese/index.htm。

产业结构和国际分工地位；不但要有先进的技术，还要有把技术转化为生产力的能力；要有代表知识经济发展的广义的生产要素，在研究、开发、信息技术、跨国经营管理方面处于领先。①

目前，中国的科技水平还低于世界发达国家，尚处在鼓励创新阶段；虽然是一个贸易大国，多年贸易顺差，但是出口的多是中低档的加工产品，附加值很低，由于没有自身的品牌，市场依赖度高；改革开放以来，招商引资利用的多是廉价劳动力资源，低成本的劳动力和自然资源争取了30多年的高速经济增长和扭曲的发展模式。中国如果继续之前不可持续的经济增长模式，在世界经济发展的历史上必将是昙花一现。高投资、高能耗、高污染、低效能、低福利必将陷入一个死循环。政府多年前就提出要建设经济强国战略，转变经济发展方式，建设创新型社会。这是整个社会层面的建设，但是延伸到微观层面，企业该如何由大做强，怎样提高产品在整个国际市场的竞争力，提高产品的附加值，力争在国内激烈的价格战中生存下来，谋求国际市场的长远发展。这就需要企业的建设者首先明确他们这个产业的价值链和自己企业的价值，找到自身的产业定位，明确自己是要走低端制造还是高端的研发或者是品牌、服务，在找到自己的大体定位之后细分企业内部的价值链，对比自己与其竞争对手价值链的异同，独辟蹊径找到自己的竞争优势与劣势，发现市场缺口，积极发展。

对于中国的制造业而言，做了多年的世界加工厂，才能够生产世界一流的产品。虽然这些产品多是贴牌生产，但是至少说明了我国已经具备了这种生产的能力。也正是由于我们多年来替别人加工产品，才只能赚取微薄的加工收益，缺少研发的投入和技术研发的人才支撑。在这个信息化高速发展的时代，技术的障碍和人才的短缺对一个企业的发展影响已经越来越小，我们都可以通过引进学习得到。同时，中国就是一个巨大的产品消费市场，可以说只要抓住了这13亿多中国人的消费需求，就能得到很好的发展。总之，生产能力、技术引进、消化吸收、庞大的消费市场让我们已经初步具备了建设国际型企业的基础和条件。

一流企业卖标准，二流企业卖品牌，三流企业卖产品。中国不少企业仍只是做着三流企业所做的事情，缺少品牌意识，对企业核心竞争力的理解不够。品牌

---

① 张幼文：《建设经济强国的目标与机遇》，《世界经济研究》（2002增刊），第5—6页。

就是市场，好的品牌意味着市场的认可和消费者的依赖。在品牌经济时代，品牌管理决定着一个企业的市场地位，竞争力的高低。制造业水平是衡量一个国家未来发展前景的重要指标，制造业如果不能做大做强，中国作为一个国家的发展就很难做大做强。据统计，全球前 250 位的企业，其无形资产价值（主要是品牌价值、专利技术）已经超过了总资产的 50%。我们的很多企业品牌都没有，更不要说品牌价值。①

从以上的分析可以看出，现阶段对于中国的企业而言，重要的是向产业链的两端转移，搞技术研发，走品牌路线，品牌意味着产品的全球定价权。企业做大做强，国家才能做大做强。全球第二大经济体的地位，更需要强有力的品牌价值支撑。

三、价值增值与品牌塑造

国际知名的奢侈品品牌阿玛尼与山东的如意集团签有代工协议，山东如意集团为阿玛尼提供服装面料，代工生产服装。但据媒体报道，动辄上万元的西装、夹克，成本仅 800 元，让消费者大跌眼镜。甚至整个夹克只有拉链是在意大利生产的，但是消费者却以为他们买的是意大利的面料制作的服装，并为此乐此不疲。

洋品牌定价之所以如此之高，原因在于国际品牌的地位使其拥有产品的定价权。中国缺少国产品牌，更少有走向世界的国产品牌，而没有知名品牌，就没有产品的定价权。中国靠着廉价的劳动力，只能做世界的加工厂，为国外的企业做贴牌生产，我们还处在"中国制造"的阶段。

我们期待着外国人能成为中国奢侈品消费的中坚力量，重现唐宋元明清时期，国外贵族钟情、宠爱中国陶瓷、丝绸、茶叶时的鼎盛局面。

现如今的事实是，提到饮料，首先人们想到的可口可乐、百事可乐，而不是加多宝、娃哈哈；提到快餐，首先会想到麦当劳、肯德基，而不是煎饼果子、肉夹

---

① 《世界品牌实验室——打造企业无形资产提升品牌价值的五种策略》，http://brand.icxo.com/htmlnews/2009/07/08/1394371.htm。

馍；要买手机，首先想到苹果、三星，而不是金立、OPPO、HTC；想到豪车，首先想到法拉利、阿斯顿马丁、兰博基尼，苦思冥想都很难找到一个中国的豪车品牌！走进商场，映入眼帘的都是一些你甚至没有听过的国际服装品牌。相比之下在外国人心理的"中国制造"可能是摆在他们超市架子上的一打一打的毛巾和衬衫，或者是温州企业生产的皮鞋。在外国人眼里，"中国制造"就可以代表整个中国的产品品牌，低端制造、廉价成本和"一次性使用"是其品牌价值所在。中国缺少的不是像富士康这样的制造业企业，缺少的是像苹果、斯沃琪这样的国际品牌和核心品牌竞争力，以及国际标准的企业创意和品牌管理人才。

品牌是给拥有者带来溢价、产生增值的一种无形资产，其载体是用以和其他的竞争者的产品或者劳务相区分的的名称、属性、象征、符号、设计以及它们的组合。品牌增值的源泉来自消费者心目中形成的对其产品和载体的印象。品牌不仅是一个企业产品的识别符号，更是生活品质，社会地位的象征，代表了某个时代或者是某类人群的生活方式和生活品质。[1]

品牌为消费者创造的价值越多，消费者就愿意为企业产品支付越多，这个品牌和这个企业也会存活得越长久。富士康生产的成本几百块的手机零件，组装好贴上苹果的牌子之后，就可以卖上千块人民币，如此之高的企业利润正是来自苹果个性化和人性化的产品设计。无论是软件还是硬件设施，都给人极好的用户体验。高溢价的背后是消费者对苹果品牌的依赖。你为用户创造的越多，用户也愿意支付你越多，这就是品牌溢价。但是要想自己的品牌拥有如此之高的品牌溢价，首先要做好品牌塑造。

品牌塑造就是塑造企业的品牌，让品牌在消费者的心目中从无到有，从有到忠诚。它主要包括三个核心要素：品牌的知名度、美誉度、忠诚度。

品牌塑造是一个长期积淀的过程。首先企业要对产业链做一个细分，找到自己的产业定位，结合产业定位明确企业是要在价值链的哪一个环节创造价值，谋取利益。在这个产品同质化、品牌同质化的时代，企业内部价值链的定位基于市场细分，市场细分正确是品牌价值建立的前提。市场细分即想要向谁销售你的产品，他们的消费习惯是什么，怎么才能让他们马上了解、认可和购买你的产品。

---

[1]　生奇志：《品牌学》，清华大学出版社 2011 年版。

产品有了定位，品牌的定位自然就建立了起来。

　　企业要想拥有口口相传、经久不衰的品牌，自然要以过硬的产品品质为保证。但是，好的品质，不仅仅原料好、设备先进、工艺精湛就可以了，还要有自己的原设计，产品设计要与时俱进，要不断创新。曾经"不可一世"的诺基亚和柯达就是两个典型的不注重技术革新、闭门造车的例子。作为百年的品牌和企业，它们曾经开创了一个时代，可以说它们的产品质量和性能并不逊色于同时代的其他产品，但可惜的是未能随潮流而动，最后只能被时代抛弃，一个输给了智能机，一个输给了数码相机。品质这个词不应仅仅包含质量，更要根据产品的品牌定位，符合潜在消费人群的消费理念和价值观，要赋予产品鲜明的个性特征，与其他的产品做一个区分，凸显产品的个性特征。好的品牌要体现一个企业的企业文化，并将企业文化进行人格化、个性化。

　　其次要做好市场营销，打响知名度。这是一个产品推广的问题。产品推广的方式有很多种，包括广告营销、口碑营销、渠道营销等。广告营销的例子比比皆是，无孔不入。广告营销的策略是最直接、最有效的，它能最快地让消费者了解产品的信息，并可通过名人效应让消费者产生信赖。

　　口碑营销是指通过顾客之间的相互交流将自己的产品信息或者品牌传播开来，其最大的特点就是可靠性高。通常情况下，口碑营销发生在朋友、亲人之间，因此传统意义上讲，口碑营销的方式要高于其他的营销方式。①由于来自朋友体验后的推荐，口碑营销在品牌忠诚度上也更好。在网络推广、自媒体（微博、微信、论坛等社区网络）出现之后，口碑营销的范围更广，使得品牌的推广不仅局限于朋友之间，相互关注的人均可通过网络进行交流。在互联网时代，口碑营销的方式不是独立存在的，在没有媒体出现之前，"酒香不怕巷子深"，靠口口相传的方式可以做到，但现如今的口碑营销已经远远超出了这个范围。

　　"老干妈"，提起这个名字大家应该都很熟悉，一瓶不足 10 元钱的辣酱，经过20 多年的成长，2012 年登上了美国奢侈品销售网站，被电商尊为调味圣品，售价高达 36 元人民币/瓶，被称为来自中国的调味奢侈品。就是这样一个本土的食品品牌，这么多年来竟然没有花过一分钱的广告投入，即使有也是其经销商为了占

---

① 李彬：《传播学引论》，高等教育出版社 2013 年版。

领市场自掏腰包。那么老干妈的品牌发展靠的是什么？好风味、高质量带来的好口碑！

广告营销的成本投入大，但效果也最直接、最迅速。口碑营销和渠道营销成本投入小，但是口口相传的品牌影响力更加持久。现如今互联网的出现丰富了以往传统的产品营销模式，降低了传统营销的成本，拓宽了营销的渠道。传统媒体时代是一个比谁钱多的营销时代，广告投入占了企业大部分的营销支出；互联网时代，你可以做网上推广，微博、微信、朋友圈……针对潜在的客户群进行全方位的"轰炸"。无论如何，让潜在的消费群体、媒体、大众主动关注才是我们营销的目的。针对潜在用户群进行的营销推广才能达到事半功倍的效果。

最后要做好品牌的维护。品牌维护就是要让顾客对产品产生持久的忠诚度。好的品牌需要长期的积累，不能在品牌初立之时给顾客各种承诺，而引来顾客之后缺乏管理，无法兑现之前的承诺。可以说品牌的维护是这三者中最难的，也是最考验一个品牌和企业的长久生命力的。品牌作为一种可以出让的无形资产，是企业与消费者之家进行沟通的载体，体现着企业的核心竞争力。做好品牌的维护可以增加品牌的价值，提高企业的市场占有率和投资回报率。

2012年7月北京的特大暴雨，以及最近刚发生在深圳的特大暴雨一定让你记忆犹新，城市内涝、城市看海现如今已经不是什么新闻，媒体的矛头纷纷指向城市下水道，发问我国建立的排水系统为什么这么差！几乎每天都能看到城市里的道路像拉链一样，每次铺设管道时拉开，铺好后拉上，地下管道胡乱铺设，毫无秩序可言。但是就在老百姓为自己所在城市的下水道苦恼的时候，人们却惊讶于德国在100年前为青岛建设的排水系统，感叹"德国制造"不是徒有虚名，现在青岛的德国建造的那段排水管道维修还是能在隧道里找到维修的零件，我国自己建设的排水管道只能用乱和差来形容，每年投入那么多，最后的效果却这么差。为什么国内消费者喜欢进口汽车，喜欢产自德国、日本进口的汽车？为什么德国的奔驰汽车能够连续几年登上世界品牌排行榜的前十名？答案不言自明。他们企业做大做强，品牌做大做响靠的不是一日之功，他们在品牌建立之初就想到了品牌维护，贵在承诺一辈子的好品质！

所谓品牌塑造，就是要让品牌具有影响力。当一个品牌具有了影响力之后，就会帮助企业开拓市场、占领市场，为企业带来品牌溢价。但凡世界的大品牌，无一不具备以上三点。

　　表5.1是根据世界品牌实验室数据制作的世界品牌前十名的排名情况。世界品牌实验室是以品牌影响力进行编制的，按照影响品牌影响力的三项指标——市场占有率、品牌忠诚度、全球领导力对世界级的品牌进行的评分。可以看出，从2010—2013年这前十名的品牌当中除了奔驰和三星之外全是美国的品牌，其中脸谱网（Facebook）从2004年上线到登上世界品牌第一的宝座仅用了6年的时间，作为全球最大的社交网站，其品牌成长之迅速，实在是让人叹为观止。世界品牌前500名的企业中，大部分来自欧美国家，这与现代工业的发展史是分不开的，16世纪以来的每一次工业革命都是从欧美国家开始，而世界品牌的发展历史与工业发展史则基本是同步的。

表 5.1　世界品牌排行榜前十名

排名/时间	2010 年	2011 年	2012 年	2013 年
1	脸谱网	苹果	谷歌	谷歌
2	苹果	脸谱	微软	苹果
3	微软	谷歌	可口可乐	亚马逊
4	可口可乐	微软	苹果	微软
5	谷歌	IBM	亚马逊	可口可乐
6	哈佛	沃尔玛	通用电气	通用电气
7	IBM	可口可乐	IBM	三星
8	麦当劳	亚马逊	奔驰	麦当劳
9	沃尔玛	奔驰	脸谱	IBM
10	奔驰	麦当劳	麦当劳	埃克森—美孚

　　资料来源：根据世界品牌实验室数据制作，http://www.worldbrandlab.com.

　　跟欧美的世界知名老牌企业相比，中国也有进入世界品牌500强的企业，但是这些企业多是国内的垄断企业，比如中石化、中石油、国家电网等。靠垄断建立起来的品牌由于缺乏核心的竞争力，其品牌价值也难与欧美品牌相匹敌。

第二节　品牌塑造：知名产业品牌发展案例分析

　　笔者选取瑞士钟表集团斯沃琪、日本汽车集团丰田和美国文化品牌代表迪士尼等品牌价值同行业排名数一数二的企业为例，通过对其品牌发展史进行介绍和梳理，了解其品牌建设的方法和策略，总结其品牌的成功经验，以期为国内品牌的建设和管理提供借鉴，找到改进的方向。

一、瑞士钟表斯沃琪

　　瑞士钟表行业发展可以追溯到 16 世纪的日内瓦，迄今为止经过 400 年的传承与发展，"瑞士钟表"和"瑞士制造"象征着钟表行业的顶极荣誉，象征着一流的技术、设计和品质，这也使得瑞士钟表自 18 世纪就一直占据世界钟表行业的半壁江山。

　　钟表自诞生以来就一直是皇宫贵族身份与地位的象征，被视为奢侈品，瑞士表源远流长的历史更是为其工艺的传承、品牌的定位高端奢华奠定了基础。早在 16、17 世纪的瑞士就已经有了我们现在所熟知的瑞士知名钟表品牌，瑞士的制表匠们用他们精湛的手艺和持之以恒的创新紧紧抓住了上流社会的"味蕾"。钟表的发展大致经历了大型钟——小型钟——袋表（怀表）——腕表几个阶段，自腕表出现以来，手表就越来越普及，现如今虽然手表已经不仅是贵族们专享的奢侈品，普通人也能消费得起，但是说起瑞士表，很多人还是会将其与奢侈品联系起来，瑞士表成为品质与身份的象征。

（一）斯沃琪——瑞士钟表产业王冠上最亮的明珠

　　目前世界上的四大知名钟表制造商斯沃琪集团、劳力士集团、路易威登集团、Vendome 集团无一不是奢侈品的代表，经过了 400 年的传承与发展，瑞士手表和奢侈品已经融为了一体，有着千丝万缕的联系。

作为世界顶级的钟表制造商，瑞士制表企业毫不掩饰自己品牌定位的高端奢华，但是情况在 20 世纪发生了改变，进入工业社会后，高新技术突飞猛进，随着集成电路、石英传导和电子技术的成熟，新技术的应用打破了传统机械手表的垄断神话。这种情况在 20 世纪 70 年代逐步发展成为瑞士机械表的威胁，石英的出现改变了传统机械手表复杂繁琐的机芯制造，成本大大降低，使得手表走进了平常人的生活。就在 1978 年，诞生了世界上最薄的一款石英手表。日本、中国香港生产的廉价的电子表和石英表充斥着整个手表的中低端市场，使得瑞士表在全球的市场份额急剧下降，就连瑞士手表曾经引以为傲的高端手表市场也岌岌可危。整个瑞士制表产业面临前所未有的冲击，许多制表厂面临着破产。就在其他的制表厂还在犹豫是不是要继续继承瑞士表奢华高端的定位和继续生产的时候，斯沃琪集团的创始人尼古拉斯·G. 海耶克先生果断调整了集团产品的市场定位，改变了营销的策略。既然新技术的出现对钟表行业的冲击不可避免，为什么还要固守传统，坐以待毙！

就是在这个时候，斯沃琪出现了！1983 年，瑞士微电子技术及钟表联合技术有限公司 SHM 成立，就在这一年斯沃琪第一系列的 12 款手表面市，手表仅由 51 个零部件组成，采用塑料表壳，成本大大降低，售价更是跌破了人们对天价瑞士表的预期，靠着"戴在手上的时装"和"第二支腕表"营销理念的推出，斯沃琪手表一经推出就取得了巨大的成功，迅速抢占了被日本和美国的大众品牌占领的中低端消费市场。斯沃琪向消费者传达着时尚个性的概念，手表脱下了贵族装饰的外衣，成为现代人表达个性的饰物，它不仅是计时工具，更是穿戴在消费者身上的艺术品。

斯沃琪手表自上市以来就不断地推出新的设计款式，靠着新奇的设计、精美的工艺、高品质的保证，斯沃琪的产品销量远远领先于其他同档次的手表品牌，仅用 5 年的时间便确立了全球领先的制表企业地位。就在斯沃琪抢占了整个中低端市场以后，公司开始考虑重返高端腕表市场，集团于 20 世纪 90 年代先后收购了瑞士最古老的奢侈表品牌宝玑、最昂贵的品牌宝珀，重整了日渐式微的品牌欧米茄，通过独特的品牌定位和营销方式让这些老品牌重放异彩。

同时，斯沃琪集团还加快了产业链的纵向整合，其整合的历史可以追溯到

SHM集团成立之前兼并收购的两家瑞士制表企业SSIH和ASUAG，他们早在20世纪30年代就收购了大量的零部件生产企业和机芯制造企业，经过数十年的发展，现在的斯沃琪集团已经发展成为世界上最大的钟表制造商和分销商。

　　表5.2是斯沃琪集团生产的腕表品牌，从尊贵奢华品牌到基础品牌，从经典到运动，从成人品牌到儿童系列，可谓应有尽有，涵盖了各个层次、各个类型的手表，奠定了其全球钟表行业霸主的地位。

表5.2　斯沃琪集团的腕表品牌

尊贵奢华品牌	宝玑、宝珀、欧米茄、格拉苏蒂、黎欧夏朵、雅克德罗
高端品牌	浪琴、雷达、联合格拉苏蒂
中端品牌	天梭、宝曼、雪铁纳、美度、汉密尔顿、卡尔文·克莱因
基础品牌	斯沃琪、飞菲

　　资料来源：http：//baike.xbiao.com/330.html.

（二）斯沃琪品牌成功的秘密

　　从20世纪80年代收购两家濒临破产的制表企业到目前世界最大的钟表制造商和分销商，斯沃琪的品牌神话在于其成功的品牌定位和营销策略的改变。瑞士表向来以定位高端奢华为傲，这使得这些百年的制表企业在面临新技术的冲击浪潮时，反应稍显迟钝，甚至面临破产的境地。就是在这种情况下，斯沃琪的创始人之一海耶克先生成功带领SHM集团进行了产业结构的调整。他深知石英计时技术的出现对整个钟表行业的影响不可逆转，与其抱着机械表这个"老古董"活活饿死，不如进行产业升级。而此时市场上流行的石英表和电子表虽然价格低廉，但是设计缺乏美感，质量参差不齐。如何在低端的腕表市场立足，就需要先对其他的日美产品做一个区分。市场上销售的日美手表大多只体现了手表的计时功能，瑞士本土的手表制造商只关注手表高端奢华的贵族气息，这两者之间还存在一块很大的消费市场，那就是工业化时代被不断放大的中产阶级和小资产阶级，他们大多受过良好的教育，对时尚和品味有着自身的定义，他们追求个性和艺术气息，他们不满足于手表简单的计时功能，他们也没有必要花太多的钱去买一个与自己的收入不相符的奢华高档腕表。在当时这部分的消费潜力远没有被发掘，斯沃琪正是靠着这部分强大的消费需求使集团度过了 20 世纪 70 年代的困扰瑞士的钟表业危机。

斯沃琪追求的不是一种"零和竞争"，因为它知道那对任何一个市场参与者来说都是最差的选择。相反它选择了一条与竞争对手差异化的道路，为自己开辟了一个新的市场，这个市场的出现就犹如滴入清水中的一滴墨迹，不断地晕染开来。

用波特的竞争优势理论来解释，斯沃琪的成功来自产品市场细分，及差异化的经营战略。不断推陈出新的时尚设计、一流的品质保证、鼓动性的营销理念，成就了今天的斯沃琪。

中国作为世界上最大的钟表生产大国，生产了全世界近 70% 的成品表，但是却没有一个叫得响的全球知名高端钟表品牌！中国知名的制表品牌主要有天王、飞亚达、依波、海鸥、北京、上海……这些品牌的手表还主要处于中低端，无法进入高端奢华表的行列。首先，我国手表制造业起步比较晚，中国腕表生产的历史追溯到 20 世纪 50 年代，1954 年，天津制表厂开始研制中国第一款手表。到现在为止中国的手表制造也不过 60 多年。其次，我们没有自己的核心技术，腕表内部最主要的机芯现在还是进口为主，很多企业的经营战术还是以市场换技术，贴牌为日本、美国、瑞士等国家生产。中国作为一个庞大的钟表消费市场，随着人们生活水平的不断提高，消费潜力不断地扩大，但是国内市场的 70% 被"洋品牌"占据，国内制表企业很难在中高端钟表市场突围。

二、日本汽车产业巨头——丰田 Toyota

日本汽车产业是在二战后的废墟上重新建立起来的。作为日本制造业的代表，日本汽车产业的崛起为拉动战后日本经济恢复起到巨大的作用。20 世纪 40 年代，为了加快战后国民经济的重振，日本政府实施了一系列的产业保护政策和技术政策，扶植国内产业的重建和发展。日本汽车制造最初是从引进学习美国、德国汽车生产开始的，战前，美国通用、福特两大汽车生产商在日本设厂生产，日本掀开了汽车产业的发展史，这段时间是日本汽车产业的起步阶段。

战后，整个的日本经济百业待兴，日本政府更是加大了对汽车产业的扶植力度。这一阶段，日本汽车制造厂商加大了对技术的消化吸收，开始了自主创新的发展道路。从战争结束直到 20 世纪 70 年代经过 30 多年的发展，日本汽车已经远远超过美国汽车产业的发展，成为世界上首屈一指的汽车强国。

日本汽车产业的发展历史

20 世纪初—第二次战界大结束 日本汽车产业的起步阶段，学习国外先进的汽车制造技术，主要是进口汽车

20 世纪 40—50 年代 恢复发展时期，模仿先进国家的造车技术进行生产

20 世纪 50—60 年代 高速发展时期，技术消化吸收，开始自主创新

20 世纪 70—80 年代 国际化扩张，国内市场饱和，汽车出口

20 世纪 90 年代 资本化扩张，源于日本经济长期低迷，受成本上升、日元升值的影响出口受阻

21 世纪 世界汽车行业霸主，营业额超过通用和福特，不断进行技术革新和管理创新

日本汽车产业的发展离不开日本政府的产业扶植政策，战后的日本经济主要以发展重化工业为主，形成了以钢铁、石油化工、造船、汽车、家电、电力工业为主导的产业格局。经过不到 30 年的发展，日本经济在 20 世纪 70 年代迎来了战后经济高速发展的时期，很多世界知名的日本企业品牌就是在那时发展起来的。作为现如今全球汽车行业的龙头老大，日本丰田汽车公司创造了日本企业发展的神话，早在 20 世纪就有很多国内外学者研究丰田的经营模式，试图寻找企业高速成长的秘密。根据《财富》杂志公布的全球汽车品牌价值的排名，在汽车行业丰田的品牌价值排在宝马和奔驰之上，而且丰田汽车的市场占有率、企业营业收入远超过欧美老牌汽车企业，挑战德系和美系的市场地位。众所周知，德国是世界汽车产业的发源地，宝马、奔驰汽车更是无可厚非具有汽车界元老的地位。虽然日本汽车与德国、美国起步时间基本上一致，但是经过二战的摧毁，实际上日本汽车产业的真正发展要落后德国、美国近半个世纪的时间，但其成长的速度却要快于之前的模仿者。

在丰田汽车成功的发展道路上有几个决定性的转折点，一是 1936—1937 年的日本侵华战争，日本政府向丰田订购了大量的军用汽车；二是 1950 年爆发的朝鲜战争，与侵华战争一样，这次是美国向丰田订购了大量的军用汽车；三是 1973 年和 1979 年的两次石油危机。前两次为丰田的资本积累创造了条件，第三次则是在燃料价格上涨，汽车市场需求发生变化的的时候，丰田自主创新、研发的小型家用汽车节能环保，成功避开了欧美的竞争，抓住了历史机遇。综观丰田的"发家史"，内部和外部因素都对其发展产生了很大的影响。但是究其根本原因，还是那句话"机会总是留给有准备的人"。

丰田汽车品牌价值的建立类似于斯沃琪，走的是差异化品牌发展的道路。相较于德系和美系的汽车，丰田汽车有两大突出的特点，就是"实用"、"时尚"。一向以"实用"为造车口号的丰田，深知自己的产品无论在技术还是在性能方面都无法与德国、美国的老牌汽车产品相抗衡。但是德、美系的汽车也有很大的缺点就是"土"，他们把精力主要专注于技术研发和品质追求，在汽车的外观设计上相对保守，缺乏时尚元素。由于日本土地面积狭小、自然资源匮乏，这也使得整个的日本企业文化里处处洋溢着节能环保、经济实用、小巧耐用的气息。从 20 世纪 50 年代开始，丰田就开始研发小型汽车，但那时在欧美市场的销售情况并不是很理想，人们还是更喜欢"甲壳虫"。情况在 70 年代发生了改变，两次"石油危机"改变了人们的消费习惯，成品油价格上涨，人们开始转向小型节能家用车，丰田的汽车在欧美市场真正扬眉吐气了一把。性能价格比高、低能耗、质量一流，再加上时尚的外观让丰田汽车很快占领了中低端市场，旗下的皇冠、花冠、凯美瑞等均以低档、省油、廉价为人熟知。在占领了中低端市场以后，丰田开始向豪华车市场进军，毕竟豪华车的利润是最高的，但是要改变人们对丰田固有的低端廉价的印象，就需要让豪华品牌与丰田标志彻底做一个区分。否则对于新品牌，消费者很难买账。1983 年丰田开始研制豪华车，1989 年，雷克萨斯（原名凌志）面市，一上市即取得了巨大的成功，经过短短十几年的时间就成功地称霸了美国市场。从 1999 年起，其销量远超宝马、奔驰，成为全美豪华车销量第一的品牌。就这样，丰田成功进军全球豪华车市场，但是其主打车型还是原来的中低端车型。

明确的市场定位、差异化的品牌发展战略，使丰田成功避开了与老牌欧美汽车企业的正面交锋，反而巩固了自身的市场地位。在欧美市场乃至整个的全球汽车市场上演了"逆袭"大戏。丰田的成功之道远不止这些，对品质的孜孜不倦的追求是其成功迈进汽车市场的第一步；不断科研创新、管理创新让其抓住了每一次的机遇。丰田的管理模式一直被学者和业界津津乐道，其成功秘诀远不止我们了解的这些。在日本丰田寻不到廉价的资源和劳动力，他们能做的就是向技术要高附加值，向管理要低成本。

表 5.3 和表 5.4 分别是 2010—2014 年世界汽车品牌排行以及 2013 年汽车及零部件企业的排名，从下面的两个表格我们足可以看出丰田的实力，2013 年其营业收入为 265 701.8 百万美元，同年品牌价值为 259.79 亿美元，其品牌价值就足以跟我们国内的某些汽车企业一年的营收相媲美。

表 5.3 2010—2014 年世界汽车品牌排行榜

排名 \ 时间	2010	2011	2012	2013	2014
1	宝马	丰田	宝马	丰田	丰田
2	丰田	宝马	丰田	大众	宝马
3	本田	奔驰	奔驰	宝马	大众
4	奔驰	本田	本田	奔驰	奔驰
5	保时捷	保时捷	日产	福特	本田
6	日产	日产	大众	日产	日产
7	福特	大众	福特	本田	福特
8	大众	福特	奥迪	保时捷	保时捷
9	奥迪	奥迪	现代	现代	现代
10	雷诺	雷克萨斯	雷克萨斯	雷诺	雷诺

资料来源：品牌金融网站，http://brandfinance.com/home.

表 5.4 汽车及零部件企业 2013 年排行前十名

排名	公司	国家	营收/百万美元
1	丰田汽车公司	日本	265 701.8
2	大众公司	德国	247 613.3
3	通用汽车公司	美国	152 256

续表

排名	公司	国家	营收/百万美元
4	戴姆勒股份公司	德国	146 886.3
5	EXOR 公司	意大利	142 226.4
6	福特汽车公司	美国	134 252
7	本田汽车	日本	118 952.2
8	日产汽车	日本	115 961.4
9	宝马	德国	98 759.5
10	上海汽车集团	中国	76 233.6

资料来源：Fortune, http://www. fortunechina. com/fortune500/c/2013-07/08/2013G500.htm.

　　汽车产业作为一个国家的支柱性产业，第二产业的代表，象征着一个国家的制造业水平。我国的国产汽车品牌主要包括奇瑞、吉利、比亚迪、长城等。对于这些企业来说，品牌无疑是它们的"软肋"和"硬伤"。对于上述的国产汽车品牌来说，20万元的售价是它们无法跨越的"天花板"，奇瑞、吉利的单车售价基本上在7—8万，盈利能力参差不齐，产品主要集中在中低端市场，竞争情况十分恶劣。与日系、德系以及动辄几十亿上百亿的合资车企相比，这些本土汽车品牌靠着积累规模降低成本，品牌缺乏含金量和溢价能力，很多车企靠着国家的补贴生存到现在，赔本赚吆喝，何来市场竞争力？对于国内的车企来说，上游的零部件主要来自跨国的汽车巨头，缺少对核心技术的议价能力，依靠现有的零部件供应体系，整车研发和制造能力，国内的汽车企业很难跨越中低端市场的瓶颈，与跨国车企进行正面的交锋。借用长城汽车董事长魏建军的一句话："现在国内的自主品牌轿车基本上有销量没利润，而外资企业一直计划进入低价格市场，目前中国是全球利润最高的市场，现在有空间往上走，未来竞争加剧，也许没有这么好的机会向上走。"国内的车企老板都意识到了企业所面临的机遇与挑战，对本土汽车企业来说企业转型升级不可避免。要想树立起国内汽车品牌的大旗，在产品设计研发上我们必须实现独立行走。

　　虽说新中国成立后，我国也大力扶植汽车产业的发展，1957年第一汽车制造厂投产，之后"解放"、"红旗"相继出现，在当时可谓是国人的骄傲。但是现在它们大多已经停产，提起汽车，国内消费者很难跟它们联系起来。中国与日本的汽车发展历史相差不远，但是几十年过去了，不禁让人感叹，"中日汽车发展差距为什么这么大，国产品牌汽车都去哪了？"

三、美国文化业巨头——迪士尼

说起美国的文化，除了自由民主（意识形态），大多数人的第一反应应该就是好莱坞的电影，一般人了解美国文化也是从美国的电影开始。除了电影，美国的"篮球文化"、"快餐文化"、"咖啡文化""摇滚文化"也正悄悄地改变着年轻一代的生活习惯和意识形态，就连留学首选也是美国。在全球化的时代，是"美国化"还是"全球化"，中国的文化都去哪儿了？

说起美国的文化品牌，不得不提一下美国的文化产业。文化产业，顾名思义就是将文化产业化，按照产业化的方式进行运作。根据联合国教科文组织的定义，文化产业就是按照工业标准生产、再生产、存储以及分配文化产品和服务的一系列活动。文化产业作为第三产业的新生力量，主要包括：娱乐行业、音像行业、文化艺术行业以及媒体业、出版业、培训业、文化旅游业等。 近些年，我国的文化产业正逐步兴起，国家出台政策大力扶植我国文化产业的发展，培育国内文化品牌。在美国很少提文化产业这个概念，在他们看来有版权意识才有文化产业，要想文化产业发展起来，必须做好版权的保护。就像最近国内闹得沸沸扬扬的于正的《宫锁连城》抄袭琼瑶的《梅花烙》，之前的《宫》抄袭《步步惊心》，这在美国基本上是看不到的。想要用别人的版权，必须购买！

冷战结束以来，随着全球化和信息化的发展，美国在全球建立了文化霸主的地位。美国的文化输出和文化霸权一直以来就饱受诟病，可以说批判的声音与好莱坞发展一路同步。很多国家和宗教组织批评美国利用自身的影视文化作品，宣扬美利坚的价值观，甚至诋毁其他国家的价值体系；对外输出资本主义的丑陋的一面，腐蚀他们的民族思想。但是现在全球的电影市场主流的还是美国的大片！美国的电影产业的高附加值更是让他们望尘莫及，一部《泰坦尼克号》票房18亿美元，光内地票房就5 800亿元人民币，但这还是1997年的情形！2010年，《阿凡达》票房27亿美元，内地票房13亿元人民币！电影如此卖座的原因，并不仅仅是因为它们宣扬了美国的文化。就像去星巴克体验它们的咖啡文化一样，这两者是有很大差别的。后者卖的是体验，前者呢，卖的是共鸣（共同的价值取向）。当然也不是说好莱坞的所有电影都唤起我们的共鸣，其中也不乏暴力、色情的场景。美国的电影产业堪比工业，每年都有大量的资金投入好莱坞，巨额的资金投入和新技术的运用保证了电影的制作效果，当然大牌影星的参与和行销推广的运作使得这种高附加不可避免。那些批评的声音恰恰证明了美国文化的强大！

文化一旦实行产业化运作，其所产生的经济、社会效益是无法估量的！在文化产业化之后，"文化品牌"就理所应当地成为人们相互追捧的对象。好莱坞的电影、迪士尼的动画、日本 Studio Deen 的动漫、韩国 KBS 的电视剧、时代华纳的音乐、百老汇的歌剧、《时代周刊》、《财富》、《华尔街日报》……但是中国具有全球影响力的文化品牌少之又少。

说到迪士尼，可能大多数人的第一反应就是米老鼠、唐老鸭，是动画版的格林童话，80 后很多人都是看着迪士尼的动画片长大的。其主要业务除了动画制作，还包括娱乐节目制作、主题公园、服装、玩具、传媒网络等。旗下的子公司品牌包括我们熟知的皮克斯动画工作室、惊奇漫画公司、试金石电影公司、好莱坞电影公司、卢卡斯影业、美国广播公司等。作为第一家将动画片搬上银幕的公司，现如今迪士尼已经有 91 岁了。根据世界品牌实验室的排名，2013 年迪士尼排在 58 位。迪士尼公司自成立以来，一直处于世界动画产业的垄断地位。

（一）品牌延伸

目前，迪士尼公司涉足的行业除了动画制作，还包括图书、玩具、儿童家具、服装、动漫游戏、主题公园等，这些都是针对其动画产品的延伸。迪士尼利用现有品牌推广新产品，使得新产品迅速获得市场的认可。与迪士尼的动画业务一样，这些延伸出来的品牌也主要瞄准青少年，生产与其动画人物相关的产品，像迪士尼卡通手表、迪士尼儿童套装、卡通毛绒玩具等。试想迪士尼生产汽车、电冰箱会是什么样的效果。品牌过度延伸必定得不偿失！就像五粮液涉足生物医药、造纸行业鲜有成绩无功而返一样，过度的品牌延伸反而使得消费者对原有品牌的核心价值产生怀疑，破坏对品牌的忠诚度。迪士尼的品牌延伸抓住了原有品牌的核心价值，品牌延伸的成功，巩固了迪士尼在消费者心中的垄断地位，提高了他们的品牌忠诚度和品牌市场占有率。这些延伸品牌在"小朋友圈"的成功推广反过来又增加了其主营动画娱乐产业的附加值，它们相互促进，共同巩固迪士尼的娱乐版图。

（二）价值链整合

作为世界顶级的跨国公司，全美娱乐业的巨头之一，迪士尼的发展当然也少不了兼并与收购。旗下的惊奇漫画公司、皮克斯公司、卢卡斯公司等都是被其一一收入自己的扩张版图之下，收购这些公司的目的主要是为了获得它们产品的版权和相关衍生产品的开发权。将这些公司动画人物形象引入自身的其他延伸产品中，提高自身品牌的覆盖率。比如说 2012 年迪士尼 40 亿美元收购卢卡斯公司，这一收购使他得到了近 1.7 万个动画人物形象，将这些人物形象添加到主题公园、图书、服装、玩具的生产中，将带来更大的经济效益。而且这一收购还包括了《星球大战》、《夺宝奇兵》系列电影的特许经营权，这些备受人们人们喜爱的电影未来的票房收入也将相当的可观。通过对价值链的多向整合，不但降低了迪士尼的营运成本，扩大了集团的市场占有率，提高市场地位，而且企业竞争实力的增强，也提高了其产品的附加值，使得迪士尼这座童话里的城堡，走过 90 年依然深受人们喜爱！

（三）品质保证和不断的创新

迪士尼创造了众多的动画之最，作为世界上第一个将动画搬上银幕的公司，在 1928 年制作了世界上第一部有声动画片《威利汽船》，当年，米老鼠作为《威利汽船》主角，第一次被搬上银幕；1932 年，制作了世界上第一部彩色动画片《花和树》；1934 年，著名的卡通人物唐老鸭第一次在《三只聪明的小鸡》中与观众见面；1937 年，制作了第一部动画长片《白雪公主》；1940 年，制作第一部用动画摄像机拍摄的动画片《幻想曲》；1955 年，制作了世界上第一部宽银幕动画片《小姐与流氓》。迪士尼公司创作了众多深受喜爱的动画角色，如米老鼠、唐老鸭、白雪公主、小熊维尼、三只小猪等，这些动画形象伴随迪士尼一路走来，见证了迪士尼的辉煌成长。

迪士尼的动画人物设计简单大方，富有艺术感，让人印象深刻；人物形象性格鲜明，大多的动画片传达的都是积极向上、乐观包容的价值观，极富感染力；高品质的动画效果和高科技元素的不断引入以及人物形象设计的不断突破，提高了迪士尼动画的卖座率和高附加值。

　　迪士尼只是众多美国文化品牌中的一个代表，可以说象征着全球动画产业的最高成就。迪士尼之所以会取得今天的成就，与美国严格的知识产权保护是分不开的。以国产动画发展现状为例，我国每年制作 26 万分钟的动画，是日本的 3 倍，但相较于日美动画片来讲，国产动画片内容幼稚呆板，没故事，没情节。电视台每年播放 12 万小时的动画片，但是 00 后和 10 后门还是明显感觉没动画可看。2005 年我国开始禁止播出国外的动画片，对国内动画片实行补贴政策，平均 800—1 000 元/分钟的补贴，使得国内的动画片生产商"躺着也能赚钱"，毫无市场竞争力。与国产动画片相比，国产动画电影的发展历史更短，从 2009 年至今才 4—5 年的时间，与迪士尼近一个世纪的发展历程相比，我们的国产动画电影还有很长的一段路要走。缺乏自主品牌难以取得大规模的收益，现阶段我国动画产业国家投入巨大，通过禁播国外的动画片来扶植国内动漫产业的发展。通过国家的产业扶植来培育幼稚产业的发展，在产业发展初期是可行的，但是如果动漫企业仅仅为了赚取国家的巨额补贴，动画的内容和技术含量不加以提升，不但对不起国内的观众，更谈不上与国外的跨国巨头们竞争。

第三节　现实困境：中国品牌经济发展现状

　　改革开放以来我国一直都以"世界加工厂"形式存在，在国外市场上"中国制造"随处可见。这一方面说明我们的国家的制造能力很强，另一方面也说明我国企业缺少核心的竞争力。2013 年我国的进出口总额为 4.2 万亿美元，占 GDP 总额的 46.7%。①从图 5.4 中 2009—2013 年的进出口贸易数据综合分析，我国的进

---

① 数据来源：海关信息网，http://www.haiguan.info/NewData/index.aspx。

出口总额占 GDP 的比均超过了 45%，出口产品包括初级产品和工业制成品出口两类，工业制成品中以机械制造类和轻纺、橡胶类为主，其中我国 2012 年汽车出口 99 万辆，皮鞋出口 83 644 万双，手表出口 66 216 万只（见图 5.5），服装出口更是惊人，近一半的欧美服装是来自中国，如此大的对外贸易数据并未给我们国家带来相对称的收益。①大多数的出口产品都是为国外的品牌做的贴牌生产，利润极低。据统计，一双零售价 50 美元的鞋子，出厂价 15.3 美元，最终的零售商拿到了 3.64 美元的利润，制造商拿到了 65 美分的利润，中国工人只拿到了 1 美分，可谓微乎其微。②近几年我们的劳动力成本优势已经不再明显，东南沿海地区的用工荒不断出现，京津冀地区的雾霾天气更是蔓延到了上海、南京和广东，原材料成本和物流成本的提高，以及国际反倾销的贸易摩擦不断加深，我国汽车出口和鞋类的出口均有所下降，2013 年我国的鞋类出口到欧盟和美国的分别同比下降 0.63% 和 0.44%，2014 年我国的汽车出口 19.8 万辆，同比下降 9.3%。③品牌缺失直接削弱了我国出口产品的竞争力，贴牌生产的方式造成了我们出口企业对国外市场的依赖，抵抗市场风险能力不足。以前粗放式的经济发展方式让我们的环境、资源、生命健康和今天的生活质量付出了代价，现如今在我们的资源耗尽、成本上升的时候，跨国企业为了追逐利润，可以迅速将工厂搬到成本更低的东南亚国家，我们的出口企业以规模扩张的降低成本方式已经不可持续。以低端出口

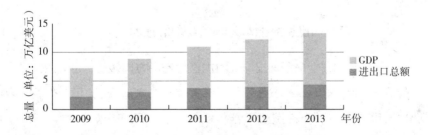

资料来源：海关信息网。

图 5.4　2009—2013 年中国进出口数据

---

① 数据来源：中华人民共和国国家统计局，http://data.stats.gov.cn/workspace/index? m＝hgnd。
② 翟新华：《中国皮鞋的利润哪儿去了》，《西部皮革》2006 年第 9 期。
③ 数据来源：中华人民共和国统计局网站，http://data.stats.gov.cn/workspace/index? m＝hgnd。

拉动经济发展的方式已经不适应当今中国的发展，不可持续的发展方式亟待转变。技术、市场在外，只靠生产加工的发展方式注定是不可取的。品牌的建设和维护是我们走出困局的最好途径！

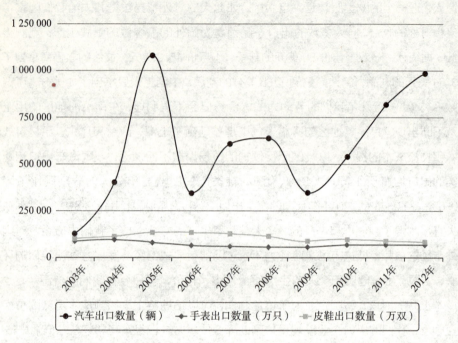

资料来源：中华人民共和国国家统计局，http: //data.stats.gov.cn/workspace/index?m=hgnd.

图 5.5 汽车、手表、皮鞋出口数量

未来我们的出口产业必须向出口高附加值的产品方向转变，企业的生产必须向产业价值链的两端转移，一方面我们要掌握核心技术，另一方面我们要有自己的销售渠道和市场。我们的制造业不能仅仅依靠生产利润微薄的衬衫、毛巾、皮鞋来维持，用上亿条的牛仔裤换一架波音 747 的年代已经结束。生产高附加值的产品离不开品牌的支撑。品牌和技术作为两个重要的无形资产，对企业的未来发展至关重要。面对全球原材料价格上涨、国内劳动力成本提高、物流成本的增加，以及跨国公司产业的转移，我国外贸出口未来发展面临巨大的挑战，作为世界第一大贸易国和第二大经济体，产品转型升级，产业价值链的提升，优质品牌的建设与维护，是企业未来的发展方向。

　　下面我们介绍一下中国的品牌发展现状以及存在的问题，分析其背后的原因。

一、品牌发展现状与问题

（一）为国外品牌贴牌生产

　　贴牌生产（original equipment manufacturer）就是一家厂商根据另一家厂商的要求为其生产产品。国内有各种说法，如"代工生产"、"委托生产"、"生产外包"、"定牌制造"等，指的是品牌的生产者不直接生产产品，而是利用自己掌握的"关键技术"负责设计和开发新产品，控制销售渠道，具体的加工任务交给别的企业去做。[①]国内外贴牌的例子比比皆是，像富士康、格兰仕、TCL 等多个知名品牌，它们有的就是在为国外的企业贴牌生产后发家的。前面我们介绍了微笑曲线，就价值链而言，贴牌生产的企业处在全球产业链的最低端，也是市场竞争最激烈、利润率最低的环节。而跨国企业——贴牌生产的委托商将主要的精力集中在产品研发和品牌服务、渠道扩展上，赚取了绝大部分的利润。

　　既然如此，为什么我们的出口企业还是要选择贴牌生产这条道路，不是去把精力放在搞产品的研发和渠道销售上！虽然贴牌的生产方式为我国企业提供了学习国外先进生产和管理技术的机会，开拓海外市场，参与国际竞争，扩大市场份额，但是经过 30 多年的贴牌生产，企业发现真正核心的技术并未学到，学到的都是"皮毛功夫"；国际市场是打开了，但是随着产业规模的扩大，对国外订单和国外市场的依赖程度加深，缺乏核心的技术和品牌，导致我国企业的国际市场风险的抵御能力逐渐下降。国内消费能力无法满足企业的生产，盲目扩张虽然可以降低企业生产成本，改善企业在国内相关的企业中的竞争地位，但是企业在全球产业链中的地位并未改变，甚至因为为夺得订单而相互压低价格，使自己在产业链中的地位更加不利。由于集中于贴牌生产，很多企业忽视了自身品牌的维护和开发，没有很好地发掘其核心竞争力。

---

① 　袁立波：《贴牌生产企业自有品牌建设的策略研究》，《现代商业》2009 年第 21 期。

（二）国内缺少大的跨国集团，反而被国外的大型跨国企业合并

近几年，国外大型的跨国公司收购国内品牌的例子从未间断过，像联合利华收购中华、达能收购乐百氏、高露洁收购三笑、欧兰雅收购小护士和美即面膜、法国 SEB 收购苏泊尔、强生收购大宝、美国吉列收购南孚电池等，不胜枚举。2003 年，欧兰雅收购小护士的时候，小护士在国内市场占有率为 5%，在中国年轻女性的品牌知名度为 96%。①2008 年强生收购大宝，作为 20 多岁的中国老品牌，市场份额一度高达 15.76% 的大宝，曾连续 8 年获得全国市场产销量第一。②现在只要是市场上数得着的响亮的中国品牌，差不多都已经被国外的跨国巨头收购了。就连金丝猴、小肥羊、丁家宜都沦陷了！国外的跨国集团收购的都是我国本土知名的品牌，看准了其在国内市场占有一定的市场份额，品牌的认知度高。它们主要是通过收购扩大在整个中国市场的占有率，强化自身的垄断地位。

我国法制建设不够健全，被很多跨国企业钻了空子，也让我国本土企业损失了太多的经济利益。2007 年，我国的反垄断法正式颁布，2008 年，可口可乐申请收购汇源果汁，商务部以反垄断的名义终止了这场收购。

近些年我国企业加紧了对国外资源的收购步伐，2005 年 TCL 收购汤姆森；2005 年联想收购 IBM 的个人电脑业务；2007 年，吉利收购沃尔沃；2013 年中海油收购加拿大石油巨头尼克森；2014 年联想收购 IBM 的服务器业务和摩托罗拉的移动业务等。本土企业收购国外业务主要是为了得到跨国巨头们的核心技术，借助国外品牌的优势加大自有品牌的市场占有率，而跨国巨头们收购我本土品牌主要是为了占领市场，消灭竞争者，强化自身的垄断地位。可是国内收购的案例最终结果让我们大失所望，这些收购案例并没有买到别人的核心的业务，更谈不上核心技术。联想两次收购使股价下跌了 23.6%，说明市场对联想的收购一致的不看好。拿下服务器业务之后，联想成为世界第三大服务器生产商，但是服务器业务作为一个夕阳产业，利润率正在逐年下降，所以 IBM 想尽快甩掉这个包袱。摩托罗拉这个品牌也是在连续几年的亏损之后，变为谷歌极力想甩掉的包袱，联想

---

① 《小护士的命运：启用还是弃用》，新华网，2014-6-9。
② 《"大宝收购案"尘埃落定，强生 3 亿美元入主》，《经济参考报》2008-3-4。

29 亿美元买下的只是 2 000 多个无用的专利，剩下的 17 000 个核心的专利技术还在谷歌的手中。2005 年，联想收购个人 PC 业务并未使其海外市场的占有率提升，相反，相较于 2005 年 9.2% 的市场份额，2012 年联想美国市场的占有率下降到 8.7%，国内市场微幅下调，由 32% 下降到 31.7%。吉利收购沃尔沃以 2012 年全年亏损 4.46 亿收尾，这个国内的民营企业"联姻"洋品牌的案例曾经振奋了多少国人，收购当日股价上涨 11.32%。①与其花那么多的钱去收购海外的夕阳技术和夕阳业务，不如自己搞研发振兴自己。我国企业的收购案例并未改变其在全球产业链中的位置，相反未能拿到拿别人的核心技术，大价钱抛出去、盲目做大之后反而是市场地位下降。

（三）缺少行业标准，同行业市场恶性竞争严重

我国的出口加工企业有相当一部分是小微企业（主要包括小型企业、微型企业、家庭作坊、个体工商户），生产设备简陋，依靠低廉的劳动力维持生存，由于没有形成规模优势，为了挣得订单相互压价，恶性竞争，使得本来就利润微薄的小微企业，在激烈的市场竞争中生存更加难以为继。据统计，2012 年我国的小微企业破产率高达 52%，由于缺少行业的规范和指导，很多小的出口加工企业还没等做大做强就在激烈的市场竞争中破产关门了。它们只注重眼前的短期利益，很少为将来的长远发展考虑，能否拿到订单是其衡量自身发展的唯一指标。它们没有很好地利用自身的成本优势，迅速地整合自身的价值链，找到维持竞争优势的秘密。由于缺少行业标准，我们市场上的产品良莠不齐、难以与世界标准接轨，碍于国内的竞争，企业相互之间难以形成联盟，形成行业规模，制定我国企业在国际市场的标准，规范市场上的无序竞争。作为茶文化的发源地，由于我们缺少行业的标准，"立顿"这个茶叶里的"雀巢"，居然不是来自中国的品牌。中国的很多茶园都是在为立顿生产茶叶，遵循国外给制定的标准，立顿卖的是一个品牌，中国的茶企赚的就是一个"吆喝"！因为缺少行业规范，国内无序的市场环境，我国很多制造行业的出口企业不是因为生产能力达不到，而是输给了国内无序的价格战。再加上国家的相关法律建设不够健全，资源配置低效率等问题都是

① 《联想收购摩托罗拉》，财经郎眼，2014-2-24。

导致现如今局面的原因。

（四）反倾销，反补贴——国际贸易摩擦不断

随着中国国际地位和经济实力的不断提高，中国威胁论的声音就未停止过，外国人因满货架的"中国制造"惊恐，为他们不断上涨的失业率而愤怒，为他们国家的制造业空心化而担心。在 2008 年金融危机之后，各国经济下滑，复苏乏力，贸易摩擦不断升级。据商务部统计，到 2013 年为止，中国连续 18 年成为遭遇反倾销调查最多的国家，连续 8 年成为遭遇反补贴调查最多的国家。2013 年全年共有 19 个国家和地区对中国发起了贸易救济调查，共 92 起，比 2012 年上升了17.9％。在这 92 起调查当中，反倾销调查 71 起，反补贴 14 起，保障措施 7 个。除此之外，美国还对中国发起了"337"调查 19 起，除了发达国家立案大幅增加，新兴国家和发展中国家立案也有所增加，如印度、泰国、巴西等国 2013 年对我国发起了多起反倾销调查。①

2013 年，作为政策大力扶植的新能源产业，我国的光伏产品已经占据世界光伏市场 60％ 以上的份额，但是我国光伏产业 95％ 以上的市场在国外，而且国内的光伏企业尚未掌握电池所需的多晶硅的提纯技术，主要的半导体材料和设备均靠向国外的跨国集团进口。这直接提高了产品的生产成本。加之高昂的发电成本，光伏产品在我国国内很难普及。市场在外，技术在外，我国大力扶植的光伏产业仅靠制造那点微薄的利润生存。价格低廉是国内赢得市场的唯一法宝，这也是国内企业遭遇反倾销的主要原因甚至是根本原因。

贸易摩擦受伤最深的就是国内那些小出口企业，它们有的因为打不起这样的官司甚至因为不熟悉海外的法律而被迫退出海外市场，有的因为官司的周期长而经不住拖被迫退出。我国缺少熟悉国际会计和法律的专业事务所帮外贸企业打官司，但主要的原因不是在这里。由于缺少专业的核心的技术，缺少知名的品牌，缺少高附加值的产品，使得我们在国际贸易中总是处于被动的地位，产品无溢价能力。在 2008 年全球金融危机之后，整个国际环境极不景气，国际贸易保护主义此起彼伏，国外的消费市场萎缩，依靠劳动力成本优势，我国的那些生产低附加

---

① 《中国连续 18 年成遭遇反倾销调查最多的国家》，中国新闻网，2014-1-16。

值的毛巾、皮鞋、衬衫的企业，已经不具有可维持性。这次美国发起建立的 TPP
和 TTIP 更是将中国排除在外。2000 年中国辛辛苦苦加入 WTO，直至今天成为世
界最大的贸易国，在国人为今天的成绩欢呼雀跃的时候，中国却被新一轮的体制
排除在外。

（五）市场化程度不够，企业的竞争能力不足

目前，中国企业在发展的初期需要国家的产业扶植，就像日本的汽车产业和
韩国的电子产业一样，问题是资金、资源要配置得有效率，出口企业现如今的利
润来源基本上是靠国家的出口退税，就像"温水煮青蛙"一样，很多出口企业根
本就不知道去培育自身的市场竞争力，提升自身全球价值链的位置。无效率企业
生产的产品怎么会有市场竞争力，又怎么会有品牌意识！实力强大的企业需要强
大的市场，品牌起源于国内的市场，在竞争激烈的基础市场上成功的品牌，才会
具有持久的生命力，在新的市场上获得成功。表 5.5 是 2013 年我国入围《世界品
牌 500 强》排行榜的 25 个企业名单，这些企业大多处于国家的垄断行业，靠着垄
断的地位获取高额的垄断利润，虽说其品牌价值入围了世界 500 强，但是如果失
去那些垄断资源，将毫无竞争力可言。

表 5.5　我国入围《世界品牌 500 强》排行榜的企业

排名	2012 排名	2013 排名	品牌名称	品牌年龄	所属行业
1	46	53	中央电视台	55	传媒
2	72	67	国家电网	11	能源
3	64	79	中国工商银行	29	银行
4	58	83	中国移动	13	电信
5	109	103	联想	29	计算机办公
6	120	157	海尔	29	数码与家电
7	225	222	中国银行	101	银行
8	203	226	中国建设银行	59	银行
9	240	237	中国人寿	64	保险
10	248	246	华为	25	通信与电子

续表

排名	2012排名	2013排名	品牌名称	品牌年龄	所属行业
11	266	268	中石油	25	能源
12	274	277	中石化	13	能源
13	302	298	长虹	55	数码与家电
14	322	325	中国联通	19	电信
15	331	326	中国国际航空	25	航空与防务
16	325	329	中国电信	11	电信
17	388	342	中国平安	25	保险
18	368	361	青岛啤酒	110	食品与饮料
19	390	364	中信集团	34	综合金融
20	372	369	人民日报	65	传媒
21	—	376	新华社	83	传媒
22	362	380	中国农业银行	62	银行
23	387	384	中国中化	63	化工
24	418	428	中国建筑	31	工程与建筑
25		452	中国铁建	65	交通运输

资料来源：根据品牌实验室数据制作。

（六）"山寨"现象较为严重

不可否认的是，一个国家在产业发展的初期，需要模仿先进国家的产品和技术，这可以帮助企业成长；但是如果永远将自己定位在模仿阶段，不是进行积极的研发和拓展，企业将难以在激烈的市场竞争中生存，更谈不上建立自己的品牌。世界第三次产业转移成就了亚洲四小龙和日本。当时它们也是为国外的企业做贴牌生产，模仿欧美发达国家的产品和技术，但如今韩国、中国台湾、新加坡、中国香港都在一定程度上实现转型的成功。像三星、LG、索尼等，已经成为可以与欧美发达国家品牌比肩的品牌，中国企业需要做的是要在这次的产业转移中抓住重要机会，在技术、品牌涉及企业长久生命力方面，迈出非常坚实而有效的一步。

目前，中国在技术品牌方面还没有完全摆脱"山寨"现象，这直接影响了产品销量，破坏企业的品牌形象。山寨产品由于价格便宜很有市场，尽管在一定程度上能满足部分消费者的虚荣心，但由于产品质量一般，且缺乏类似名牌产品的核心技术，长远来看不利于企业发展，不利于国内企业品牌意识的培育和创新精神的培养。

二、中国缺少国际知名品牌的原因

（一）工业发展史较短

首先，新中国成立以来直到改革开放一直实行的都是计划经济体制，在计划经济时代，根本就没有市场经营一说，企业不需要培养竞争活力，只要按照国家的指标完成任务就算达成企业目标，产品永远不怕销不出去。在短缺经济时代，有东西可用就不错了，消费者基本上没有什么选择权。市场上的产品种类屈指可数，没有品牌可言。直到改革开放，市场化的浪潮开始席卷中国，市场上产品的种类开始丰富，消费者可按照自己的喜好来挑选商品，品牌成为人们挑选产品时的一个重要依据。这时国内企业才开始建设培育自己的品牌，比如"上海手表"、"金鹿自行车"、"小鸭洗衣机"等国内品牌如雨后春笋般出现。现如今这些品牌早就不存在了——不是停产了，就是让人给收购了。同西方发达国家相比，我国的工业化进程起步晚，品牌是随着商品化的生产出现的。在第一次工业革命的时候，我国还处于闭关锁国的阶段，国内品牌的成长缺乏工业化、商品化、市场化的支撑。现如今我国的经济高速发展，经济产量居世界第二，是世界上第一大奢侈品消费国，国内居民的消费水平提高了，可是国内品牌却没有随之成长。

（二）中国企业的品牌意识淡薄

首先，中国企业的制造水平和生产能力已经无可厚非，为国外贴牌生产的产品行销国际市场，国外各大品牌的专营店，各大商场超市里摆放的"中国制造"已经证明了本土企业的制造能力。但是产品的制造能力不等于企业的实力和品牌的影响力，本土企业也只是按照国外的标准和设计做贴牌生产，只出力气，根本没有体现产品价值的东西。品牌要有好产品的支撑，好产品要体现品牌的核心价值。我国大部分的生产企业，忽视了企业发展的长期收益，忽视了品牌的建设和发展，企业家缺少品牌意识，企业内缺少品牌的管理人才，将广告的投入看成品牌发展的重点，殊不知品牌的建设远不止广告营销这一点。品牌要在顾客的心目中建立起高度的认知价值，除了广告，还需要企业在产品设计、品牌管理上多下功夫。我国企业已经具备了生产高质量产品的能力，接下来的重中之重就是品牌管理，抓住品牌的核心价值。

（三）产品研发投入不足

研发投入和创新能力是维持产品差异化特征的重要保证，目前我国企业的研发投入相较于欧美日等发达国家而言较低，占 GDP 的比重仅为 1% —2%，美国为 27%—30%，中国的研发投入占 GDP 的比例远远低于美国企业，即使是与亚洲其他国家相比，我国企业的投入也难以望其项背。研发投入低使得我国本土品牌只有销量没有利润，产品集中在中低端市场，品牌抗风险能力不足，很难与时俱进，获得长久的生命力。大品牌的企业在设计、质量、产品特征上，以及促销和品牌管理上，都会投入巨额的资金，以确保在顾客心目中构建一个较高的感知价值。企业生产的产品要具有竞争优势，品牌才能脱颖而出，才能让消费者长久地关注。产品竞争优势的获取离不开研发和创新，目前我国的企业将大部分的精力和投入放在了广告上，很少关注品牌的长久建设和维护，缺少足够的品牌管理经验。缺乏品牌管理经验的原因除了贴牌生产，利润微薄，产业扶植力度不够，知识产权保护不到位，以及国内企业的品牌管理意识不足外，国家产学研结合得不够紧密也是重要原因：学者的研究不能与企业的需要相连接，大部分的研究不能转化为企业的生产力。

四、其他因素

其他的原因笔者在上面的介绍中基本上都进行了例举，比如品牌意识的缺失、跨国集团的收购、知识产权的保护缺位、山寨、同质化竞争、市场化不足、资金投入不足、行业标准、品牌延伸过度等。这些都是自主品牌缺失的原因，这里不一一介绍并非其地位不重要，仅为了避免重复。

第四节 品牌提升：高端价值链布局与路径

作为目前世界排名第一的"制造大国"，中国企业的产品制造能力值得肯定，这些年我国企业在代加工生产的过程中学到了不少自身产品领域的制造工艺和方法，学会了不少国外的先进技术和管理经验，为我们的制造业下一步发展创造了一定条件。当然，至今中国大部分企业还处在产业链低端，以市场换技术，企业的制造能力提高了，其他能力却没能成长起来。本土企业在科技研发和知名品牌建设上的"短板"，制约着我国制造业实力的整体提升和经济强国建设目标的实现，国人的生活质量无法从根本上得到改善。

品牌作为企业的一项重要的无形资产，是企业获得和维持市场竞争力的重要手段。企业如何向价值链的两端转移，提升我国现有品牌的竞争力，是本土企业首要关心的问题。

一、品牌价值提升

大卫·奥格威认为品牌的本质是为企业创造持续、稳定、独有的有形和无形利益的竞争手段，是企业通过产品、服务和利益关系人（包括消费者、经销商、投资人、政府、社区等）建立的，需要企业主动追求和维护的一种特定的关系。提升品牌价值的意义就在于巩固这种关系，将这种关系不断地扩大，不断地增强。品牌提升的好处在于以下几个方面：（1）获取定价权；（2）获取持久的竞争力；（3）稳定甚至是扩大的市场占有率；（4）减少企业新的营销成本；（5）帮助企业扩张；（6）提高原有消费者的品牌忠诚度；（7）增强新进消费者的品牌认可度。

每个企业的产品特征不同，面对的消费者的消费特征也不一样，相应的品牌提升的方法也不一样，我们无法针对每一个企业的品牌提升战略一一提出建议，只能站在宏观的角度为企业的高端价值链布局的战略提出可行建议。

二、提升品牌价值的方法

（一）技术创新是品牌价值提升的源泉

创新是一个民族进步的灵魂，是一个国家兴旺发达的不竭动力。这句话对于品牌的提升来说同样重要。每个系列的产品下面都有很多产品品牌，比如运动鞋品牌有耐克、阿迪达斯、匡威、森马等，电饭锅品牌有美的、格兰仕、苏泊尔等，但是消费者还是会有自己的品牌倾向，在做选择的时候，他们总是倾向于其中的一种或者几种。品牌与品牌之间的不同，主要原因在于其品牌价值的不同，品牌为消费者创造的越多，消费者对其认可度和忠诚度越高，品牌的地位上升得越快，其价格的制定也越具有自主权。而创新是提升品牌价值的根本方法，这种创新可以来自产品形态、产品功能、产品设计、产品包装、销售渠道、售后服务、供应链和产品传播等。通过对这些环节中的某个方面进行改进，为顾客带来新的价值体验，从而提升品牌在消费者心目中的地位。在 2010—2013 年对世界品牌价值企业的排名中，排名前十位的公司里大部分是高科技的公司，像微软、谷歌、苹果、奔驰，它们连续多年位居排行榜前列，原因就在于其产品在互联网时代具有创新性，为消费者带来了更多的价值体验。苹果作为高端电子消费品和服务领域的佼佼者，不断用其产品和服务改变着大多数人的生活。苹果公司将其主要精力投入产品研发和渠道推广上，将制造环节分派给了富士康。它牢牢地抓住了产业价值链的两端，也是产品附加值最高的两端——因为利润极低的中间制造业环节只会拉低公司整体的盈利能力。

人类的第三个苹果

乔布斯认为领导者和跟风者的区别在于是否创新。

据统计，2013 年苹果公司的专利技术有 1 300 多个，是微软的一半，戴尔的 1.5 倍。可以说苹果公司的每一次飞跃都是创新带动的。

1976 年苹果电脑公司成立，Apple Ⅰ 面市。

1977 年，人类历史上第一台个人电脑 Apple Ⅱ 面市。

1980 年，Apple Ⅲ 面市，同年苹果 IPO，上市不到 1 小时，460 万股被抢购一空。

1981 年，Apple Lisa 面市，是全球第一款将图形用户界面与鼠标结合的个人电脑。

1984 年 Apple Macintosh 面市，配有革命性的操作系统。

1985 年，乔布斯被迫离开。

1997 年，乔布斯重返苹果。

1998 年，iMac 上市，重新定义了个人电脑的外观形象，获得"全球十大工业设计"第三名，成为最受追捧的个人电脑。

1999，糖果色的 iMac 上市，同年，iBook 上市，夺得美国消费类便携电脑的第一名和《时代》杂志的"最佳设计奖"。

2001 年，操作系统 Mac OSX 开发成功，同年，iTunes 网络音乐商店开始营业，iPod 发布。

2003 年，iPod mini 上市。

2007 年，智能手机 iPhone 上市，与 APP store 模式相结合。

2010 年，iPad 上市。

苹果在产品、性能、操作系统、渠道、服务等方面的差异化，一举击败了竞争对手，使之望尘莫及。

2011 年，苹果打破了诺基亚连续 15 年销量第一的垄断地位，成为世界第一大手机生产商。

综观苹果公司的发展历史，我们可以看到苹果是靠着全球领先的技术创造了自身的品牌神话，自 2010 年起，苹果已经连续 3 年稳居全球市值排行榜的榜首。

当然，苹果的创新远不止于此，它的"饥饿营销"、"捆绑营销"的营销模式，以及将硬件、软件、服务融为一体的商业模式，共同成就了今天的苹果。

下图 5.6 为苹果公司 2013 年的主营业务结构，可以看出其主营业务主要分为了 6 大块,主要包括手机(53%),平板电脑(19%),Mac 电脑(13%),配饰(3%),iPod(3%),iTunes、软件、服务(9%),其中手机业务占据了其主营业务收入的一半以上。

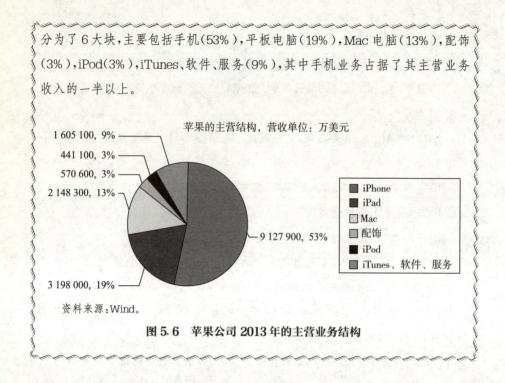

资料来源:Wind。

图 5.6 苹果公司 2013 年的主营业务结构

(二)品牌推广

创新对于一个企业的发展和竞争力的培养固然重要,但是创新不等于市场。品牌提升的目的就是为了将产品卖到消费者的手中,得到消费者的认可甚至依赖,提高产品的市场占有率。品牌是产品与消费者之间沟通的桥梁,在品牌和消费者之间,企业还需要一个渠道来沟通彼此,即产品推广。如今,打开电视是铺天盖地的广告,打开手机是各种推销的垃圾短信,打开电脑是各种垃圾邮件和百度推广,还有电线杆上的小广告和门缝、车篮里塞满的传单。在这个产品多样化、选择多元化的商品经济时代,消费者了解商品,认知品牌的主要渠道就是广告。广告之所以成为企业推广产品的主要手段,因为它可以最大面积地接触到消费者,让产品以最快的速度与消费者见面,通过每天不断地在黄金时段"狂轰乱炸",强化品牌在消费者心目中的地位。就是这些让人既爱又恨的广告,成为现如今我们了解一款产品的最有效手段。

品牌推广的手段远不止如此,还包括渠道推广、促销、网络推广以及自媒体的推广等。但是这些品牌推广的手段必须传达品牌的核心价值，宣传企业的文化。以品牌的核心价值为中心点进行品牌推广，才能起到真正的提升品牌价值的意义。

（三）改变传统的品牌观念——产品差异化路线

按照美国管理学大师迈克尔·波特的竞争优势理论，衡量企业绩效的核心标准是竞争优势。而品牌提升的目的就是为了借助于品牌的优势地位获得持久的竞争优势。对于品牌竞争优势的获得，我国企业长期以来存在着认识上的误区，认为品牌就是高质量、高价格。但是，质量只是品牌建设的一个必要非充分条件，产品的个性化和差异化才是品牌竞争力的关键。消费者也是分层次的，每个层次的消费者对于同样的商品，其消费需求也是不一样的。国内企业需要做的是针对不同的消费群体进行差异化的品牌管理。以雕爷牛腩为例，同是做拉面的，兰州拉面10元钱一碗，雕爷的鲍鱼金汤牛腩面一碗则要上百元。有人可能会反驳说它们的汤不一样，是的，但这都不是重点。兰州拉面的受众群体是低端的消费者，收入也许不高的群体；雕爷牛腩的消费受众是高收入者，追求生活品味，小资情调的白领。在雕爷家吃饭，消费者享用的每顿饭均有来历。只有港岛名流用得上的"鲍鱼金汤牛腩面"和"食神咖喱牛腩"，烹饪用水是农夫山泉，喝的矿泉水一个是奥巴马最爱"斐济水"，一个是因华盛顿得名的"盛棠水"。"雕爷牛腩"2013年5月开业，是目前中国第一家"轻奢餐"①餐饮品牌。现如今雕爷共开了5家分店，经营理念是"无一物无来历，无一处无典故"。在雕爷家用餐，消费的不仅是面和咖喱，更是环境、品味。轻奢餐的概念引入细化了餐饮市场，在快餐和正餐之间的这种划分，使得消费者又多了一项选择，可以根据自身的品味、身份地位和价值观选择合适的就餐场所，满足了他们对产品多样性的需求。通过这种差异化的品牌经营策略，在讲故事（企业的文化底蕴，缘起等）的同时，在企业品牌的核心价值观与消费者的价值观之间找到了契合点，使得消费者在精神层面认同这个品牌，形成品牌的忠诚度和美誉度。这种对企业文化和品牌核心价值观的认

---

① 所谓"轻奢餐"，指得是介于快餐和正餐之间的用餐感受，比价位低的快餐要美味和优雅，比价位高的豪华正餐要便宜实惠。

同是最为牢固的。

　　企业家不能只顾着生产。在商品化的社会，产品同质化现象突出，价格、质量、性能等基本上都已经趋同。企业要想消费者在众多的品牌当中唯独对自己的品牌情有独钟，就只能依靠差异化的战略，靠给消费者讲故事的方式，让其认同企业的文化和价值观，将企业的价值观与产品受众的价值观紧紧地绑在一起，让消费者形成对品牌的依赖。就像波特所说的，靠差异化和个性化形成的品牌才具有竞争力。

（四）与国际标准接轨

　　"外来的和尚会念经"这句话放在国内消费者对"洋"品牌的崇拜上一点都不为过。原因也显而易见。国外产品比国内产品无论是质量、设计，还是放心度方面都略胜一筹。以"洋奶粉"为例，2008 年三聚氰胺事件之后，国内的奶粉品牌几乎无人问津，一时"洋奶粉"充斥了中国的超市货架。虽说"洋奶粉"也不断爆出丑闻，但是调查显示国内的"奶爸奶妈"们还是更倾向于买"洋奶粉"。这是因为它们的生产方式更加透明，更让消费者放心。国外的奶粉企业，以新西兰为例，为每一头奶牛配了身份证，每一道工序均有记录。相比之下，国内的奶粉企业甚至没有自己的奶牛场，靠的是收购散户的牛奶加工销售，奶粉生产企业只管销售，负责市场的运营。而其他的两端——一端是奶源；另一端是奶制品的运输配送，它们统统不管。这样的企业显然无法确保生产出合格的奶粉和牛奶。当前国内企业在国内市场收缩，海外扩张无力的情况下，只能改变自身，慢慢地与国际标准接轨。只有达到了国际标准，才能得到国内消费者的认可，才能走向世界，成为世界的品牌。

（五）营造良好的宏观环境

　　以上主要是从企业微观层面介绍品牌提升的方法，但是企业发展与国家的宏观建设有很大的关系，离不开健康的市场环境、健全的法律建设和产业扶植政策。正如之前介绍的那样，如果不是 2008 年《反垄断法》的实施，汇源果汁早已不是中国的品牌了。此外，国内知识产权建设缺位，山寨企业、盗版生产和发行影响了我国企业和个人的创新动力，国内的市场环境充满了恶性竞争，这些都不利于企业品牌意识的建设和发展。国家应着力为企业的发展提供良好的环境，让企业之间公平有序地竞争。

本章小结

品牌塑造是提升企业和产业价值链的重要环节，也与实现经济强国的目标息息相关。品牌是长久的竞争力，是市场竞争的有力武器，在全球化时代，一个国家要想在经济上做大做强，除了加快科技发展外，还要关注品牌建设。

品牌塑造和高端价值链的布局远非一朝一夕之事。与瑞士钟表集团斯沃琪、日本汽车集团丰田和迪士尼等国外知名品牌相比，我国品牌建设的差距是非常明显的。

目前，我国企业普遍存在贴牌生产为主，自主品牌缺乏且不强，国内缺少大的跨国集团和行业标准，市场同行业恶性竞争严重，市场化程度不够，企业的竞争能力较弱、"山寨"遍地等诸多问题。主要原因在于三个方面：一是支撑品牌发展的产业基础薄弱。由于我国工业发展史较短，工业基础相对薄弱，改革开放以来我国一直都以"世界加工厂"形式存在，在国外市场上"中国制造"随处可见，这都说明我国企业缺少核心的竞争力。二是中国企业的品牌意识淡薄。"一流的企业卖标准；二流的企业卖品牌；三流的企业卖产品。"我们的企业现在做的其实是三流企业做的事情，缺乏品牌意识，对企业核心竞争力的理解不够。三是产品研发投入不足。研发投入较低使得我国本土品牌只有销量没有利润，产品集中在中低端市场，品牌缺少抗风险能力，竞争力不强而无法获得长久的生命力。

面对这些问题，需要从技术创新、品牌推广、发展产品差异化路线、与国际标准接轨、营造良好的宏观环境等微观和宏观层面进行全面完善。

|第六章|

动力主体：本土品牌创立与本土跨国公司培育

经济社会发展的根本性支撑在于微观单位活动力的增强，经济强国的基础还在于大批有竞争力的微观主体的存在。品牌经济对于一国的发展有着至关重要的意义，而品牌创立不是一个宏观意义上的概念，其落脚点还在于企业主体的充实，需要一大批本土跨国公司通过品牌的建立，实现一国经济实力的提高。这也是党的十八大和十八届三中全会强调建立本土跨国公司的战略意义所在。

第一节　品牌创立：企业主体与品牌经济

一、经济发展与动力主体

无论是增强综合国力，提高国民生活水平，还是增强我国的国际竞争力，实现经济强国的目标，从根本上来讲最终还是要发展经济。发展经济是实现既定目标的最有效的，也是最重要的途径之一。

经济发展是指一个国家或者地区摆脱贫穷落后的面貌，并从经济和社会上走向现代化的过程。从宏观上讲，经济发展不仅仅是指国民经济规模的扩大，还意味着经济发展和生活水平的提高。只有经济发展了，社会进步了，改革的成果才能惠及最广大的人民群众。没有人会质疑经济发展的意义，只有发展经济，政府才能够有足够的财政资金去实施更多的惠民政策，才能更好地提供公共服务。怎样才能保证经济以一个较快的速度增长，这不仅是困扰中央政府的问题，也是各个地方政府在绞尽脑汁想要找到的答案。从微观上来讲，一国经济虽然受政府宏观调控的影响，但是从根本上来说庞大的国民经济还是由一个个企业所支撑的。GDP 即国内生产总值是由一个个企业的经济发展构成的，国家职能实现的基础税收也是由一个个企业所缴纳的，所以国家经济发展的主体是企业，并且企业才是最灵活的，最有生命力的经济动力主体。在激烈的世界经济竞争中，站在第一线的是企业，决定竞争成败的是我国企业整体的核心竞争力。①

　　厂商理论是微观经济学的重要组成部分，即研究厂商行为及其行为对资源配置的影响。根据厂商理论，厂商才是市场经济中生产和组织的基本单位，生产相同产品的同类厂商组成一个行业。在不同的市场条件下，厂商通过对产量和价格的调整进行生产，并在长期的生产经营过程中形成自己的竞争优势。一个行业中厂商的数量、产品的特性、资源的配置等形成了不同的市场结构，包括完全竞争、完全垄断、垄断竞争和寡头垄断。各个行业的市场组成了宏观经济，厂商的经济行为以及不同行业的市场结构影响着整个宏观经济的发展。

　　从世界发达国家和地区的经济发展历程来看，无不是通过制定相应的政策，鼓励和推动企业尤其是中小企业而获得成功的。在全球 500 强的企业当中，美国和日本占了多数，但是美国和日本的中小企业也是最多的。美国是世界上中小企业最多的国家，其中小企业是国民经济的重要组成部分，在缓解就业压力、技术创新以及推动经济发展上起到了重要作用。而另一个国家日本虽然近十年来经济一直在走下坡路，但是其经济仍然可以傲视全球。根据国际货币基金组织 2011 年的数据，日本的人均 GDP 为 45 920 美元，排在第 18 位，美国排在第 14 位，而中国的人均 GDP 只有 5 414 美元，排在第 89 位。②日本之所以能够取得如此多的成

---

① 段瑞春：《创新型企业：知识产权与品牌战略》，《中国软科学》2005 年第 12 期。

② 数据来源：国际货币基金组织网，http://www.imf.org/external/chinese。

绩，更多的还是靠小企业。仅丰田一家公司的生产就需要几千家小企业为其生产配套的零件，从而带动了当地的经济发展，使得丰田镇从默默无闻、无人知晓的小镇一举成为举世闻名的汽车生产基地。我国要想缩小与美国和日本的差距，还是要大力发展中小企业。

我国的中小企业在过去的 30 多年里获得了巨大的发展，根据 2011 年的数据，以个人独资企业等形式成立的大约有 1 100 万家，以个体户形式设立的约有 3 600 万家，共计 5 000 万家左右。从数量上看，中国的中小企业数量已经相当大了，并且它们对经济发展做出了很大的贡献。国务院发展研究中心企业所副所长马骏表示，中国的中小企业在我国经济发展过程中发挥了非常巨大的作用，中小企业占中国企业数量的 98% 以上，对中国新增就业岗位的贡献是 85%，占据新产品 75%，发明专利的 65%，GDP 的 60%，税收的 50%。①所以不管是就业、创新，还是经济发展都非常重要。但是我国的中小企业发展还存在着很多的问题。由于设立门槛低，我国的中小企业大多规模较小，并且以劳动密集型产业为主；此外，我国的中小企业在运营过程中也存在融资难等问题。

中小企业的发展对我国的经济发展意义重大。中小企业是保证国民经济平稳增长的重要力量，也是转变经济发展方式的重要主体，是我国经济发展的主力军。我国十分关注中小企业的发展，出台了《中小企业促进法》，国务院也出台了一系列中小企业指导意见。但由于中小企业发展的一些先天性的缺陷，我国的中小企业平均寿命只有 3—5 年。根据国家工业和信息化部 2011 年出台的数据，规模以上中小企业亏损面达 15.8%，同期增长 0.3%，亏损额度增长率高达 22.3%，而规模以下的小企业亏损更加严重。国家工信部表示，中小企业的亏损有扩大的趋势，特别是规模以下中小企业的亏损面在加速扩大。因此，在促进企业发展这条路上，我国还有很长的路要走。

在全球 100 大经济体当中，51 个是企业，只有 49 个是国家。通用汽车与福特汽车的营业额比所有非洲国家的 GDP 总和还要高，沃尔玛的营业额也比大部分东欧国家的 GDP 总和要高。②在经济全球化的今天，企业正在扮演着越来越重要的

① 马骏：《中国中小企业占中国企业数量的 98％以上》，新浪财经，http://finance.sina.com.cn/hy/ 20120426/100211929864.shtml。
② 诺瑞娜·赫兹：《当企业收购国家》，浙江人民出版社 2007 年版。

角色，它们不仅承担了经济发展的重任，还承担了一定的社会责任。所以企业不仅是国民经济的组成部分，还是国家这台机器的发动机，并且这台发动机正在世界范围内扮演中越来越重要的角色。

二、企业竞争与品牌的创立

企业是构成产业的基础，是国家经济的构成单元，从这个意义上说，企业竞争力关系到一个地区乃至国家的经济发展，是国家综合国力的构成部分，所以研究企业竞争力就显得尤为重要。

（一）企业竞争的含义

目前对于企业竞争力国内外学者还没有统一的定义，对于企业竞争力的特征和表现也都是各持己见。金碚（2001）认为，企业的竞争力有效地向市场（消费者包括生产性消费者）提供产品或服务，并获得赢利和自身发展的综合素质。[1]根据这个定义，企业竞争力应该是在竞争性和开放的市场中的，在垄断的市场状态下谈不上竞争。一个企业的竞争力应该是与另外一个企业对比的情况下产生的，并且这种竞争力能够给消费者和企业带来双赢，是企业长期存在的一种优势。林本初、冯莹（1999）从经济学和管理学的角度来衡量企业竞争力。从经济学上讲，根据利益最大化的理性经纪人的假设，企业总是最求利润最大化的，那么对于企业来说，企业的竞争力就表现为企业的赢利能力。获利能力越强的企业，其生存能力必然也越强。从这个角度上来讲，有人将企业的竞争力理解为企业的长期获利能力。[2]马庆喜、方淑芬（2005）则认为，企业的竞争力应体现在产品市场和企业资源的能力上。[3]产品是企业竞争力的最终体现，企业竞争力很大程度上是由产品的竞争力所决定的。企业的资源是企业发展的基础，是企业的潜在竞争力。

综合以上学者的观点，笔者认为企业竞争力就是企业在竞争的市场环境下，

---

① 　金碚：《论企业竞争力的性质》，《中国工业经济》2001年第10期。

② 　林本初、冯莹：《企业竞争力的一般理论及其定量分析》，《当代经济科学》1999年第11期。

③ 　马庆喜、方淑芬：《企业竞争力理论及共评价研究》，《商业研究》2005年第2期。

通过整合利用自身的资源，以产品的形式呈现的，区别与竞争对手的一种能力。这种能力是长期的、盈利的、系统的，全面的。

（二）品牌是企业的核心竞争力

企业竞争力的表现分为内部因素和外部因素，内部因素是指企业内部在生产经营过程中，通过长期的管理和业务活动形成的优势，包括技术、人力资源、生产设备、产品、品牌等。外部因素是指企业所呈现的整体竞争能力，是企业竞争力的外在表现。从财务指标看，包括企业的资产结构、资产质量、成本管理、利润等。一些非财务的指标有市场占有率、售后服务指标等。在经济全球化日益深入，市场化日益细致，产品和服务日益精密的今天，企业作为市场竞争的主体将直接面临品牌管理所带来的挑战。[1]在信息化高速发展的今天，企业拥有更多的途径去宣传自己的产品和品牌，铺天盖地的广告宣传能让消费者在短时间内知道企业的品牌，但也使得企业的产品和服务越来越呈现同质化，品牌更新的速度很快，很难长久，一些百年老店显得尤为珍贵。在竞争日益激烈的产品市场，一个产品或者一项技术很难长期保持优势，但是品牌却能长盛不衰，因此建立并管理好自己的品牌是每个企业的"必修课"。

如果将品牌拆分开来看，品牌分为"品"和"牌"，"品"首先是指企业的产品，产品是企业真正展现在市场上的物品，其次是指产品的品质；"牌"是指企业的商标以及附着在商标上的知识产权类的信息。而企业关于产品的所有信息最终都会集中体现在品牌上。品牌首先是一个企业区分其产品与市场上其他产品的一个标签，所以品牌要有辨识度。企业的产品可以一样，但是品牌不能相同。品牌又不仅仅是一个标签，它承载了很多信息，包括企业的口碑、信誉、产品的品质等，是企业对消费者的一种承诺；其次，品牌是企业无形资产的一部分，是企业产品、信誉、影响的高度概括，消费者通过品牌来认识企业，了解企业；另外产品是品牌的载体，品牌的质量、品味等信息通过产品的形式表现出来，而品牌又为消费者在选择时提供了重要的信息，所以品牌与产品是相辅相成的。品牌是系统的，它包涵了企业信息的方方面面，是企业实力的综合体现。对于消费者而

---

① 马庆喜、方淑芬：《企业竞争力理论及其评价研究》，《商业研究》2005 年第 4 期。

言，品牌是企业对自己产品的一种承诺，它有利于消费者在眼花缭乱的商品中做出选择，降低了消费者选择的机会成本。对于企业而言，品牌是企业在长期的生产经营过程中形成的无形资产，是企业宝贵的财富。

（三）品牌对企业的发展有着重要的意义

品牌就像是企业在消费者头脑中设立的一个账户，企业在消费者心目中的地位，那是属于企业的、不为他人所动的专属空间。[①]好的品牌在消费者心目中拥有绝对的存在意识，就像每次苹果发布新款 iPhone 时，总是有一批近乎狂热的"果粉"排队购买，雷军也总能收获一批坚实的"米粉"。而品牌的生命力有时比企业还要强大，甚至有一些企业虽然倒闭了，但其品牌依然屹立不倒。

企业之间的竞争分为价格竞争和非价格竞争，价格竞争就是通过降低价格来挤压竞争对手的市场，非价格竞争的形式则多种多样，包括资源竞争、管理竞争、人才竞争，而品牌竞争涵盖了价格竞争与非价格竞争。品牌竞争就是指企业以品牌作为市场竞争手段的一种竞争方式。进入 21 世纪后，品牌显得尤为重要，企业之间的竞争已经不再是商品之间的竞争，而是品牌之间的竞争。品牌作为企业无形资产的一部分，是企业未来获得收益，提高市场份额的一种保证。企业的商品很容易被模仿，可是品牌是不可能在短时间建立起来的。品牌才是企业最有生命力的资产，是企业长盛不衰的秘诀，所以实施品牌战略，提升品牌竞争力是21 世纪后期企业战略的重要选择。品牌战略也确实有着实际的意义：首先，品牌战略是产品销量的保证。强大的品牌在消费心目中总是具有一定的感召力，品牌也渐渐成为消费者选择商品时首先考虑的因素。现今的市场竞争也越来越表现为品牌之间的竞争，品牌的优劣影响甚至决定了企业的成败。其次，树立品牌战略有利于企业建立良好的企业形象和企业信誉。品牌不仅仅是产品外在的贴牌，它包含了企业对消费者的一种承诺，包括对产品质量的承诺、售后服务的承诺等，是企业对商品的一种担保。所以树立品牌战略的企业十分重视对品牌的管理与维护，监督和保证产品的质量。再者，树立品牌战略能够给企业带来长期的经济利益。品牌是产品的核心内容，但是品牌又不仅仅是产品，同一个品牌可能存在多

---

① 　片平秀贵：《品牌的本质是发现梦想》，东方出版社 2010 年版。

种产品。产品的生命周期是有限的，随着时间的推移，有些产品最终会淡出人们的视野，但是品牌的生命力远比产品强大。并且品牌战略最直接的好处就是巨大的市场份额和高额的垄断利润，这种优势是长期的。

品牌战略最直接的目的就是树立企业产品和服务在市场中的良好声誉，增加产品市场份额，取得巨大经济效益。从长远来看，品牌战略则是要实现品牌和企业的壮大和持续发展。①

品牌是企业在激烈的市场中一个至关重要的法宝，综观现今的市场，有关品牌的争夺比比皆是。以加多宝和王老吉为例，王老吉是广药集团旗下的品牌，创立于清道光年间（1828 年），是公认的"凉茶始祖"。2000 年广药集团授权许可鸿道集团在红色罐装凉茶饮料上使用"王老吉"的商标，期限从 2000 年 5 月～2010年 5 月，共 10 年。在 2010 年之后双方就"王老吉"的商标权展开了激烈的争夺，经过 1 年多的拉锯战，王老吉"商标战"落幕，广药集团最终战胜加多宝收回了王老吉的商标使用权。再以"太阳雨"为例，"太阳雨"现在已经是中国的驰名商标，但是为了这个商标，太阳雨太阳能有限公司的董事长徐建新苦苦追求了 8年，十上北京，七下西安，还因为商标侵权成为被告，官司输了赔偿了对方 20 万元。后与原告协商，历时 8 年时间，前后花了 200 万元才获得了"太阳雨"的商标。②以上两个案例都体现了品牌对于企业的重要性，它不仅仅是商标，而关系着企业经营管理的方方面面，也关系着企业的长远发展。

三、品牌影响力与知识产权

（一）品牌影响力的内涵

从社会心理学的角度看，行为者对目标的影响有三个维度：态度、行为和认知，并且态度、认知、情感、倾向性和行为是一个有机的整体，而且相互关联。因而，品牌作为营销手段中积极主动的一方，对消费者同样存在态度、行为倾向和

---

① 张新丽：《浅析我国企业的品牌战略管理》，《改革开放》2009 年第 12 期。
② 《太阳雨商标的八年苦旅》，中国能源信息网，http://solar.nengyuan.net/2009/0810/9671.html。

认知上的影响作用，①这个我们称为品牌的影响力。刘凤军等（2012）认为，品牌影响力包括消费者的品牌态度、品牌购买及推荐意愿和消费者的企业认同。②品牌态度是指消费者在挑选同类产品时对品牌的看法，可以简单地分为喜欢和厌恶，或者中立。消费者不一定会购买或立刻购买，但是一个喜欢该品牌的消费者，至少是该品牌的一个潜在购买者。品牌的购买则涉及消费者的购买行为，以及消费者在挑选同类产品时会不会选择这个品牌。消费者在挑选某个或某种产品时，会有多方考虑，会做多种比较，而品牌是他们考虑的一个很重要的因素，品牌的影响力也会体现在消费者的购买意愿和购买行为上。推荐意愿是比前两个更高一级的品牌影响力，消费者愿意把品牌推荐给其他人，说明他已经成为该品牌的忠实客户，并且这种形式的推荐比任何广告都要管用。这就是品牌影响力的辐射作用：从一个消费者推广到更多的消费者。消费者对企业的看法是最高层次的品牌影响力，消费者从认同产品到认同品牌，最后表现为对企业的认同。这种认同是对企业最高形式的肯定，是品牌影响力的表现之一。所以品牌的影响力涉及消费者购买行为的方方面面，从前期的态度到真正的购买行为，再到购买之后的感受和行为，可见品牌的影响力是相当深远的。

（二）品牌影响力是企业扩大市场份额、获得超额利润的保证

一个实体在开始有了自己的客户和市场之后，就已经有了自己的品牌。而此时的品牌只是一个区别其他产品的商标而已，大部分企业所谓的"做品牌"以及政府主管部门所提倡的品牌建设，其实质是做品牌的影响力，而不是品牌本身。③企业在有了自己的品牌之后，就必然想要做大做强，使产品更有吸引力，使品牌更有影响力。品牌最大的价值也正是在它的影响力，影响着消费者的行为和心理，从而实现市场份额的扩大。一个没有影响力的品牌，单纯只是一个具有辨识度的贴牌而已。

世界品牌实验室将品牌影响力定义为企业开拓市场、占领市场、获得利润的

---

① 刘凤军、李敬强、李军：《企业社会责任与品牌影响力的关系的实证研究》，《中国软科学》2012年第1期。

② 同①。

③ 张亚晨：《品牌的核心内涵》，《家电科技》2011年第9期。

能力。世界品牌实验室将品牌影响力的作用定义在市场上，占领市场、扩大市场份额是企业的经营目标之一。品牌的影响力最终还是要经过市场的检验。产品是品牌的载体，一种产品，尤其是新产品，能否打开市场，品牌是一个至关重要的因素。品牌的影响力能够使产品很快打开市场，进而占领市场，实现市场份额的扩大。品牌的影响力也是企业利润的保证。品牌使得企业避免陷入价格竞争漩涡，企业能够长期保有利润，甚至是超额利润，很大一部分原因就是品牌影响力。

（三）知识产权与品牌

品牌是一项巨大的无形资产。它的本质属于知识产权，拥有创新能力和知识产权才能成功向自主品牌迈进。[①]根据世界知识产权组织对知识产权的定义，知识产权是智力创造成果：发明、文学和艺术作品，以及商业中使用的符号、名称、图像和外观设计。知识产权是法律用来保障创新成果的所有人的一种政策工具。它规定了创新成果的所有者、使用权以及由此产生的利益，是对创新成果所有人的一种保护。根据上面的定义，品牌本就应该属于知识产权。段瑞春（2005）认为，品牌是由多种多样的知识产权集合而成的。[②]

品牌的发展离不开创新，创新使得企业能够始终走在行业发展前列，并且能够长期拥有品牌优势，获得垄断利润。而创新成果是以知识产权的形式展现的，知识产权是对企业创新成果的保护，也是对企业创新成果的一种法律保障。所以品牌的发展也离不开对知识产权的开发与保护。

根据 WTO 的规定，知识产权是私权，是企业把技术优势、知识优势、品牌优势转化为市场竞争优势的法律武器，是运用法律手段对抗侵权。[③]所以说知识产权和品牌影响力一样，也是相对的，是相对于竞争对手而言的，是一种"人无我有"的优势。这种优势是长期的，是可以获利的，是企业竞争优势和企业实力的一部分。

国内外关于知识产权优势的研究很多。郭民生等（2003）对知识产权优势做

---

① 唐珺:《自主品牌与知识产权的思考》，《机电工程技术》2007 年第 1 期。

② 段瑞春:《创新型企业：知识产权与品牌战略》，《中国软科学》2005 年第 12 期。

③ 程恩富:《构建知识产权优势理论与战略——兼论比较优势》，《当代经济研究》2003 年第 9 期。

出了定义，知识产权优势就是在经济全球化的国内外市场竞争中，强者（如发达国家、跨国公司等）通过其成熟的市场制度和制定新的游戏规则，把自己的人才、技术、管理和文化等方面的优势转为市场垄断优势——知识产权优势，在创造、占有、转化和运营知识产权资源及其他生产要素的过程中，始终使自己处在全球产业链的高端和市场竞争的优势地位，以最大限度地提升核心竞争能力，并获取长远的、直接的利益。[1]知识产权是强者的一种体现，尤其是在这个日益发达的信息社会，一个没有知识产权的公司很难形成自己的优势，也很难打开全球市场。上海财经大学的程恩富（2003）认为，知识产权优势是指通过培育和发挥拥有自主知识产权的经济优势，是相对于比较优势、竞争优势的第三种优势。[2]知识产权优势以技术和品牌为核心，是企业在经营管理过程中开拓市场、占领市场的主要工具和手段之一。进入21世纪以后，尤其是中国加入世贸组织之后，知识产权的争夺愈演愈烈。知识产权优势是一种广义的"软实力"。在经济全球化的今天，知识产权与货物贸易、服务贸易一起，成为WTO的三大支柱之一。知识产权的优势体现在拥有知识产权的企业对市场的控制，这种控制不仅体现在市场占有率上，还体现在对市场价格的控制上。知识产权使得企业之间的竞争更加复杂，它抬高了企业竞争的门槛，也保障了企业的垄断利润。

　　企业的技术创新、专利、商标、驰名商标、商业秘密、专有技术和标准都是支撑企业品牌的，没有知识产权就没有品牌。[3]没有知识产权的品牌是没有生命力的，也是无法长期发展的。知识产权支撑着企业品牌，是品牌的灵魂，而品牌的本质也是知识产权。知识产权的最终成果是通过品牌以及该品牌的产品表现出来，并通过品牌和产品达到占领市场的目的。所以，品牌战略和知识产权战略二者有着很大的共同性。

---

①　郭民生、郭铮：《知识产权优势——理论探析》，《知识产权》2003年第6期。
②　程恩富：《构建知识产权优势理论与战略——兼论比较优势》，《当代经济研究》2003年第9期。
③　李明星：《基于品牌创新的企业知识产权战略及其运用研究》，武汉理工大学博士学位论文2008。

第二节　动力主体：跨国公司培育与品牌经济竞争力

一、经济强国目标和本土跨国公司群体的建立

（一）经济强国指标

经济强国是指经济发展规模大、实力强并且在未来具有较大发展空间和潜力的国家。经济强国与经济大国有着本质的不同，经济大国仅仅表现在经济总量、国土面积、人口等指标上，国际上也主要以 GDP 为衡量指标，但是经济强国则对经济的发展状况有更高的要求，不仅仅是指经济规模。

经济强国可以用国内生产总值的世界占比、科技创新水平指数、服务业产业占比、城市化率和国际储备货币占比五个综合指标来量化，[①]以国内生产总值的世界占比和科技创新水平指数为主。GDP 即国内生产总值是指一定时期内一国全部最终产品和劳务的总和，是一国经济发展的衡量指标，在一定程度上表现了一国经济发展状况。国内生产总值的世界占比是指一国的经济占世界经济的比重，反映了一国经济发展在世界范围内的影响，从全球的角度来衡量经济发展。国内生产总值的世界占比同样是经济大国的衡量指标，所以经济大国不一定是经济强国，但经济强国一定是经济大国。

科技创新水平指数体现的则是一国的科技发展水平，是经济质量指标。科技创新是经济发展的强大动力，高新技术产业具有技术水平高、利润高、低污染等特点，大力发展高新产业是很多国家的经济发展策略。所以科技创新水平是衡量一国经济健康发展的指标，一个科技创新水平高的国家，企业更加具有竞争力，经济具有更大的发展潜力。服务业产业是有别于农业和工业的第三产业，服务业产业占比体现了一国的产业结构状况。合理的产业结构能够使国家始终处于全球

---

① 　魏礼群：《由经济大国到经济强国的战略发展战略》，《全球化》2013 年第 6 期。

价值链的高端，并且对本国经济科学合理的发展是大有裨益的。科学发展观的基本要求是全面协调可持续，所以经济发展必须是全面的、可持续的。

薛寒冰指出，经济强国的标准应该是文化产业的比重。在国际上，发达国家的文化产业占国内生产总值 10% 以上，美国甚至高达 25%，所以以文化产业的占比来衡量经济强国是有依据的。根据马斯洛需求理论，人的需求首先是生理层面的需求，当生理需求得到满足后，才有可能去追求其他更高层次的精神需求。所以当社会发展到一定层度，人的生理需求基本被满足后，精神层面的满足是必然的选择，此时文化产业的占比将会越来越高。文化产业所带来的消费、投资将会进一步拉动经济增长，精神文化消费的增长是社会发展的必然趋势。对于大部分国家来说，也只有工业和农业高度发达之后，国内的文化产业才会迅速、高度地发展壮大。所以文化产业的占比也是衡量经济强国的一个目标。

笔者认为，除了上述的这些指标外，对外贸易也应当成为衡量经济强国的一个因素。首先，对外贸易使得出口国企业面对的不再是本国的市场，而是全球市场，销售的市场规模比本国市场要大很多。全球市场的拓展是一个优化资源配置的过程，使得资源往更有效、更有利于企业发展的地方流动；其次，对外贸易的不断扩大能够给出口国带来大量的外汇储备，同时也会提高出口国的储蓄，这些都是有利于经济发展的因素；另外，对外贸易有利于产业结构的优化升级。对外贸易使得出口国的企业要不断调整生产满足国际市场的需求。在不断对外交易的过程中，一方面，出口国能够学习到别国优秀的经验，另一方面，国际市场也会促使企业做出调整，从而影响整个国家的产业结构。

（二）本土跨国公司才是经济强国的动力主体

张幼文（2002）也指出，经济强国是一个国家在国际上的相对地位，以及这种地位对其他国家的意义。经济强国不能简单地理解为经济规模或人口规模，庞大不是强大。①也就是说，经济强国是一个相对的量，是相对于其他国家而言的，单纯一个国家说自己强或者不强是没有任何意义的，所以经济强国应当有一个国际的标准。

———————

① 张友文：《建设经济强国的目标和机遇》，《世界经济研究》2002 年第 12 期。

综观西方经济发展史，大国的复兴不外乎四种模式，第一种是外向扩张主导、贸易型经济强国模式，比如 16 世纪的葡萄牙和西班牙；第二种是制度技术创新领先、工业主导型经济强国模式，比如美国和英国；第三种是技术与工业支撑下的武力侵略型经济强国模式，比如日本和德国；第四种是以法国和俄罗斯为代表的混合型经济强国模式。①不管是哪种模式，在现今这个时代、这个社会，都不可能再以单一的模式重现。每个国家的经济发展状况，人口和地理环境都不一样，对于任何国家来说，经济强国的模式都是不可复制的，但是其中的科技创新和经济发展的经验，对于现在的发展中国家来说，是有参考和借鉴意义的。而科技创新与经济发展的动力和主体是企业，所以以跨国公司为代表的大企业才是经济发展的"火车头"，才是经济强国目标实现的主体。

（三）跨国公司及其对经济强国的意义

联合国贸易与发展委员将跨国公司的描述定义为：跨国公司是由母公司及其在外的分支机构组成的股份制或非股份制企业。所以跨国公司至少具有以下几个方面的特点：第一，跨国公司一般都是具有较大的生产规模和经济实力的大公司，至少是在国内具有领先地位的企业。这个公司拥有先进的技术和雄厚的资金，拥有较大的市场份额，能够在一个行业中长期处于垄断地位，并享有垄断利润。第二，跨国公司一般都具有完整的决策机构和最高决策中心，各个子公司或者分公司可以根据当地的情况做出自己的决策，但是必须服从总公司最高决策中心的指导。第三，跨国公司一般都从全球战略出发，安排自己的生产经营活动。跨国公司的目标是全球市场，而不仅仅局限于本国，对国际市场有一个全局性的把握。

当代世界经济基本上是在资本主义生产经营方式占统治地位的前提下，不同国别、不同地区、不同体制的经济相互依存、相互影响日益加强的世界经济。在这种格局中，跨国公司的发展显示出一些对人类整体文明发展有益的积极功能。②跨国公司的积极作用表现在：第一，资源的优化配置。从规模经济的角度来

---

① 柳思维：《西方经济强国模式类型及中国特色经济发展模式的思考》，《湖南商学院学报》2010 年第 4 期。

② 郭宝宏：《关于当代跨国公司的几点认识》，《宁波大学学报》（人文科学版）1999 年第 6 期。

看，跨国公司的发展有利于资源的优化配置。跨国公司通过跨国经营，能够使资源跨区域、跨国界地合理流动。跨国公司在追求超额垄断利润的同时，也使各种生产要素和资源冲破国界和地区的限制，在世界范围内获得广阔的活动空间，在行业领域获得最优化配置。①第二，跨国公司的发展有利于科技水平的提高。跨国公司一般都是实力雄厚的大公司，这些公司的科研投入是其他小公司所无法比拟的。科研投入是科学技术发展的保证，跨国公司依赖这些科技创新和知识产权来实现自己的垄断地位。第三，跨国公司的发展能够丰富社会的物质财富。跨国公司的发展不仅为母国的市场带来了更为丰富的物质文化财富，满足了母国消费者的需求，还将这些优势产品带到了国外，满足国外消费者的需求，这对经济发展是大有裨益的。物质文化的极大丰富不仅能够刺激消费，还能够带动投资，进一步推动经济的协调发展。第四，跨国公司是经济全球化的主要推动力量。跨国公司对发展中国家的发展有借鉴意义，也进一步推动了经济全球化和文化的交流与融合，对于人类文明和发展是有积极意义的。

在经济全球化日益深入的今天，经济活动早已不在局限于本国范围内了，作为经济全球化活动载体的跨国公司在世界的舞台上扮演着越来越重要的角色，发挥着越来越重要的作用。在日益复杂的国际社会，跨国公司应当而且也可以为经济强国的目标贡献建设性的力量。

二、跨国公司及其品牌战略

（一）品牌战略是跨国公司最主要的战略

跨国公司在对外直接投资的过程中往往会有三种武器，抑或是优势：高品质的商品和核心技术、雄厚的资本、强势的品牌。然而在这三大战略当中，品牌战略是跨国公司普遍使用，并且也是最有效的战略。跨国公司的最大优势不在雄厚的资金实力，而在于拥有强势的品牌。②随着信息化和经济全球化的高速发展，产品的生命周期越来越短，跨国公司所固有的品质和技术优势将越来越不明显，

---

① 郭宝宏：《关于当代跨国公司的几点认识》，《宁波大学学报》（人文科学版）1999 年第 6 期。
② 张红明：《跨国公司在中国的品牌战略》，《国际经贸探索》2002 年第 12 期。

并且高品质的产品很容易被模仿，核心技术在对外投资的过程中也存在外溢的风险，只有品牌战略，才是跨国公司必须始终坚持并将长期贯彻落实的十分有效的战略。

品牌战略是企业为通过创立市场良好的品牌形象，提升产品知名度，并以知名度来开拓市场、吸引顾客，扩大市场占有率取得丰厚利润回报，培养忠诚品牌消费者的一种战略选择。①在经济全球化的背景下，品牌战略逐渐成为企业经营战略的核心，尤其是对于现代化的跨国公司而言更为重要。大部分的跨国公司在对品牌进行管理时主要分为三个方面：首先是"贴牌"效应。"贴牌"效应是指拥有优势品牌的企业，为了降低生产成本或者是获得优势资源，委托其他企业进行生产，并向这些企业提供设计参数和技术支持以满足企业对产品质量的要求。贴牌使得企业实现了品牌与生产的分离，使得负责生产的企业能够专注于生产，而品牌的持有者能够专注于品牌的管理以及新技术的研发。贴牌生产是社会化大生产的结果，是经济全球化的必然趋势，也是资源合理化配置的有效途径之一。其次，跨国公司为了保持企业的品牌优势，对新技术和新产品的研发投入是相当大的。跨国公司十分重视对知识产权的开发与保护，也只有技术和产品方面的优势才能使跨国公司始终处于领先地位。另外，跨国公司对品牌管理也十分重视，其不断调整品牌管理策略，以为了适应经济全球化的进程。在品牌的组合上，跨国公司加紧构建和谐的品牌组织，大举精简品牌的数量，着力培育旗帜品牌，重视发挥品牌间的协调作用；在品牌的功能上，不再把品牌仅仅看成对外宣传的工具，企业开始关注品牌的内部作用；在品牌的管理体制上，突破了传统品牌经理制的束缚，开始建立多层次的品牌管理体制。②

（二）全球品牌战略与战略本土化

跨国公司的品牌战略不仅涉及公司在母国的品牌经营战略，还包括跨国公司在东道国的品牌经营战略，不仅包括企业产品，还包括跨国公司在生产经营过程中与品牌相关的一切经营策略的组合，包括品牌的定位、品牌的包装以及品牌的

---

① 胡雄斌：《品牌战略与企业选择》，《武汉工业学院学报》2003 年第 3 期。
② 范秀成：《论西方跨国公司品牌管理的战略性调整》，《外国经济与管理》2000 年第 10 期。

运营等方面，是一个庞大的极其复杂的战略系统。

跨国公司在品牌战略的选择上一般有两种方案：一种是全球品牌战略，一种是品牌本土化战略。所谓全球品牌战略，是指跨国公司在统一的营销战略指导下，在全球各个市场展开营销的品牌，它使用相同的市场定位和相似的营销组合。①跨国公司选择全球品牌战略一方面是因为在信息和科技高速发展的今天，世界越来越呈现融合的趋势。"地球村"被世界范围内的人所认可，新闻媒体的传播以及交通工具的极大便利使得一国的生活方式和价值观能够更加方便快捷地传递到地球另一边的国家。另外，全球的年轻顾客正在成为消费的主体，他们的生活方式越来越体现出同质化的趋势，这就为全球品牌战略的实施提供了可能。另一方面，全球品牌战略能使跨国公司获得生产和分销的规模经济，保持企业品牌形象的一致性。跨国公司能够充分利用企业已建立的品牌优势，在品牌的推广和营销方面拥有很大的优势，提高了品牌营销的效率，降低了营销的成本。全球品牌战略已经成为跨国公司整体战略的主体部分，全球品牌能够极大地加快跨国公司进行全球市场扩张的速率，形成竞争对手难以竞争的、模仿的优势，并在全球市场上带来极高的投资回报。②

另一种与全球品牌战略相对的即为品牌本土化战略。品牌本土化战略就是指企业以消费者为核心，以当地的消费者的观念而不是以企业的观念、商家的喜好为准绳，如果它们之间存在不一致或不协调，企业必须随客户的观念而改变，实质是跨国公司将自己的品牌观念与当地社会文化融合，以减少当地社会对外来品牌的抵制情绪。③品牌本土化战略是跨国公司品牌战略中十分重要的战略，也是十分有效的战略。跨国公司应该实行针对东道国特殊环境、文化、习俗，能够适应"风土人情"的品牌战略。各个国家的传统、文化存在着很大的差异，这种差异使得全球的广告推广很难达到预期的效果，东道国的居民甚至会对标准化的品牌推广存在一种排斥心理。所以跨国公司在经营管理和品牌推广的过程中，应当注意当地的习惯和风俗，减少跨国经营所带来的风险。

笔者认为，没有哪种模式是可以一劳永逸、天下普适的，任何战略都有自己

---

①　甘碧群：《谈跨国公司的全球品牌战略》，《财贸研究》2002 年第 8 期。

②　吴晓云、卓国雄等：《跨国经营：全球品牌战略与本土化管理》，《管理世界》2005 年第 10 期。

③　吕本友：《跨国公司在华品牌本土化战略与启示》，《特区经济》2006 年第 11 期。

的优势和劣势，企业应当根据自身的情况、东道国的历史以及国际环境综合进行评价和考量，在标准化和适应性之间找到一个平衡点。在实行全球品牌战略时，也并非要求市场营销组合和营销执行完全一致，企业应当根据当地的情况做出调整。跨国公司的品牌战略应当是在全球品牌战略的基础上的品牌本土化战略。

以麦当劳为例，麦当劳是全球最大的快餐连锁店，它遍布全球六大洲 119 个国家，拥有 32 000 间分店，被认为是美国生活方式的一种代表。麦当劳在全球都是使用那个略带滑稽又有点温馨的小丑叔叔形象，它向全球的消费者传递着一种观念，即麦当劳是个能够给人带来快乐的地方。麦当劳一贯的高标准要求，对食材的精挑细选，烹饪方式的标准化，以及对出柜时间的苛刻要求，使它在全球很多国家都取得了极大的成功。

综合上述观点，无论是全球品牌战略还是品牌本土化战略，都有自己的适应性，跨国经营的公司也应当基于这种适应性，选择企业的品牌战略。

三、跨国公司与超额垄断利润

（一）跨国公司垄断优势的来源

在理解跨国公司的垄断利润之前，我们首先要明白跨国公司垄断优势的来源。加拿大经济学家斯蒂芬·赫伯特·海默率先提出了垄断优势理论，即以企业优势为中心的直接投资理论。海默认为，跨国公司所特有的垄断或寡占优势是其实现跨国经营的必要条件，并且这种优势来自两个方面的假设，一个是"市场的不完全性"，一个是企业"独占性生产要素"优势。完全竞争市场有着诸多苛刻的条件，然而现实生活中这种完全竞争的市场是不存在的。如果跨国企业都存在于完全竞争的市场当中，就没有办法控制或决定市场的价格，也就没有垄断优势可言了，那么跨国公司就不会选择对外投资。市场的不完全竞争来自几个方面，一方面是商品市场，包括商品的特异化、商标、特殊的市场技能等；一方面来自要素市场，包括知识产权、难以获得的资本等；还有就是企业的规模经济、外部经济以及政府的干预，包括税收、利率、汇率等。企业独占性生产优势是指跨国所具有的而其他企业所不具备的垄断优势，从现今的全球市场来看，这一优势主要是知识产权优势。企业跨国界运营存在很大风险，可能会面临着当地文化、习俗等方面的差异，所以只有当企业具备了一种或多种东道国所不具有的垄断优势，并且利用这些优势可以抵御跨国经营可能发生的风险时，才会选择跨国经营。这种垄断优势理论解释企业跨国经营的原因和前提，有一定的合理性。①

但是海默的这种理论始终以特定优势为前提，并且似乎暗示着，没有特定优势的企业就不可能对外直接投资，存在一定的局限性。在现今这个信息高速化的社会里，没有一个公司可以长期保持着某些或某种优势，也不可能在各个方面、各个领域都存在优势。而且在产品生命周期越来越短的情况下，跨国公司的这种优势将越来越不明显。在这种情况下，企业的比较优势理论应运而生。企业的比较优势理论以比较优势而不是绝对的垄断优势为基础，强调区位和产业选择的重要性。企业对外直接投资并不一定要有绝对的垄断优势，企业很难获得并长期保持绝对的垄断优势，这就为广大发展中跨国公司的发展提供很好的理论支持。

但是与大卫·李嘉图的比较优势理论一样，这种比较优势理论同样存在局限性。比较优势的误区在于它可能因为回避竞争而鼓励人类的惰性。如果只满足于生产和出口本国原本擅长生产的产品，那么尼日利亚应该永远只生产和出口原油，中国应该永远只生产和出口衬衫和鞋子，美国就应该永远只生产和出口虚无缥缈的金融衍生产品。②可以说没有哪个处于相对劣势的国家或企业会固守自己的比较优势，每个企业都想处于价值链的高端，那么企业就必须朝着核心技术的方向发展。

综合上述观点，笔者认为跨国公司的垄断地位来自于很多方面，对发达国家的某些大型跨国公司来说，这种优势来自于绝对的垄断地位。这种垄断优势可能包括资产的优势、技术的优势、规模经济的优势等。而对于广大发展中国家的跨国公司来说，它们的垄断优势来自比较优势，而非绝对优势。这种优势可能来自于丰富的资源、相对廉价的劳动力，也可能来自于其他的一些因素。

---

① 孔德洋：《跨国公司经营优势研究——基于资源视角的跨国公司"优势获取"》[D]，复旦大学2004年博士学位论文。
② 黄伟：《富国阳谋——看穿中国经济与西方比拼之迷局》，中国经济出版社2010年版。

（二）跨国公司与垄断利润

根据资本论中的定义，垄断利润是资本家凭借自己在社会生产中的地位而获得的超过平均利润的高额利润。在资本主义条件下，垄断价格、垄断利润只有以生产价格、平均利润为照的基准，才能明了其水平的高低和性质的界定。垄断利润是相对于平均利润而言的，没有平均利润的参照，我们不能简单地说企业拥有垄断利润，也不能测算垄断利润的多少。并且垄断企业的巨额垄断利润正是建立在为数众多的非垄断企业丧失本该得的平均利润的一部分或一大部分。[①]对于处于绝对垄断地位的跨国公司来说，它们拥有东道国企业所无可比拟的技术优势和品牌优势，拥有市场的定价权。这种垄断优势进一步压缩了东道国企业的利润，迫使一些企业走上破产的道路，而这又将一进步扩大跨国公司的利润。但是并非所有的垄断企业都具有垄断利润。垄断企业获得垄断利润的前提是，具有较强的议价能力，可以将成本的上涨转移给下游客户，以维持较高的利润率。[②]企业的这种议价能力来自垄断地位的取得，即企业通过何种方式取得垄断地位。如果企业是通过先进的技术与创新而形成的垄断优势，那么自然企业可凭借自己的垄断优势形成对产品市场的控制，扩大市场份额，影响甚至控制市场的价格。但是对于通过廉价劳动力、资源即成本优势而形成垄断地位的企业来说，就很难获得垄断价格。

以中国的稀土企业为例。稀土是一组稀有金属的合称，包括 15 种镧系元素及 2 种与之密切相关的元素，共 17 种元素。稀土之所以珍贵，不仅因为储存稀少、分离提纯和加工难度大，更因为其应用于国防、航天、电子、新能源、新材料等领域，被称为"万能之土"。根据国务院新闻办 2012 年发布的《中国稀土状况与政策》的白皮书指出，我国的稀土行业发展迅速，以 23% 的稀土资源，承担了世界 90% 的市场供应。但是现在稀土的价格严重背离了价值，资源的稀缺性根本没有得到体现。美国一个公司曾做过测算，中国每出产 1 公斤稀土，就要付出 5.6 美元的环境成本。而在 2005 年中国的稀土出口价仅为 5.5 美元，相当于白送。不

---

① 李秉：《垄断利润新议》，《厦门大学学报》1994 年第 10 期。
② 仝亚娜：《垄断企业为何没有得到垄断利润》，《中国机电工业》2010 年第 2 期。

少人士都戏称，中国的稀土卖出了"白菜价"。比石油还珍贵的稀土资源，却没有给中国带来相应的财富和定价权。其中最根本的原因在于缺少了品牌，中国稀土这种粗加工的方式变得不可能持续。以大量廉价的资源为基础的粗放式的加工方式并不能给中国的稀土企业带来垄断利润，中国要想走出这种怪圈，就必须提高稀土加工过程中的技术投入，提高生产效率，最终形成自身品牌。

第三节　本土力量：本土跨国公司培育与中国品牌影响力

一、中国经济发展与跨国成长

改革开放让中国经济搭上了高速发展的"列车"，从 1978 年开始，中国的经济持续 30 多年保持 10% 左右的高增长率。中国的经济总量在 2010 年首次超过日本，成为全球第二大经济体，占全球经济的 10% 以上，在世界的舞台上扮演着举足轻重的角色。

首先，从经济总量上来看，中国的 GDP 每年都在以惊人的速度增长。根据国家统计局 2013 年的统计年鉴显示，中国 2012 年的 GDP 总量为 516 282.1 亿元，而 2000 年的 GDP 总量仅为 119 095.7 亿元。[①]如果按 2002 年的不变价格来算，这几年中国的经济增长了 333.50%。世界银行发布的《世界经济展望》显示，中国 2010、2011 和 2012 三年的经济增长率分别为 10.4%、9.3% 和 7.7%，远高于同期的亚洲及太平洋地区，并且世界银行预测中国在未来的三四年里，将仍然以不低于 7.5% 的增长率增长。[②]从人均 GDP 来看，2002 年中国的人均 GDP 只有 9 398 元，而 2012 年中国的人均 GDP 已达到 38 420 元，增长了 4 倍多。根据世界银行 2012 年的标准，高收入国家的人均收入不少于 12 616 美元，中高等收入国家的国

---

① 数据来源：《国家统计年鉴 2013》，中国国家统计局网站，http://www.stats.gov.cn/tjsj/ndsj/2013/indexch.htm。

② 数据来源：世界银行数据库，http://data.worldbank.org.cn/country/china。

民收入在 4 086—12 615 美元，中低等收入国家为 1 036—4 085 美元，低收入国家则低于 1 036 美元。那么根据这个标准，中国已经是中高等收入国家的水平了。其实按照世界银行的统计，中国早在 2011 年就已经步入中高等收入国家的行列。

其次，从经济结构上来看，我国的产业结构已经有所调整。从国内生产总值的构成来看，2012 年的 GDP 10.1% 来自于第一产业，45.3% 来自第二产业，44.6% 来自第三产业。目前我国的第三产业与第二产业对 GDP 的贡献已经相差无几。并且从增长率开看，第一产业即农业的增长率环比增长 4.5%，第二产业环比增长 7.9%，第三产业环比增长 8.1%。从数据上来看，第三产业的环比增长率最高，是增长最迅速的产业。根据国家统计局的数据，中国目前农业劳动力就业比重每年下降约两个百分点，到 2020 年我国农业劳动者就业比重将由 2011 年的 36% 降至 18% 左右，接近发达国家高收入水平临界点时农业就业的比重。[1]从经济结构的角度看，2012 年我国按支出法计算的 GDP 总额为 529 238.4 元，其中最终消费为 261 832.8 元，资本形成总额为 252 773.2 元，货物和服装净出口为 14 632.4 元，最终消费率占 49.5%，资本形成率即投资率为 47.8%。在对 GDP 的贡献率上，最终消费对 GDP 的贡献为 55.0%，将 GDP 拉动了 4.2 个百分点，而投资对 GDP 的贡献是 47.1%，将 GDP 拉动了 3.6 个百分点。[2]从以上数据可以看出，我国的 GDP 一半以上是由消费拉动的，近一半是由投资拉动的。与世界其他国家相比，中国的投资率似乎有点偏高。根据世界银行的数据，2009 年世界的投资率为 19.1%，高收入国家为 17.3%，中等收入国家为 27.9%。这也是中国在未来的经济发展中需要重视的地方。

再次，从经济影响力来看，随着综合国力的不断增强，中国的经济影响力已经与日俱增。世界经济大国的衡量标准，目前学者间还没有一致的结论。国际上最常用的标准主要是从经济总量和国际经济联系两个方面来衡量。[3]王伯里（2008）认为，衡量经济大国至少需要两个方面的条件：一是国内生产总值占世界总产值的 5% 以上；二是要有密切的国际经济联系，即对外贸易占世界贸易的

---

① 张占斌：《打造中国经济升级版　努力实现经济强国梦》，《中国经济时报》2013-09-11。

② 同①。

③ 王涛：《中国经济影响力分析》，《兰州学刊》2005 年第 8 期。

5%以上。①根据联合国统计司数据库，中国的GDP在2010年占世界总产值的9.3%，进出口贸易总额占世界贸易总额的9.7%。从这些数据可以看出，中国早已步入经济大国的行列。从外汇储备来看，根据国际货币基金组织的统计，2012年中国的外汇储备为33 116亿美元，而同期的美国外汇储备为499亿美元，日本为11 936亿美元。外汇储备是一国政府所持有的国际储备资产中以外币表示的部分，是一国政府保有的以外币表示的债权。外汇储备是一国经济实力的组成部分，是一国偿债能力、抵御国际风险的能力的一种表现。从上面的数据看，中国的外汇储备远高于日本和美国，是世界上外汇储备最多的国家，是美国最大的债权国。

最后，从跨国公司的发展上看，我国的跨国公司已经取得了一些成就。截至2012年底，我国在境外投资设立企业约2万家，国家和地区覆盖率目前超过70%。②中国跨国公司的产生和发展是建立在中国企业海外投资的基础上的，没有企业的海外投资，中国的跨国企业是发展不起来的。③由商务部、国家统计局、国家外汇管理局联合发布的《2012年度中国对外直接投资统计公报》显示，2012年在全球外国直接投资流出流量较上年下降17%的背景下，中国对外直接仍达到了同比17.6%的增长，创下历史新高878亿美元，首次成为世界三大对外投资国之一。中国投资存量突破5 000亿美元，位居全球第13位，投资遍布全球近八成的国家和地区。④进入21世纪后，中国逐渐活跃在世界各大经济组织中，在国际上的影响力与日俱增，已经成为在国际上不容小觑的一股力量。

由美国《财富》杂志编制的"2013年世界500强"出炉，在新一届的500强名单中，排名前三位的分别是荷兰皇家壳牌石油公司、沃尔玛和埃克森美孚，中石化和中石油分别排在第四位和第五位。从分布上来看，美国以132家居于榜首，中国以95家位于第二，排名第三的日本拥有62家。中国上榜的数量达到了历史新高，其中新上榜公司18家，占31家新上榜公司总数的60%左右，新上榜

---

① 王伯里：《中国进入世界经济大国的衡量标准》，《人民论坛》2008年第7期。

② 罗雨泽：《中国跨国公司发展现状、问题及建议》，《中国经济时报》2013年第7期。

③ 卢进勇：《从无到有—关于加快中国跨国公司发展的几个问题》，《国际贸易》2006年第2期。

④ 商务部、国家统计局、国家外汇管理局：《2012年度中国对外直接投资公报》，http：//search.mofcom.gov.cn/swb/searchList.jsp#。

公司数量在所有国家和地区中排在第一位。与此同时，美国的上榜数量则与 2012 年持平。①

从世界 500 强的名单可以看出，中国的跨国公司不管是在数量上，还是在发展速度上都已经得到了飞速的发展，并且有专家预测按照目前的势头，有可能在 2015 年，中国跨国公司的数量将与美国平分秋色。

二、中国跨国公司发展与品牌影响力

中国的跨国公司虽然在近 30 年的发展中，取得了十分惊人的成就，但是其在发展中所存在的问题也逐渐显现出来。

首先，我国的跨国公司国际化水平比较低。问题主要表现在：一方面，大型跨国公司数量较少。在全球非金融类按资产排名的跨国公司 100 强中，中国内地仅有 1 家企业入围，美国有 22 家，法国有 16 家，德国和英国同为 12 家，日本为 6 家。②另一方面，跨国程度低。2012 年中国 100 大跨国公司平均跨国指数为 12.93%，不仅远远低于 2012 年世界 100 大跨国公司 62.25% 的平均水平，而且远远低于 2012 年发展中国家 100 大跨国公司 38.95% 的平均水平。③从上面的数据可以看出，我国的企业跨国经营的程度还比较低，还处于初级阶段。

其次，中国跨国公司在国际市场上缺乏高端核心竞争力。我国的跨国公司长期以来一直依赖于低成本的优势，在选择跨国经营时也往往选择与中国情况相近，或者比自己落后的发展中国家，并且尽量避免与当地的国际跨国公司竞争，努力满足细分市场。中国的跨国公司大多创新能力弱，企业技术水平普遍不高。以海尔集团为例，海尔最初打入国际市场的是它的小型家电。由于国外的家庭规模越来越小，好多家庭只有一两个家庭成员，海尔正是看到了这个市场。海尔的小型冰箱在国际市场上非常火爆，但是之后海尔生产的"豪华型"冰箱与国际大

---

① 2013 年世界 500 强排行榜，http://baike.baidu.com/link?url=rbgFNucyt6JVPp0X5hErzY5n0H8AqxPN_LL2xT0uqS10vZ1tU1PAJB0YOqv8tKR1JyjEBbzzsfOs_tFqWR_NP。

② 罗雨泽：《中国跨国公司发展状况、问题及建议》，《中国经济时报》2013 年第 7 期。

③ 《2012 年中国 100 大跨国公司及跨国指数发布　中石油排名首位》，中国网，http://www.china.com.cn/photochina/2012-08/24/content_26326146.htm。

型跨国公司相比似乎就没有什么竞争力。因此，技术与创新的缺乏是目前中国大多数跨国公司面临的普遍问题。对于大部分中国企业来说，中国本土市场比国际市场具有更大的吸引力。国际市场最大的吸引力不是市场需求，而是领先的技术、管理模式与人才等。①

再次，中国的跨国公司中缺乏全球知名的品牌。海尔的 CEO 张瑞敏曾表示："国门之内无名牌"。跨国公司的品牌只有打入国际市场，受到国际市场的普遍认可才能称得上是"名牌"，对中国的企业打入国际市场才具有实际意义。

由世界品牌实验室编制的 2013 年度（第十届）《世界品牌 500 强》已经揭晓，排在第一位的是谷歌，接下来的是苹果、亚马逊和微软。美国以 232 个品牌遥遥领先，之后是法国和日本，此次中国一共有 25 个品牌入围，排在第五位，较往年有所上升，可是看看中国入围的品牌情况就没有那么乐观了。中国排名靠前的品牌分别是：中央电视台、国家电网、中国工商银行和中国移动，清一色的国有企业，排名最靠前的中央电视台也已经排到了第 53 位。不管是从数量还是"质量"上来看，相对于 13 亿人口来说，中国似乎还处在品牌的"第三世界"。②

此次的《世界品牌 500 强》的平均年龄达到 98.71 岁，其中 100 岁以上的"老字号"达 217 个。最古老的品牌是英国牛津大学，迄今已经有 917 年历史。中国入围的 25 个品牌中只有青岛啤酒（110 岁）和中国银行（101 岁）超越百龄。③而其余入围的 23 家企业年龄都偏短。这也是中国跨国公司存在的另一个问题：跨国经营时间段，经验不足。80% 以上的境外企业都是在 10 年内设立的，这些"年轻"的跨国公司普遍资金匮乏，对海外投资环境不熟悉，并且缺乏可持续的核心竞争力。所以目前对于中国的跨国公司来说，培养核心优势、提高品牌的影响力才是当务之急。

在品牌的建设方面，韩国的发展对我国有借鉴意义。韩国虽然是一个面积只有十几万平方公里，人口也只有 5 000 多万的"小国"，但是却拥有一批像三星、

---

① 赵纯均、拉尔松：《中国跨国企业研究》，机械工业出版社 2009 年版。
② 《2013 年世界品牌 500 强排行榜揭晓》，人民网，http://finance.people.com.cn/n/2013/1218/c153578-23875974.html。
③ 《2013 年世界品牌 500 强排行榜揭晓》，全景财经网，http://www.p5w.net/news/gncj/201312/t20131218_419965.htm。

LG、现代、起亚等一线品牌。在此次的《世界品牌 500 强》排名中，韩国的三星排在第七位，成为数码与家电行业的第一名牌。随着三星的风生水起，人们对韩国品牌也越来越有好感，以三星为代表的电子企业带动了整个"韩国品牌"。韩国的企业基本都是家族企业，这也引起了人们对家族企业的讨论。即使是家族企业，现在的韩国公司也大多由专业经理人团队来管理，家族的继承人作为董事。与股东们关注利润相比，家族企业更关注企业的长远发展，将企业的重心放在市场份额上。韩国企业基本不分发红利，而是将利润用于企业规模的扩大和新技术的研发，其在技术研发方面的投入占了企业投入很大的比重。

30 多年高速发展的经济传奇，让世界上的每个人都知道"中国制造"，但是却很少有人能够叫出一个中国企业的品牌。作为世界大国，中国需要具有国际竞争力的企业品牌来支撑。①

品牌是企业核心竞争力的表现之一，产品可能会由于技术的革新而迅速老去，但是品牌并不会因此而凋零。只有品牌才能赋予企业更强大生命力，才能使企业能跨越国界，立足于世界民族之林。

三、中国品牌影响力与本土跨国公司的培育

品牌不仅是一个国家综合国力和经济实力的集中体现，还是一个国家的实力形象。比如，说到芯片、IT，就会想到微软、英特尔和 IBM，提到松下、东芝、索尼，就会想到日本。②日本前首相曾根康弘甚至在出席一次会议时表示："在国际交往中，索尼是我的左脸，丰田是我的右脸。"可见，品牌对一个国家的发展十分重要，一些国际性的大品牌甚至代表了一个国家的形象。

由商务部发布的《中国品牌发展报告（2006）》表示：中国品牌发展的总体水平与中国经济和贸易的发展程度很不相称，与发达国家相比还有很大差距：一是品牌知名度不高；二是品牌资产价值有待提升；三是品牌国际化进程缓慢；四是品牌自主创新能力有待加强；五是缺乏先进的品牌理念；六是缺乏品牌经营长远

---

① 何海明：《中国市场品牌成长攻略》，印刷工业出版社 2011 年版。
② 方宁：《"中国品牌"路漫漫》，《中国对外贸易》2007 年第 3 期。

战略；七是品牌经营策略有待完善；八是品牌资产运作不够成熟；九是缺乏品牌危机的管理经验。[①]中国在国际品牌发展方面存在诸多问题，要想在品牌方面有所建树，就必须以跨国公司为依托，积极鼓励和发展本土跨国公司。

以"三星"为代表的电子企业带动了整个韩国的品牌，以"瑞士手表"为代表的瑞士品牌也促进了瑞士品牌在全球的发展，中国也应该着手培育一批具有国际影响力的品牌。而中国要想实施品牌战略，提升本土品牌的影响力，首先要做的就是发展跨国公司，这是中国实施"走出去"战略的必经之路。

（一）培育本土跨国公司对我国经济发展十分重要

首先，培育本土跨国公司是加快"走出去"的步伐，适应经济全球化的客观要求。随着新的科技革命和信息化的发展，资本逐渐在全球范围内流动，没有哪个国家可以避开全球化的进程。中国要想进一步实施"走出去"战略，就必须着力培育本土跨国公司。培育本土跨国公司是提高我国对外开放水平的重要举措。

其次，培育本土跨国公司有利于提升我国的国家竞争力。从某种意义上来说，国家之间的竞争本质上是企业之间的竞争。一国跨国公司的多寡、竞争力的强弱直接影响着一个国家的国际竞争力。

另外，培育本土跨国公司有利于中国在国际分工中获得有利的国际地位。随着经济全球化的不断深入，跨国公司实现了资源在全球的配置，现今相对自由的国际贸易环境使得国际分工开始从产业间分工到产业内分工和产品内分工转变。全球价值链的分工突破了传统分工中的国家边界，进一步凸显出跨国公司在国际分工和贸易中的主体地位。培育跨国公司已成为我国参与全球竞争，提升国际分工地位的必然选择。

（二）我国跨国公司所处的客观环境

首先，中国的经济实力不断增强，是我国跨国公司"走出去"的基础。中国经过30多年的高速发展，在经济总量上已经超过日本，成为全球第二大经济体。

---

① 《商务部认为中国品牌发展存在九大差距》，商务部，http://search.mofcom.gov.cn/swb/search-List.jsp#。

中国国际地位的提升，为我国跨国公司打入国际市场做好了铺垫，使中国品牌在国际市场的发展有了良好的舆论基础。中国国内相对稳定的经济环境也为我国跨国公司的发展提供了良好的发展空间。

其次，后金融危机时代，全球经济格局的重新调整为我国跨国公司的发展提供了良好的机遇。①国际金融危机对各国经济都产生了很重要的影响，各国政府都出台相应的政策鼓励国外资本，刺激经济发展。与过去相比，欧美各国引进外资的政策相对要宽松，国际大公司加强国际合作的意愿也越来越强烈。另外，全球经济正在向新兴经济体转移，这也为中国跨国公司的发展提供了契机。

最后，政府的大力支持以及围绕大学组成的科研网络为我国跨国公司的发展提供了有力的支撑。"十八大"报告提出，要加快"走出去"步伐，增强企业国际化能力。政府在政策上的引导和支持，可以为跨国公司的发展提供很大的帮助。自从实施"走出去"战略之后，我国政府已经出台了很多优惠政策和鼓励措施，对于我国跨国公司的发展起到了促进作用。而科学技术与创新对于我国跨国公司能否真正"走出去"起到了至关重要的作用。

（三）我国培育跨国公司的道路选择

从我国目前已经"走出去"的跨国公司来看，其在对外投资时有三种主要的模式：一种是先易后难的模式。首先在国内有一席之地，然后在选择跨国经营的时候首先选择与自己相近的发展中国家，最后再向发达国家的市场进军。大部分中国的跨国公司选择的都是这种模式。一种是先难后易的模式。在国内有了一定的优势和市场份额后，首先选择发达国家的市场，在学习了发达国家的技术和管理后，再利用这些技术开拓发展中国家的市场。还有一种是渐进模式。在对外直接投资之前，依次采用出口、特许经营、战略联盟、收购再到独资等一系列的战略，是一种比较稳妥渐进的战略。

中国的跨国公司在选择经营战略时，要根据本企业的优势和特点谨慎做出选择。在核心能力缺失的状态下贸然进入国际市场是一种十分冒险的行为，尤其是相对于品牌、技术都比我们有优势的欧美市场。所以，对于中国的跨国公司来

---

① 刘城：《基于全球价值链视角的本土跨国公司的培育路径》，《广东社会科学》2013 年第 5 期。

说，跨国投资首先要做的就是获取竞争优势。

长期以来，我国的跨国公司都过于依赖自己的成本优势，相对廉价的劳动力人口和原材料，大大降低了企业的生产成本，中国的商品在国际市场上也一直以价廉物美著称。但是随着中国经济的发展，人口红利不复存在，我国的用工成本已经在逐步提升，很多地方甚至出现了"用工荒"。劳动力成本将会或者已经不再成为中国企业的一种优势，这种单纯的成本优势本就不具有持续性。中国要想进一步获得发展，就必须走科技兴邦、创新强国之路。

中国的跨国公司的战略是要提高内部研发能力，在国内外建立研发合作关系，以及收购拥有科技优势的公司。①中国已经有一些实力雄厚的公司开始跨国收购的进程，例如联想收购 IBM 的 PC 业务，吉利收购沃尔沃等。一方面这些公司都是在国外有一定市场和知名度的公司，可能某些技术已经相对落后了，但是这些落后的技术可能相对于中国的跨国公司来说依旧是有优势的。另外，收购国外跨国公司能够帮助企业借助其知名度打开国际市场，迅速扩大市场份额。

（四）我国发展跨国公司的对策

我国可从以下四个方面着手，不断发展跨国公司，使其进一步参与国际竞争。

首先，要加快技术创新，培育知名品牌。目前我国的跨国公司普遍创新能力较弱，技术与知识产权匮乏，品牌影响力不足。提升科学技术创新能力才能使中国的跨国公司真正具有市场竞争力和发展潜力，才能真正打开国际市场。创新和知识转移是进行国际化的首要任务。

其次，政府要完善政策体质，制定相应的政策鼓励和支持我国跨国公司对外直接投资。虽然我国在积极地实施"走出去"战略政策，也已经制定了相应优惠政策和鼓励措施，但是与发达国家相比，这些政策仍然是不够的。美国、韩国、日本等国的国际化经验已经表明，一国政府的政策支持与保护，有时能起到"催化剂"的作用。日韩企业之所以能够成功进行跨国经营并得以飞速发展，与其国

---

① 赵纯均、拉尔松：《中国跨国企业研究》，机械工业出版社 2009 年版。

内的产业政策和技术服务导向是密不可分的。①

再次，企业要注重优势的积累，集中资源培育其核心能力。企业要建立自己的核心优势和管理文化，这种形式的积淀是一个漫长的过程。这就要将自己某一个方面的优势发挥到极致，然后再去寻找自己的"短板"。中国企业的核心竞争力可以分为三个方面讨论：在有保护性的行业里，受国家政策的保护，以"定位优势"为竞争优势的基础；在半开放的行业里，以市场来换取"参与竞争"的入场券，但不一定有能力和平台来发展自己的核心竞争力；在开放的行业里，一般有两种做法，一是利用规模优势，以低成本的方法竞争，经常以"代工"身份出现，二是利用自己对中国情况的相对了解，发展渠道优势，以渠道制胜。②

最后，要改善管理制度，实施本土化战略。国际化就意味着要全面与国际接轨，中国跨国公司必须注重东道国的特殊性，从产品到策略再到企业文化都必须从国际化的视角去考虑问题。跨国公司在准备进入国际市场时就必须要有长远的眼光和全局的战略，学习国外先进的技术水平和管理经验。中国跨国公司普遍缺乏国际化的人才，并且存在严重人才流失的风险。中国大部分的跨国公司在国外的分公司或者子公司都采用招聘国外本土的雇员，这样可以学习国外的先进经验，也有利于加强与当地的融合。但是国外的薪资水平普遍比国内高，所以国外普通员工的薪水甚至都要比外派到子公司的中国籍高管要高，这种不公平导致有些中国企业的流失率两年高达70%。所以，中国的跨国公司在跨国经营的过程中必须注重人才的培养与保护。

本章小结

经济强国目标的实现最终还是要靠企业，企业是经济系统的细胞，是经济发

---

① 刘城：《培育本土跨国公司——日本、韩国经营对广东的启示》，《广东社会科学》2011年第1期。

② 赵蘅、安晓娟：《企业文化的塑造与传递——美、日跨国公司发展模式对中国的借鉴》，《现代企业教育》2008年第9期。

展中最具活力的动力主体。从企业的整体规划和长远发展来看，品牌战略是企业扩大市场份额、获得消费者的必经之路。品牌是企业对产品质量的一种承诺，它包含了企业有关产品的很多信息。一个好的品牌总能在消费者心目中占有一席之地。品牌影响着消费者的购买行为、购买心理以及对产品乃至企业的整体看法。品牌通过对消费者的影响，帮助企业获得利润，占取市场份额。没有一个企业能够长期地占据领先的地位。企业要想长期获得垄断优势，就必须培育自己的核心优势，而知识产权就是其中最重要、也是最有利的一个的优势。纵观现今的品牌市场，那些处于垄断地位的大型跨国公司对技术方面的投入相当重视。它们总能在全球市场中处于优势地位很大原因在于，它们要么拥有核心技术，要么拥有新颖的产品。由此可见，知识产权是支撑企业发展的关键一环，而品牌本身就是一种知识产权。

跨国公司已经成为全球经济增长的重要推动力量，国家之间的竞争很大程度上表现为跨国公司之间的竞争。跨国公司的多寡、规模以及影响力的大小直接影响着一个国家的经济实力。大型的跨国公司拥有资本、技术和管理方面的优势，而所有这些优势最终都会体现在品牌上。对于跨国公司来说，品牌战略显得更为重要。跨国公司的品牌战略主要分为全球品牌战略和品牌本土战略，实施哪个战略没有一个绝对统一的标准，跨国公司应当根据公司和东道国的具体情况进行选择。处于垄断地位的跨国公司都是在某个行业具有垄断优势的大公司，这种优势可能是来自核心技术、服务、设计，也可能来自某种资源。但是并非所有的跨国公司都能获得垄断利润，垄断利润的有无与多寡主要看跨国公司是如何取得垄断地位的。对于拥有核心技术的跨国公司来说，它们拥有市场的定价权，能够长期取得超额垄断利润。而对于通过资源取胜的跨国公司来说，这种垄断优势并没有给其带来应有的回报。所以不管是哪种类型的公司，知识产权和品牌战略都是不能忽视的一环。

中国通过近 30 年的经济发展，已经成为国际舞台上一支不容小觑的力量。但是从经济大国到经济强国，中国还有很长的路要走。我国的跨国公司仍然面临核心技术缺乏、国际化水平低、品牌实力不强等问题。我国处于 500 强前列的公司都是大型国有企业，这些企业主要通过国有垄断地位取得市场份额的，在国际上不具竞争力。所以中国要想进一步"走出去"，就必须要着重培育一批本土的具有

　　自主品牌的跨国公司。中国企业在跨国发展的过程中，一方面要学习西方先进的技术和管理经验，另一方面也要注重自己本身的优势积累。跨国公司及其品牌不仅是国家经济发展的动力，还是一个国家经济实力的象征。中国要实现经济大国到经济强国的转变，就必须大力支持本土跨国公司的品牌发展战略。

|第七章|

制度创新：品牌经济与政府政策有效供给

随着改革开放的不断深入和我国社会主义市场经济体制的建立，中国经济取得了巨大发展，同时也培育出一大批驰名中外的产品和企业。同时随着科学技术的发展和经济全球化不断深入，产品差异性愈来愈小，通过价格战来吸引消费者的方式也逐渐失去作用，而产品品牌成为消费者选购商品的目标，因而品牌经济应运而生。在经济全球化的浪潮下，虽然我国加入了WTO，但是我国知名企业与世界500强等跨国企业相比尚显稚嫩，而且企业的品牌效应也远不及后者，品牌经济发展也不及后者成熟。为了品牌经济能够健康快速发展，政府应通过政策有效引导，并借鉴国际上先进企业的宝贵经验，最终树立自己的民族品牌。

第一节　内在联系：品牌经济与政府政策有效供给的理论分析

品牌经济与政府政策的关系需要从两者的内涵、运作主体、主要功能等方面进行分析，找出两者之间内在的联系和相互作用的机理。

一、品牌经济的理论分析

（一）品牌经济的内涵

随着经济的不断发展和社会意识的提高，品牌被提升到了一个前所未有的高度。产品做品牌，企业做品牌，城市做品牌，甚至连政府的公共服务也开始做品牌。品牌是给拥有者带来溢价、产生增值的一种无形资产，它的载体是用以和其他竞争者产品或劳务相区分的名称、术语、象征、记号或者设计及其组合，增值的源泉来自消费者心智中形成的关于其载体的印象。品牌除有形产品外，承载的更多是特定群体对特定产品以及服务的认可，是一种品牌商与顾客购买行为间相互磨合衍生出的产物。

现代营销学之父菲利普·科特勒认为品牌是一种名称、名词、标记、符号或设计，或是它们的组合运用，其目的是藉以辨认某个销售者或某群销售者的产品或劳务，并使之同竞争对手区别开来。对于顾客来说，它是价值"指示器"，显示了公司的属性、利益、价值、文化、个性和使用者。

美国著名品牌策略大师大卫·奥格威对品牌诠释道："就像人的个性，品牌个性既是特殊的也是永续的。其中包括五大个性要素：纯真、刺激、称职、教养、强壮"。他认为，个性化造就了品牌，品牌就是持续的与众不同的能力，而且这种能力应该与时俱进，而非一成不变。

孙日瑶教授在《品牌经济学》一书中，从经济学角度给出的品牌定义是："品牌是一种专有信用符号，它通过将锁定的目标顾客的买点转变为自己的卖点，来降低他们的选择成本且与他们产生情感共鸣，与此同时，给品牌所有者产生持续的市场收益。通俗的定义，品牌就是给目标消费者不假思索且愉快选择的理由。"

简而言之，品牌经济中的品牌指的是与目标消费者达成长期的利益均衡，从而降低消费者选择成本①的排他性品类符号。名牌是一种被大众所熟知的商标

---

① 选择成本即消费者在获取一组品牌信息后，在最终做出选择决策阶段权衡、比较等工作花费的货币、时间、精力等。

名，然而品牌则与消费者的需求相联系，因而两者是不同的。例如，"舒肤佳"是一个品牌，因为它代表了香皂中"除菌"这一类商品，具有排他性；而"力士"则是一个名牌，而非品牌。

随着经济全球化的不断深入及科技的日新月异，产品的差异也越来越小，而企业之间的竞争也越来越激烈，企业通过寻求产品差异性来取胜越来越行不通，这时企业必须通过提升企业形象，增强消费者对企业的信任度才能立于不败之地，因此，归根结底，企业需要发展企业品牌。企业品牌是指以企业名称为品牌名称的品牌。企业品牌传达的是企业的经营理念、企业文化、企业价值观念及对消费者的态度等，能有效突破地域之间的壁垒，进行跨地区的经营活动。并且为各个差异性很大的产品之间提供了一个统一的形象，统一的承诺，使不同的产品之间形成关联，统合了产品品牌的资源。众所周知的是，美国著名的品牌企业宝洁，当提到它的产品海飞丝时，我们想到的是去屑；当提到"宝洁"时，我们想到是日用消费品。当我们选购日用品时，大多数人首先想到的是宝洁的产品，并且最终也会选购宝洁的产品。其中主要的原因是宝洁发展了自己的企业品牌，表现出美丽时尚、健康、家居的产品特性及消费者至上的经营理念，从而赢得了消费者的信赖。由此可见，在当今社会，企业品牌很大程度上影响了企业的成败，因而各个企业在创立产品品牌时也要注意创立企业品牌。

（二）品牌经济的范畴

品牌经济是生产力与市场经济发展到一定阶段的产物，是新经济的一种形式。它是围绕品牌为中心发展经济的手段。它以品牌产品为核心，以品牌企业为载体，利用品牌效应打造更多的品牌，使产品在国内外的市场占有率上具有一定的优势。

如今我们常常提到的新经济①关于品牌主要有两个特点。首先，企业越来越注重将价值从有形资产转移到无形资产上。企业扩张的活动越来越频繁，与旧经

---

① 所谓"新经济"是建立在信息技术革命和制度创新基础上的经济持续增长与低通货膨胀率、低失业率并存，经济周期的阶段性特征明显淡化的一种新的经济现象。新经济是信息化带来的经济文化成果，具有低失业、低通货膨胀、低财政赤字、高增长的特点。通俗地讲，新经济就是我们一直追求的"持续、快速、健康"发展的经济。

济时代相比，更加注重对无形资产的利用和控制，同时也更加关注无形资产所带来的价值。像 SaraLee 这样的公司，其不仅创造品牌，更想拥有品牌，它们是品牌持有人。其次，价值从提供产品的企业，转移到不仅提供产品同时提供低价且高度个性化产品的企业，或者能够提供问题解决方案的企业。例如，世界著名的戴尔公司，它出售的电脑可以根据每个客户的要求进行组装，实现高度的个性化，同时其售价相对低廉；IBM 则为客户提供问题的解决方案，它们有一整套的流程，可随时为客户解决各种在产品使用过程中遇到的疑难问题，并且接受客户的各类咨询。

根据品牌理论研究定律，任何一个行业前四名的产值将占行业总产值的 75%以上。在西方，品牌被称为经济"原子弹"，被认为是最有价值甚至是暴利的投资。例如，在中国一般服装厂生产的一套运动服大概 100 元，然而品牌企业阿迪达斯生产的一套运动服可能高达千元，后者价格是前者的近 10 倍。这种现象在中国普遍存在。品牌建设的重要时刻已经到来，一个国家、地区、城市和企业最有价值的资产不只是有形的，更是无形的——品牌。

经济发展与品牌相辅相成、互相促进。一方面，经济发展要有品牌。品牌是一个产品的排他性符号，代表了企业的形象。如果我们将经济细分为各行各业，那么各行各业在发展中必然会出现一些具有品牌效应的企业，来带动相关产业经济的发展。经济作为各行各业的集合，它的发展更加需要品牌性。从经济学上来看，商品经济要遵循价值规律。随着社会化大生产的发展，产品的差异性越来越小，因而要需要通过增加产品的附加值来提升产品的价值，从而提升产品价格，使经济得到发展。提升产品附加值的一个有效的方法就是创立品牌。从社会学上看，经济发展的最终目标是运用相关知识去寻求或改善社会福利，而品牌则是经济发展的产物，它是企业为了更好发展自己而形成的一种知识，而这种知识可以节约社会成本，提升消费者的购买欲望，提高产品的质量和服务水平，改善社会福利。

另一方面，品牌促进经济发展。品牌作为"指示器"，一方面指示消费者对商品进行选择，另一方面指示了企业的发展方向，从而从买方和卖方市场引导了经济的发展方向。它促使经济由粗放型向集约型转变，由生产型向服务性转变，由注重产品有形价值向注重产品有形价值与无形价值转变。从需求理论上看，当产品价格不变时，产品品牌的树立会改变人们的偏好，增加消费者的需求，使得需求曲线右移，市场的供给曲线不变，那么市场的均衡价格和均衡量都增大，消费者和生产者剩余增加，从而社会福利增加。从选择成本上来看，产品品牌的树立能够使消费者获得关于该产品的更多的信息，减少获取该产品信息所花费的时间、金钱、精力；同时提高了对该产品的信用度和依赖性，在选购产品时，能够较快地做决策，从而节省权衡、比较产品等工作花费的成本，从而减低社会成本，增进了社会福利，促进经济的发展。从生产方面来看，企业树立了品牌，不需要用传统的价格战来取胜，而是通过提升服务、企业形象、文化价值等方法来取胜，这样避免了企业的恶性竞争，从而实现了资源的有效配置，有利于产业结构的优化升级，进而促进经济发展。同时，品牌经济的发展可以优化市场，品牌经济更加注重产品的质量和形象，这样就会淘汰掉那些生产效率低下、服务水平差的企业，大大节约社会资源，实现资源的优化配置。

（三）品牌经济的意义

在世界上，无论是发达还是不发达的国家，我们无一例外地看到覆盖全球的品牌产品，如三星、丰田、可口可乐、耐克等。品牌成为一个国家特有的标志，象征着该国的经济实力。品牌无论是对企业，还是对地区或国家而言，都具有重要的意义。

首先，品牌经济对企业的意义在于（1）促使企业面向市场。品牌经济的起点是品牌商品，一种商品要成为品牌，必须获得市场的广泛认可。企业为做到这点，就必须不断地从商品价格、款式、档次、功能、质量、售后服务等方面进行改进和提高，即不断从市场吸取营养，使企业从实务到观念也得到不断更新。这对于长期处于计划经济体制下的国有企业来说，显得尤为重要。（2）推动企业迅速发展壮大。当一个企业的产品被市场认可为知名品牌后，对该产品的市场需求量增大，企业会扩大生产规模。当生产规模扩大时，企业可以采用更加先进的机器进行生产，提高生产效率，节约企业的生产成本。同时，由于品牌效应，企业的知名度和信誉度也会得到提升，企业可以推出新的品牌产品，形成品牌产品系列，这样企业就会逐渐成为品牌企业。当企业的知名度、能力和经验足够时，企业可以通过收购、合并、参股控股等手段进行资产重组，迅速扩大规模，并进行多元化经营。若有条件，还可以在适当的时候进行跨国经营。（3）促进企业无形资产增值。品牌是企业的一种无形资产，品牌拥有者可以利用品牌的市场拓展力、形象影响力、资本内蓄力来不断发展企业，从而获得利润。同时，品牌可以作为一种商品进行买卖。例如，一些知名企业的加盟费也就是通过品牌获得的资产增值。

其次，品牌经济对地区的重要意义在于：（1）有利于优化产业结构。在一个地区发展品牌经济，一方面可以对企业进行指导，培养品牌产品和品牌企业；另一方面，可把品牌产品和品牌企业当成宝贵的资源，因地制宜，使优势产业规模扩大，成为当地的支柱产业。（2）提高地区的知名度和综合经济实力。在一个地区发展品牌经济，不仅有利于地区产业结构的优化和升级，还将直接提高地区产业在国内外市场的竞争能力，扩大地区的知名度和影响力，促进地区的经济繁荣。在发展品牌经济过程中，名牌产品的总产值、销售额和利税迅速增长，可有力地拉动地方经济的增长，并成为地方税收的主要来源。

再次，品牌经济对国家的发展也功不可没。（1）有利于企业向市场化和国际化发展。由于名牌战略和品牌经济是以市场为导向的一种综合性经营战略，企业在实施名牌战略过程中，必然要建立起较完整的市场观念。同时，由于市场是国际性的，因此企业必然要形成国际性眼光。一大批具有国际性眼光的现代型企业的形成就是中国民族工业赶上发达国家的起点。（2）有利于企业向集约化经营发展。品牌经济能使企业在不断开拓市场的情况下迅速扩大规模，而且当这种规模扩大和高效益联系在一起时，高效益的名牌企业的发展，将使低效益(或负效益)的同类企业萎缩，从而提高整个工业的效益。国家的资源由此得到有效利用。这是中国工业真正起飞的基础。（3）有利于提高民族工业的整体竞争力。

二、政府政策有效供给

品牌经济是市场经济的产物。由于不完全竞争（自然垄断）、外部性、信息不充分、公共产品等因素造成的市场失灵，这时候"看不见的手"不能很好地操控经济运行，必须由政府出面来平衡市场失灵的部分，政府来提供有效供给的政府政策。

（一）政府政策有效供给的必要性分析

不完全竞争的情况通常包括完全垄断、寡头垄断或垄断竞争等。许多很早形成的品牌企业在相关领域占领了极大的市场份额，具有一定的垄断地位，为了获取垄断利润，这些品牌企业会通过进入威胁、技术封锁等措施来阻碍其他厂商进入该行业，这样会使得社会上该行业相关产品的均衡量远低于完全竞争的市场出清量，而均衡价格高于其市场出清价，这从一定程度上损失了社会福利。因而市场需要政府的介入来扫清企业进入障碍，政府可以通过一些法令阻止在位品牌企业的进入威胁，给予新进入企业补贴，发布相关的信息技术，促使各个企业有效掌握相关技术。

外部性是个人（包括自然人和法人）经济活动对他人造成的影响，而又未将这些影响计入市场交易的成本与价格之中。外部性分为正外部性和负外部性。正外部性是某个经济行为主体的活动使他人或社会收益，而受益者又无须花费代价，即该经济活动的社会效益大于社会成本。负的外部性是某个经济行为主体的活动使他人或社会受损，而该行为主体却没有承担此成本，即该活动的社会效益小于社会成本。品牌经济一般具有正的外部性，品牌的建立可以增强相关企业、城市甚至国家的综合实力，因而需要发展品牌经济。但是品牌经济在发展过程中会遇到很多阻碍，这时就需要政府来为其扫清障碍。例如，我们所熟知的，"青岛现象"在发展初期也遇到了一些市场无法解决的问题，这时青岛政府推行了品牌战略，引导了品牌经济的发展，出现了诸如双星、海尔、海信、青岛啤酒等品牌产品，最终造就了"青岛现象"。由此可见，当市场无法促使具有正外部性的品牌经济发展时，政府就应该采取有效供给的政策来鼓励这些具有正外部性品牌经济的发展。

信息不充分，即信息不对称，是指市场上买方和卖方所掌握的信息是不对称的，一方掌握的信息多一些，另一方掌握的信息少一些。信息不充分会导致两种严重结果：生产过剩（企业生产的产品数量大于消费者需求的数量）和消费过剩（消费者需求的数量大于企业生产的产品数量）。前者会极大浪费社会资源，使许多企业亏损甚至倒闭，严重的情况下会导致经济危机；后者致使部分消费者的需求没有得到满足，降低人们的生活幸福指数。同时信息不充分还会导致逆向选择①和道德风险②。其中道德风险在品牌经济中经常发生，尤其是那些大的品牌公司由于其垄断地位，向消费者提供霸王条款，严重损害了消费者的利益。同时品牌公司一般实行股份有限公司制，出现所有权和经营权的分离，就存在委托代理问题，代理人在追求自身利益最大化时可能会损害公司的利益，不利于品牌公司的发展。这时需要强而有效供给的政府政策来规范企业内部的管理制度，解决委托代理问题。

公共产品是指那些在消费上具有非竞争性和非排他性的产品。非竞争性是指，对于任一给定的公共产品产出水平，增加一额外消费者消费该产品不会引起产品成本的增加。非排他性是指只要某一社会存在公共产品，就不能排斥该社会任何人消费该种产品。公共产品是市场失灵最为常见的一种形式，由于公共产品的非竞争性和非排他性，会出现一些"搭便车"行为，因而决定了公共产品必须由政府提供。而社会资源是有限的，公共产品和一般性商品的生产都需要消耗社会资源，政府要有效供给公共产品，既要保证人们的基本需要，又要使得剩下的社会资源足够品牌经济中一般产品的生产。同时由于公共产品由政府提供，各个经济体为了自身利益的最大化，会过度利用公共产品，出现"公地的悲剧"。品牌经济中一些特殊的企业生产产品会需要大量的公共资源，例如一些知名的物流公司可能会过度使用拥挤的道路，而给其他道路使用者带来不便。政府就应该采取有效供给的政策来规范公共产品的使用。

（二）政策有效供给的内涵

政府政策是由政府提供的一种特殊的公共产品。当某人消费使用时并不影响别人消费使用该政策及其从中获得的效应，而且为另一消费者提供消费使用时的边际成本为零，符合公共物品的非竞争性和非排他性属性。政府政策是国家为一定时期或一定发展阶段的经济发展和社会效益，依法制定的一系列行为准则、基本原则、基本方针的总和。

---

① 由交易双方信息不对称和市场价格扭曲的情况下产生的劣质品驱逐优质品，进而出现市场交易产品平均质量下降的现象。

② 从事经济活动的人在最大限度地增进自身效用的同时做出不利于他人的行动，或者当签约一方不完全承担风险后果时所采取的使自身效用最大化的自私行为。

政府政策有很多，评价出其到底哪些是有效的，哪些是无效的显得尤为重要。公共选择理论早就指出，"市场经济的核心即需求与供给问题，在非市场(或市场较正)环境中也同样存在"，"政治被视为'市场'行动，它是经济市场的延伸"。"公共需求与公共供给之间的关系是公共行政的基本关系"，公共政策实施过程中同样存在供需双方以及彼此间的相互作用。下面我们就从有效供给的视角分析政府政策。

供给可以分为有效供给和无效供给。所谓有效供给，是指与消费需求及消费能力相适应的供给。根据马克思的有效供给理论，有效供给必须具备的重要条件是不仅其品质要适应于市场需求，而且其价格要同它的社会价值相一致。成本过高或者品质过低的供给都不是有效供给。因而，政府政策有效供给则是指在政府规定的范围内，满足政策需求，并与之匹配，同时政策成本和政策品质权衡优良的政府政策供给。

以上的定义包括两层意思。一是政府政策必须满足政策需求，以及要求其具有使用价值，这是政府政策有效供给的前提，也是政府政策品质的体现，其使用价值就是政府政策解决经济或则社会问题的能力。二是政府政策的成本要与它的社会价值相一致，这样才不会违背马克思的价值定理。

要确保政府政策的有效供给还必须注意一下几点：一是合法性标准，即政府政策的制定必须符合法定程序，政策的内容不能与法律法规相悖。二是效果性标准，要求政策的实际效果要与预计的政府目标相符。三是社会价值观标准，在不违背法律法规，并且控制成本的条件下，政府政策供给要符合社会主流的价值观念。四是回应性标准，即政策在实施后满足相关利益主体需求的程度，调节各种社会利益关系的合理程度。

（三）目前品牌经济下的政策有效供给

随着科技的发展，生产力的进一步解放，我国的市场经济也在不断地发展和完善中，但是市场经济不断发育对品牌经济要求也越来越高。品牌经济是市场经济的产物，是市场经济的一部分，当市场经济不断发育时，必然要求品牌经济也要同步发展。当品牌经济发展慢于市场经济的发展时，品牌经济成为市场经济中不和谐的部分，会阻碍市场经济的发展。

由于市场失灵的存在，不得不需要政府的介入。随着市场的不断发展，市场失灵的形式和程度也愈来愈不同，因而政府介入的程度和形式也在不断变化。我国在市场经济体制形成的初期，市场的发展程度不高，因而政府介入的程度会比较高，随着经济的发展，市场的不断完善，市场发挥"看不见的手"的作用也越来越强，政府介入的程度就应该下降。但是有些特别情况除外，例如2008年全球性的金融危机爆发，市场无法正常地发挥作用，只能通过政府强力介入来救市。市场的不断发展使得政府介入的形式也在不断改变。我国市场建立初期，市场力量薄弱，政府发挥主要的作用，政府主要通过行政手段主导性地介入，随着市场不断完善，市场可以充分发挥资源配置的作用，政府的作用也越来越小，政府变为辅助性介入市场。

（四）品牌经济与政府政策有效供给的联系

政府不但可以为企业的发展创造环境，而且可以通过政策引导或倾斜，造就、催生出更多的品牌企业。

政府可以营造良好的外部环境。政府可以通过颁布一些相关品牌的法令和文件来宣传企业发展品牌的重要性，从而提升企业的品牌意识。也可以通过建立培训机构，对企业家和员工灌输品牌战略知识，提升他们对品牌重要性的意识。此外，政府可为企业拟定相关的品牌战略，指导企业品牌的发展。

政府可以通过建立绩效评估系统，对企业的业绩进行评价，根据评价的反馈信息来指导品牌企业的发展。同时政府也可以通过评价系统来评价企业建立的品牌是否适合自己，是否被大众熟知、认证、接受，根据反馈信息来调整企业品牌发展战略，从而更好地促进企业品牌的发展。

如果依靠市场自发形成品牌经济，可能需要50年甚至更长的时间，但是如果政府通过有效供给的政府政策来扶持一些企业优先成为品牌企业，再让这些品牌企业带动其他企业，将会大大缩短形成时间。政府可以先培育一小部分企业创立和发展品牌，当它们品牌发展到一定程度时，就会成为其他企业效仿的标杆，这就是所谓的"标杆效应"。例如青岛政府对海尔、青岛啤酒等企业的扶植，创造出了海尔和青岛啤酒这样的知名品牌，让它们成为青岛其他企业品牌发展的标杆，大家纷纷效仿，最终出现我国品牌经济模式——"青岛现象"。在尊重客观经济规律的基础上，政府如果能够结合当地的实际，"有所为，有所不为"，为企业的发展营造良好的外部环境，就会收到事半功倍的效果。

政府可以通过将把产业结构调整与发展品牌经济紧密结合，做大做强品牌企业。发展品牌经济，政府对企业不能"眉毛胡子一把抓"，而是要"见苗浇水"，择优扶强，"好钢用在刀刃上"。特别是我国加入 WTO 以后，市场竞争尤为激烈，政府要主动扶持一些品牌企业，使其尽快做大做强，防止这些企业被淘汰。

品牌经济中的品牌是一种知识产权，需要受到法律的保护，这就需要政府发布相关的政策来保护已有的知名品牌，维护品牌企业的合法权益。

第二节　作用机制：政府支持品牌经济发展的支撑要素

一、政府支持品牌经济发展的制度机理

当企业品牌大量出现时，就会出现规模效应和外部经济，从而提升品牌企业聚集地的声誉，因而城市品牌应运而生。城市品牌是一个城市在推广自身城市形象的过程中，根据城市的发展战略定位所传递给社会大众的核心概念，并得到社会的认可。品牌是一个城市综合实力的重要标志。面对日趋激烈的城市竞争，各个城市要想抢占发展先机，必须以战略眼光和统筹思维加快推进质量兴市，着力发展品牌经济，促进品牌产品、品牌企业聚集，带动产业结构升级，不断提升城市核心竞争力。例如，山东青岛通过培育了海尔、青岛啤酒、海信等知名品牌推广自身城市形象，并得到了社会的认可。

不仅这些与市场经济息息相关的企业与城市需要建立品牌，而且政府为了树立公信度也需要发展政府品牌。产品品牌、企业品牌、城市品牌主要是商业品牌，追求的是经济效益，而政府品牌则追求的是社会效益。当经济效益和社会效益不一致时，需要政府出面协调。政府品牌是指政府通过向社会公众提供具有差异化的公共产品和服务，在社会公众心目中的地位、形象、威信以及政府方针政

策得到支持和贯彻的程度，从而使社会公众对政府产生的满意度和忠诚度。

产品品牌、企业品牌、城市品牌和政府品牌的相同点是通过提升相关事物的质量，来提升自己的形象，从而得到社会的认可。它们都要求事物具有差异化、个性化、广泛性，同时拥有自己的文化、经营理念和价值观念。然而它们具有极大的区别。（1）它们产生的时间不同，先产生了产品品牌，再产生了企业品牌，然后城市品牌和政府品牌应运而生。（2）它们作用的范围不同，产品品牌是一个微观的概念，作用于每个企业中的每种或一类产品，通过树立产品品牌，增加消费者对该产品的认识和需求。企业品牌则是一个中观的层面，主要从企业单个的产品扩展到整个企业，覆盖范围更广了。城市品牌则是各个产品品牌和企业品牌综合作用的结果，当它们集中地、高密度地出现在某个城市时，可能创造出城市品牌。政府品牌则是出于社会效益的考虑而出现的，公共产品和服务一般是由政府提供的，要使得公共产品和服务吸引消费者，政府就得发展品牌。

二、政府支持品牌经济发展的路径

（一）介入定位

一个有效力的政府，其治理的行动能力应当具有合法性和有效性，而政府经济部门的监督和管理职能的缺失，势必会导致社会效率的下降，这样政府的介入不仅没有解决原有市场失灵的问题，而且还引入了政府失灵的问题，严重影响品牌经济的发展。

政府一般有两种介入经济的方式：一种是法律介入，一种是行政介入。如政府对企业征收的污染税、庇古税等，颁布的关于企业的知识产权法、商标法、企业名称法等，它们都属于政府对经济的法律介入。如果是关系到企业运行及内部管理关系，就要用行政介入。

（二）介入原则

首先，我们要明确政府介入品牌经济是为了品牌经济能够更好地发展，是为品牌经济服务的，因而品牌经济是主体，政府只是辅助的工具。由此可知，政府介入品牌经济发展时，应该遵循市场调节为主、政府介入为辅的原则。

其次，我们也要遵循经济理论，政府介入品牌经济是为实现社会效益最大化，并不是单纯为政府一己服务的，即应遵循社会效益最大化原则。

再次，政府介入必须有法可依，并且按照相关的法定程序介入，这体现了政府介入的合法性原则。

最后，政府介入品牌经济可以采取不同的形式，对不同的企业政府可采取不同的介入方式，对同一企业在不同的时间介入可采取不同的方式。这就是多种政府介入方式并存的原则。

（三）介入机制

政府的介入机制包括以下五种：

一是一次性注册资本金补助。一次性注册资本金补助主要来源于财政专项资金，针对新设立或新迁入的品牌企业，根据企业规模给予补助金。虽然各城市数额不完全相同，但也相差不大。主要是为了鼓励企业创建品牌及吸引品牌企业落户于本地区，带动本地区相关行业的发展。

二是高管个税奖励。高管个税奖励主要是针对高管个人对区域做出的税收贡献给予奖励，来源于财政专项资金，主要是针对高管个人。这样可以提升高管的工作积极性，追求企业利润最大化，降低企业的委托代理风险（道德风险）。

三是增加企业品牌研发部门的资金比例。这有利于产品的研发和品牌的形成。可利用减税免税政策给予企业优惠，提高企业作为技术创新主体的积极性，推动信息技术的开发和产业化。政府还应该将社会最新的科技创新成果应用于企业的品牌创立，因为科技创新往往可以给企业指明新的发展领域，企业在新的领域可以优先建立品牌。

四是积极实施一些有利于品牌经济发展的政策与服务。一方面，为企业建立品牌，政府可以颁布一些法令减少品牌经济发展过程中遇到的障碍，同时也可以给其提供一些优惠政策；另一方面，政府可以提供相应的培训服务，培养品牌企业所需的企业家、高管及员工，同时提供相关人才服务。相关人才服务主要是一种非资金方式的服务手段，为品牌企业提供各种便捷服务，主要包括相关企业品牌注册、宣传、咨询服务等人才服务。

　　五是为品牌经济的发展提供一定的人力资源。任命具有专业知识的人员到企业任职，这种现象普遍出现在我国国有企业中，这使得政府对企业品牌发展的情况更加了解，有利于政府出台相关政策来支持品牌经济的发展。

　　总之，政府对品牌经济的发展的支持，就是政府出台的产业政策。产业政策作用机制的研究很多，但现有的一些研究多是基于产业经济一般理论分析的角度。陈资灿（1999）认为产业政策的选择与市场失败、后发优势产业保护有直接关系，具体还必须考虑现实可操作性、成本最小收益最大、多种手段取长补短、发挥体系整体性效力及公正效益等多方面的因素。陈波、王浣尘（2000）认为从信息论角度看，产业政策的信息传导机制可以看做是消除或减少收信的不确定性过程，在此过程中信息本身出现问题或发生信息耗散、信息畸变、信息失灵等，将会严重影响政策效果。韩小明（2001）认为产业政策的实施机制包括产业政策的制定和产业政策的执行，产业政策的合理性和产业政策的程序科学化是产业政策制定的核心问题。

第三节　国际经验：品牌经济与政府政策有效供给的典型案例

　　国外发达国家在品牌经济与政府政策有效供给方面形成了相互促进、相互融合的关系，主要体现在开放市场环境下品牌的有序高效发展。

一、英美市场国家——iPhone 对信息业的影响

　　苹果公司由史蒂夫·乔布斯、斯蒂夫·盖瑞·沃兹尼亚克和罗纳德·杰拉尔德·韦恩于 1976 年 4 月 1 日创立，并已连续三年成为全球市值最大的公司，带动了全球智能手机的发展。苹果公司的快速发展不仅是因为内部完善的管理机制和企业领导者的创新，而且是因为美国政府提供的产业政策为其发展创造了良好的

外部环境。美国在 20 世纪 80 年代初经济地位不断下降，制成品国际竞争力削弱的背景下，提出了产业政策。里根政府采取了减税和放松经济规制等措施，营造出了一个创新的氛围。而克林顿政府在"冷战"结束后，将注重军事产业发展转向产业科技水平和积极开拓国内外市场，有利于企业的技术创新和国际化。同时美国政府制定和完善了一系列反垄断法来维持国内自由、公平竞争的市场秩序，放宽了对企业兼并的管制，有利于企业的结构升级。美国从技术创新和开发等方面入手增加对产业的支持，制定了中长期科学技术发展计划，例如"信息高速公路"，支持了信息业的发展。美国还加大知识产权的保护力度，努力研究把知识产权融入国家的基础设施建设和企业的发展中。同时，美国政府财政支出主要投放在加大研发投入和推动信息基础设施建方面。这些政策无不优化了信息业的快速发展环境。

从 20 世纪 90 年代至今，美国政府十分注重对信息业的产业政策导向。美国相继出台了许多促进信息产业发展的报告和法律文件。并且强调信息产业是一个技术和知识密集型产业，发展的关键在于掌握先进的技术。1991 年提出"高性能计算与通信计划"，1993 年提出"国家信息高速公路计划"(Nil)，将信息高速公路建设作为其施政纲领。1994 年提出"全球信息基础设施计划"(GII)，1996 年实施"高性能计算与通信计划"(HPCC)，1997 年发布"全球电子商务框架"，1999 年发布"21 世纪信息技术计划"，2000 年发布了"面向 21 世纪的信息技术计划"（即 IT2 计划），主要是通过开发先进的互联网技术来满足高等教育和教学的需要。2009 年奥巴马政府公布了"美国创新战略"，提出了要大力发展先进的信息技术生态系统。2010 年，美国实施了"国家宽带计划"，主要用于宽带建设和无线互联网的接入；同年公布了网络与信息技术研发计划。同时加大对信息产业的研发投入和资金支持，提高信息业的技术创新水平。其中主要利用税收政策来间接刺激企业对信息业的研发投入和资金支持。美国政府利用减税和免税政策给予企业优惠，激励企业技术创新的积极性，推动信息技术的创新和研发。美国政府规定，向政府的下属研究机构捐款的企业可以获得减税待遇；从事科研的美国大学，政府下属科研机构及致力于"公益性科研活动"的非营利性的独立的科研机构都可以享受免税待遇。美国为了提升信息技术水平，吸引全球的高科技人才，一方面通过本国教育，教育和培训信息技术人才；另一方面，通过修改相关法令，吸引外籍高科技人才。

总之，美国的信息产业政策促进了美国 iPhone 品牌的发展。国家从军事产业转向信息产业的产业结构调整，把信息产业作为主要发展产业，这一宏观环境下，iPhone 等电子信息产品得到了很好的发展机会。美国政府通过立法把信息产业的发展纳入法律层面，使得信息产业的发展有法可依，为以后信息企业的发展提供法律保障，使得企业品牌也纳入法律层面，提高了企业对品牌建立的意识。而 2010 年美国实施的"国家宽带计划"和"网络与信息技术研发计划"促进了iPhone 发展的基础——3G 网络的建立和发展。iPhone 的成功之处在于将智能机和 3G 网络结合起来，并且改变了以往的电信业务价值链。国家的减税政策可以间接刺激信息产业中企业加大技术科研投入，提高企业技术创新能力。如为了吸引苹果公司把数据中心设在该州，北卡罗来纳州立法机构通过立法给予苹果公司 4 600 万美元的减税优惠，当地政府也同样减免了苹果公司 50% 的房产税和 85% 的个人财产所得税。而且美国对于信息产业人才的吸纳，为苹果公司提供源源不断的高科技人才，这些都促使 iPhone 系列产品不断发展，最终获得巨大成功。同时，加大知识产权保护力度可以使得企业更加积极地进行技术创新及发展企业品牌，这也极大促进了 iPhone 的发展。

二、大陆市场国家——欧盟"地平线 2020"科技规划

欧盟为了长期获得高新科技，于 1984 年建立了"欧盟科研框架计划"，其主要研究国际前沿和竞争性科技难点。2008 年以来的国际金融危机引发了全球性的经济衰退后，欧盟提出了非常明确的工作思路——利用科技创新促进增长、增加就业、战胜危机。2011 年 11 月 30 日，欧盟委员会公布了"地平线 2020"科技规划提案，该规划将从 2014 年 1 月 1 日实施到 2020 年底，总预算约 800 亿欧元。

"地平线 2020"科技规划涵盖基础研究、应用技术和应对人类面临的共同挑战这三大内容。该计划在组织、实施、机制方面将推进一系列的改进和创新。

一是简化项目申请和管理流程。重点有以下三个方面：（1）简化项目结构。重点围绕三个战略目标进行结构设计，提升项目设计的质量；同时，根据不同情

况灵活处理诸如申请资格、评估、知识产权等问题。（2）简化资金使用规定。在对实际成本进行补偿时充分考虑投资者优先的原则，包括：补偿直接成本更加简单，更大化地接受受益人的一般会计实务准则；同一个项目中对所有申请者和活动执行统一的贷款利率；对有需要的特定地区提供一次性无息贷款、奖金和资金输出。（3）完善项目管理。旨在进一步推进控制与信任，在风险承担与风险规避之间达到新的平衡。

二是创新的财政支持方式。（1）研究与创新基金。投入对象覆盖各种类型性质的奖项。其支持的范围包括 R&D、成果扩散和应用，实验与用户参与、标准制定以及构建网络与协调等方面。（2）培训与流动基金。主要支持与研究人员的培训、流动以及职业发展相关的计划与项目。（3）资助对象为研究与创新计划的管理机构。（4）政府奖励。奖励包括：对已有的研究与创新取得的成就进行奖励；事先设定目标，设置带有激励性质的奖项。（5）面向创新的公共采购。分为两种类型：一类是商业化前采购，另一类是面向创新型解决方案的公共采购。

"地平线 2020"直接促进了欧洲企业品牌的发展。"地平线 2020" 简化项目结构，这样降低了企业申请项目的门槛，尤其是灵活处理诸如申请资格、评估、知识产权等问题，可以使企业更加灵活多样地发展企业，从而诱发企业品牌的创立。在对实际成本进行补偿时充分考虑投资者优先的原则，可以提高投资者的品牌意识，积极投资于企业品牌的研发。对有需要的特定地区提供一次性无息贷款、奖金和资金输出，可以诱使许多企业向该地区集中，由于企业的相互影响和集聚效应，会促使城市品牌的发展。通过创新的政府财政支持方式，可以增大企业在科研方面的投入，有利于企业品牌的发展。而支持与研究人员的培训、流动以及职业发展相关的计划与项目，可以为企业创造高科技人才，也为企业输送一些具有品牌创新意识的企业家和员工，解决了企业品牌发展在人力资源方面的需求。同时政府可以通过奖励主动进行品牌创新的企业，激发企业作为品牌创新主体的积极性。政府与企业的计划联合投入，可以降低企业投入企业品牌发展过程中所需科研技术的成本，降低科研失败的风险，而且政府可以为企业品牌发展提供相适应的品牌战略。

三、亚洲品牌经济与经济强国——以韩国三星为例

三星是目前韩国最大的一家跨国企业，业务涉及电子、金融、机械、化学等众多领域。近几年三星电子发展尤为迅速，三星因自主技术创新和品牌发展而迅速崛起，成为仅次于苹果的第二大智能手机销售企业，也成为全球最大的内存芯片、纯平显示器和彩色电视机制造商之一，其推广了安卓系统的应用及高质量智能机的低端化。①

1997 年的亚洲金融危机是韩国政府政策导向的一个转折点。金融危机的爆发使得韩国经济遭到了沉重的打击。而且由于中国企业的出口致使韩国劳动密集型产业及一些轻工业失去了竞争优势，许多企业纷纷倒闭，并且出现大量的失业人员。在此背景下韩国推出了新经济政策，实施科技立国战略，并以信息产业作为其主导产业。政府增大研发支出，减少技术引进，注重企业自主创新和培养富有创意的人员。

韩国经济在其发展进程中也非常注意对大企业的支持。同时政府对大公司给予税收减免、贷款、财政补贴、拨发技术研发资金等各种优惠政策，目的是为了让大企业成为发展高兴技术的主力军。

进入 21 世纪以来，面对新的发展时期，韩国政府出台了"促进信息化基本计划"、"网络韩国 21 世纪"等一系列措施。重点发展信息技术产业。大量出口半导体、液晶显示器等电子产品，进入数字时代。②同时韩国积极发展生物工程、环境保护等绿色战略产业，计划在 2030 年将再生能源普及率由 2007 年的 2.1% 提至 11%，使韩国跻身世界能源强国之列。

通过从三星集团的发展历程来看韩国产业政策的变迁。三星一直是韩国的大企业，韩国政府对三星这类大企业给予税收减免、拨发技术研发资金、贷款、财政补贴等优惠政策，使得大企业有更多的资金用于品牌研发和自主创新。韩国政府出台的"促进信息化基本计划"、"网络韩国 21 世纪"等一系列措施，把信息产

---

① 张云杰：《用 4C 来思考，用 4P 来行动，用 4R 来发展》，天津外国语大学 2014 年硕士毕业论文。
② 《从三星集团浅析韩国产业政策的发展》，http://www.xzbu.com/3/view-4070005.htm。

业发展放在极其重要的位置，三星是韩国信息产业的龙头老大，自然成为了发展的重点。

第四节　政策供给：中国政府发展品牌经济的政策分析与对策

和欧美等发达国家相比，不论是制造业还是服务业，中国的民族民牌意识不强，在品牌经济发展中还处于初级阶段。在新的发展形势下，我国应尽快形成企业、行业组织、专业机构、政府部门以及社会各界的共同参与机制，综合运用标准、规划、政策、发展战略等有效途径，积极推进品牌经济发展，促进中国经济实现转型升级。

一、我国品牌经济发展中的问题

第一，企业对品牌内涵缺乏深刻的认识。品牌的价值来自顾客感知价值，来自于政府认同价值，更来自于顾客享受价值。从实际情况来看，目前中国的企业比以往任何一个时候都更重视品牌建设，但是还基本停留在品牌是一种标识的阶段。因此，要提高对品牌的认识，建立品牌与消费者良好关系。要深知，真正的品牌属于消费者。

第二，企业品牌运营与管理水平不高。虽然中国企业日益重视品牌建设，但是普遍缺乏品牌运营和管理知识，将品牌经营和企业经营相互混淆。为数众多的企业并没有设立专门的品牌管理机构去规划和管理品牌，结果造成我国企业品牌运营能力和管理水平低下，难以出现世界级品牌。

第三，媒体宣传不够。品牌的发展需要政府的支持，也需要社会各界的支持，尤其是新闻媒体的支持。新闻媒体对我国企业创立品牌宣传不够，往往是一些负面报道。同时品牌危机管理水平欠佳，使得建立起来的品牌一经负面报道就毁掉，造成了中国品牌短命、品牌经济发展缓慢的局面。

第四，自主创新能力不足，知识产权不完善。我国企业缺乏自主创新和品牌意识，并且投入到自主创新上的研发资金不足，致使我国企业自主创新能力低下，难以创立品牌，形成品牌经济。同时我国知识产权不完善，对企业品牌和一些相关知识不能够很好地给予保护，出现许多企业品牌抄袭，企业名和产品名相差无几，不利于消费者区分企业产品，从而无法形成品牌。

第五，政府支持体系的不完善。改革开放以来，为了促进中国品牌的发展，政府制定了一系列政策和品牌发展战略，但是一直没有建立一个完善的、系统的政府支持体系，因而，各个地方和各个部门经常出现政策和发展战略不协调的情况，严重影响中国品牌经济的发展。更为重要的是，在品牌经济的运行环境上，我国在知识产权方面的重视程度和立法保障还远远不够，严重影响了企业品牌经济的积极性和创造力。

二、我国品牌经济的制度性差距

第一，成长环境的差距。西方诸多知名国际品牌都是在成熟与理性的市场环境中逐渐成长起来的，即使像微软、雅虎这样在短短几年内便声名显赫的 IT 品牌，也离不开发达的商品经济土壤而孤立存在。改革开放以后，中国逐渐由计划经济向市场经济过渡，商品日渐丰富，同类商品之间的竞争逐渐加剧，人们才开始关注和创建品牌。与西方国家相比，中国的市场经济历程实在是太短，决定了中国品牌成长条件的稚嫩和创建品牌的非理性化。

第二，成长时间的差距。成为世界品牌并不是一蹴而就的，而是"几十年如一日"的坚持和实践，遵循着由无名到小名、由小名到大名、由地区名牌到国家名牌直到世界名牌的发展规律。纵观国外著名品牌，大多数在创业初期并没有定位于做世界名牌，而是经过扎实的经验和资金的积累，把握时机、扩大规模，避免失误、长久坚持而成功的。对 100 个世界品牌企业的一项调查显示：36% 的企业具有 100 年以上历史，28% 的企业有 80—100 年的历史，25% 的企业有 50—80年历史，只有占 6% 的企业的创业史在 50 年以内。可见，一个世界名牌企业的成长历程，需要经过长期的市场及消费者的考验，不能操之过急。即便是在企业的品牌核心价值确定以后，还需要孜孜以求的不懈努力。

第三，品牌管理的差距。中国众多企业在普遍急功近利的社会心态驱使下，以"名"求利，背离市场经济体制品牌建立的基本规律，品牌推广大都是轰轰烈烈开始，销声匿迹收场。究其原因，除了市场运作经验缺乏之外，重要的是品牌管理理论的贫瘠与实际操作经验的匮乏。从 1992 年"中国质量万里行"开始，到目前为止，中国企业关于品牌的理论研究和实践探索也只有十几年的时间。而英国从 1875 年就颁布了《商标法》，直至现在对品牌的保护仍没有间断。由此可见，无论从法律层面、实践层面，还是理论层面，国外企业都远远走在了中国企业的前面。

第四，核心技术的差距。巨大资金和科研投入，使跨国公司成为世界产业技术进步和不断提升竞争力的主力军。中国企业与跨国公司的最大差距，就是核心技术的差距。这些年我国每一次产业升级包括重大产品换代，都能引起一轮技术和装备引进的浪潮，原因就在于大企业没有核心技术。不跨过这个门坎，发展就只能受制于人，企业就只能在国际分工中定位于价值链的底端，而且差距会越拉越大。

第五，世界级品牌匮乏，品牌经济占国民经济的比重严重偏低。在美国《商业周刊》与世界著名的品牌评估机构英国 Interred 公司每年联合发布的《全球最有价值 100 品牌》评估报告中，至今为止，我国还没有 1 个品牌名列其中。由于国际知名品牌严重匮乏，中国知名品牌相对有限，因此，总体而言，由知名品牌所创造的价值占国民经济的份额严重偏低，大约不足 20％。而相对而言，美国品牌经济占国民经济的份额高达 60％以上。

三、中国发展品牌经济的制度路径

总体上，中国政府应该建立多层次的、系统的品牌发展体系，使得各个政府和各个部门出台的政策和品牌战略相互协调、相互补充，共同促进品牌发展。具体而言，中国政府应该做到以下方面来解决中国品牌经济发展中的问题。

1. 中国品牌经济制度路径的基本原则

中国政府发展品牌经济时一定要遵循扶持力度适度原则。我国仍然是发展中国家，仍然处于市场经济的初级阶段，资本积累和经济实力还不够雄厚，不能像西方一样采取自由放任式的产业发展模式，而应该采取政府引导型的产业政策，加强政府在财政政策和金融政策等方面的扶持力度。同时坚持在以政府引导为主的前提下，积极引入市场公平竞争机制，充分发挥市场力量在资源配置中的基础性作用，强化竞争政策，以促进经济的长期发展和繁荣。

我国企业品牌发展良莠不齐，中国政府可以像韩国政府学习，重点发展某一产业，主要培育一些大企业发展品牌。大企业资金雄厚，可以建立相应品牌运营和管理机构来帮助企业对品牌进行管理。而且大企业很强的竞争力，存活时间长，一旦建立起品牌，不易因企业破产、小企业不被信任等原因毁掉。

中国政府在发展品牌经济时，应采取配套有效供给政府政策的"组合拳"，当经济和社会情况改变时及时调整政府政策，而不能采用单一的扶持政策。

2. 中国品牌经济制度路径的路径选择

（1）强化战略规划。

第一，品牌建设需要以市场为核心，分类推进。设立国家自主知名品牌建设推进工作领导小组，带领各企业创立国家品牌乃至世界品牌。该工作领导小组按照"统筹协调、明确责任、协调配合、分类推进"的原则，引导各部门各司其职，共同推进自主品牌建设。同时政府先培育一部分企业创立品牌，然后根据标杆效应，让这些企业带动其他企业发展品牌。

第二，品牌建设需要统筹综合，协调配合。政府应通过设立专门的品牌建设组织，制定品牌培育政策，如制定品牌创新的支持政策、品牌发展的产业政策等，为企业提供财政支持、税收减免、出口补贴、管理培训、资金融通、技术支持、法律咨询等服务，推进企业的品牌建设。

第三，在品牌建设中还要特别重视规范品牌评价体系。政府部门要通过制定有关标准，加强对品牌评价、认定活动的管理和引导，规范品牌评价、认定活动，品牌评价、认定活动要坚持公开、公平、公正原则，按照规范化和科学化方法进行，大力制止目前社会上各种滥评比、滥评价。品牌评价、认定活动要由在社会上有公信力的行业组织和社会服务机构来承担。

（2）完善立法体系。

品牌具有很强的知识产权属性。从某种意义上说，品牌就是集商标权、专利权、反不正当竞争权等多项知识产权与一身的综合性产权体系。品牌是一个企业、一个地区甚至一个国家综合竞争力的体现，是它们的无形资产，属于知识产权。为了保护品牌这一重要的资产，我国应该制定相应的法律、法规。具体而言，品牌是由商标、商号、地理标志等识别性标记共同组成的，蕴涵了特定商誉价值的综合体，所以实施品牌战略，必然离不开以对商标、商号、地理标志等识别性标记的保护为主要内容的商业标识法律制度。

（3）提供公共产品。

在提供公共产品方面，政府最重要的功能是发挥中介机构的职能，积极促成本国企业对国际知名品牌企业的并购。此外，政府还应提供公共平台，建立品牌推广制度。可通过展会、比赛、国际交流、文化节等形式帮助企业推广品牌。如意大利为了推广本国的服装产品企业品牌，在许多国家推广意大利的时尚风格，举办意大利国际时装展，邀请众多国家的选手参加服装设计大赛，向世界推广意大利服装时尚的知识和魔力，从而推广意大利品牌服装。随着我国国际地位的提高，举办国际、国内相关大型活动(比如奥运会、世博会)的机会也大大增加，这为搭建自主知名品牌的展示平台提供了良好的机遇，政府部门要不断总结和学习借鉴国内外先进的品牌推广经验，推动我国自主知名品牌的建设。

本章小结

当前，全球性品牌对世界的影响日益增大。从某种意义上说，品牌已经成为一个国家特有的标志，象征着该国的经济实力。

发展品牌经济是企业、区域和国家的必然需求。政府可以通过颁布一些品牌法令和文件来扶持一些企业优先成为品牌企业，给予一定的政策优惠，形成企业品牌成长的市场环境，提升企业的品牌意识。

目前，我国企业普遍存在对品牌内涵缺乏深刻的认识，还基本停留在品牌是一种标识的阶段；企业品牌运营与管理求平不高，普遍缺乏品牌运营和管理知识；媒体宣传不够，缺乏社会支持力度；自主创新能力不足，知识产权不完善；缺乏一个完善的、系统的政府支持体系。我国品牌经济与国际发达国家相比还存在五大差距：一是成长环境的差距；二是成长时间的差距；三是品牌管理的差距；四是核心技术的差距；五是世界级品牌的差距。

对此，我国应采取制定品牌培育政策、建立和健全品牌保护制度。政府应建立品牌推广制度、规范品牌评价体系、发挥中介机构的职能、重点发展某一产业、重点培育一些大企业发展品牌等，形成有效供给政府政策的组合拳，并随着经济和社会情况改变及时调整政府政策。

|参考文献|

Anderson, Eugenew, "Customer Satisfaction and Priee Tolerance", *Marketing Letters*, 1996.

Bruce Katz, "Growing the Economy from the Bottom Up", The Brookings Institution, 2011-12-13.

EmiliaIstrate, Alan Berube, Carey Anne Nadeau, "Global MetroMonitor 2011: Volatfiity, Growth, and Recovery", The Brookings Institution, 2012.

Freeman C., *Technology Policy and Economic Performance: Lessons from Japan*, Pinter Publishers, 1987.

Gardner. B. B, Levy. S. J., "The Product and the Brand", *Harvard Business Review*, 1955, 33 (3/4).

Gibson Timothy A, "Selling city living: Urban branding campaigms, Class Power and the Civic Good", *Intenational Journal of Cultural Studies*, Sep. 2005, 8(3): 259—280.

Lundvall, B., "Why Study National System and National Styles of Innovations?", *Techonology Analysis and Strategic Management*, 1998(12): 407—415.

Lundvall, B., "Why Study National System and National Styles of Innovations?", *Techonology Analysis and Strategic Management*, 1998(12): 407—415.

MichaelRPorter, "Clusters and New Economics of Competition", *Harvard Business Review*, 1998(11): 78—92.

PerLundequist and Dominic Power, "Putting Porter into practice? Practices of regional cluster building Evidence from Sweden", *European Planning Studies*, 2002(10): 685—704.

PerLundequist and Dominic Power, "Putting Porter into practice? Practices of regional cluster building Evidence from Sweden", *European Planning Studies*, 2002(10): 685—704.

Rosenfeld, L., "Information Architectare: Looking ahead", *Journal of the American Society for Information Science and Technology*, 53(10): 874—867.

Rosenfeld, L., "Information Architecture: Looking ahead", *Journal of the American Society for Information Science and Technology*, 53(10): 874—867.

[美]阿尔·里斯、劳拉·里斯著,火华强译:《品牌之源》,上海人民出版社 2005 年版。

F. M. 谢勒著,姚贤涛、王倩译:《技术创新——经济增长的原动力》,新华出版社 2001 年版。

蔡昉:《中国发展的挑战与路径:大国经济的刘易斯转折》,《广东商学院学报》 2010 年第 1 期。

蔡晓月:《熊彼特式创新的经济学分析》,复旦大学出版社 2009 年版。

曹琳、孙日瑶:《基于品牌经济学的名人代言机制分析》,《当代财经》2011 年第 2 期。

陈波、王浣尘:《论产业政策的传导机制》,《经济评论》2001 年第 1 期。

陈端计:《马克思的有效供给理论研究》,《天中学刊》2004 年第 3 期。

陈飞翔、吴琅:《由贸易大国到贸易强国的转换路径与对策》,《世界经济研究》 2006 年第 11 期。

陈思:《星巴克的品牌经济分析》,山东大学 2009 年硕士论文。

陈艺:《上海城市品牌定位评价与提升研究》,上海交通大学出版社 2009 年版。

陈资灿:《产业政策的理论依据探析》,《宁夏大学学报:人文社会科学版》1999 年第 4 期。

程恩富:《构建知识产权优势理论与战略——兼论比较优势》,《当代经济研究》
　　2003 年第 9 期。

仇保兴:《城市定位理论与城市核心竞争力》,《城市规划》2002 年第 7 期。

丁任重、郭洪涛:《大国经济:中国的经济发展路径》,《社会主义经济理论研究集
　　萃——从经济大国走向经济强国的战略思维》,2011 年。

董岗、任声策:《伦敦国际航运服务中心的关键驱动因素探究》,《中国港口》2009
　　年第 10 期。

董岗:《伦敦发展国际航运服务的关键举措及经验借鉴》,《大连海事大学学报》
　　(社会科学版)2010 年第 4 期。

董美玲:《"嘶坦福——硅谷"高校企业协同发展模式研究》,《科技管理研究》
　　2011 年第 18 期。

杜青龙:《城市品牌定位理论与实证分析》,《西南交通大学学报》(社会科学版)
　　2004 年第 5 期。

杜青龙:《城市品牌定位理论与实证分析》,《西南交通大学学报》(社会科学版)
　　2004 年第 6 期。

段瑞春:《创新型企业:知识产权与品牌战略》,《中国软科学》2005 年第 12 期。

范秀成:《论西方跨国公司品牌管理的战略性调整》,《外国经济与管理》2000 年
　　第 10 期。

方宁:《中国品牌——路漫漫》,《中国对外贸易》2007 年第 3 期。

方学敏:《硅谷启示》,《天津经济》2012 年第 1 期。

菲利普·科特勒:《营销管理——分析、计划和控制》,上海人民出版社 1994
　　年版。

冯蕾音、钱天放:《品牌经济的产生,构成,性质——内涵式释义》,《山东经济》
　　2005 年第 6 期。

冯林、叶立润:《区域品牌与城市品牌内涵及其关系探究》,《商业时代》2012 年第
　　4 期。

甘碧群、阎俊:《谈跨国公司的全球品牌战略》,《财贸研究》2002 年第 8 期。

高汝熹、罗守贵:《城区核心竞争力——都市功能空间实现的根本途径》,上海交
　　通大学出版社 2004 年版。

高长春：《创意中心城市竞争力的国际比较及其启示》，《城市发展研究》2010 年第 8 期。

郭宝宏：《关于当代跨国公司的几点认识》，《宁波大学学报》（人文科学版）1999 年第 6 期。

郭民生、郭铮：《知识产权优势——理论探析》，《知识产权》2003 年第 6 期。

郭强：《新新相映：新资本主义——新社会主义》，中国时代出版社 2010 年版。

郭先登：《关于实施品牌战略的理论与实践研究》，《山东纺织经济》2011 年第 5 期。

韩小明：《产业政策的实施机制》，《教学与研究》2001 年第 7 期。

何海明：《中国市场品牌成长攻略》，印刷工业出版社 2011 年版。

洪银兴：《向创新型经济转型》，《南京社会科学》2009 年第 7 期。

胡飞：《加快培育中国跨国公司的战略意义及战略选择》，《科技经济市场》2009 年第 5 期。

胡雄斌：《品牌战略与企业选择》，《武汉工业学院学报》2003 年第 3 期。

黄威、张治栋：《跨国公司战略演变与跨国公司理论发展》，《中共南昌市委党校学报》2006 年第 6 期。

黄伟：《富国阳谋——看穿中国经济与西方比拼之迷局》，中国经济出版社 2010 年版。

黄小路：《提升上海城市竞争力迎接新的历史挑战》，《上海质量》2009 年第 11 期。

姜增伟：《发展品牌经济：一项重要而紧迫的战略任务》，《求是》2007 年第 1 期。

《借十八大东风，创国际跨国公司》，新浪财经，http://finance.sina.com.cn/roll/20121123/083813774293.shtml。

金碚：《企业竞争力测评的理论与方法》，《中国工业经济》2003 年第 3 期。

金碚：《论企业竞争力的性质》，《中国工业经济》2001 年第 10 期。

凯文·莱恩·凯勒：《战略品牌管理》(第三版)，中国人民大学出版社 2009 年版。

彼德·M. 杰克逊：《公共部门经济学前沿问题》，中国税务出版社 2000 年版。

孔德洋：《跨国公司经营优势研究——基于资源视角的跨国公司"优势获取"》，复旦大学 2004 年博士学位论文。

况伟大：《城市竞争力研究综述》，《经济学动态》2004 年第 10 期。

李平、段思语：《中国从经济大国向经济强国转变对策探讨》，《经济纵横》2012 年第 8 期。

李宝峰：《美国建设国际金融中心的经验借鉴及其启示》，《商业时代》2011 年第 6 期。

李秉：《垄断利润新议》，《厦门大学学报》（哲学社会科学版）1994 年第 10 期。

李承瀚：《对外贸易与经济增长关系的研究——以亚洲新兴市场国家（地区）为例》，海南大学 2013 年硕士毕业论文。

李东兴：《创新驱动发展战略研究》，《中央社会主义学院学报》2013 年第 2 期。

李光斗：《品牌竞争力》，中国人民出版社 2004 年版。

李光斗：《品牌崛起是国家崛起的标志》，《中国民航报》2007 年 9 月 10 日。

李建波：《论创新型经济的涵义、特征与发展趋势》，《前沿》2011 年第 7 期。

李军鹏：《论公共需求与供给：公共行政研究的基本主题》，《天津行政学院学报》2001 年第 1 期。

李乐成：《发展品牌经济建设品牌城市》，《三峡论坛》2011 年第 3 期。

李明星：《基于品牌创新的企业知识产权战略及其运用研究》，武汉理工大学 2008 年博士学位论文。

李平、段思语：《中国从经济大国向经济强国转变对策探讨》，《经济纵横》2012 年第 8 期。

林本初、冯莹：《企业竞争力的一般理论及其定量分析》，《当代经济科学》1999 年第 11 期。

林直道著，色文等译：《现代日本经济》，北京大学出版社 1995 年版。

刘城：《基于全球价值链视角的本土跨国公司的培育路径》，《广东社会科学》2013 年第 5 期。

刘城：《培育本土跨国公司——日本、韩国经营对广东的启示》，《广东社会科学》2011 年第 1 期。

刘凤军、李敬强、李军：《企业社会责任与品牌影响力的关系的实证研究》，《中国软科学》2012 年第 1 期。

刘洪：《品牌、文化与知识产权》，《中华商标》2013 年第 1 期。

刘华军、孙日瑶：《厂商市场份额的品牌经济模型及其现实解释》，《中国工业经济》2008 年第 1 期。

刘华军、鲍振、杨骞：《中国品牌经济发展的空间非均衡与极化研究——基于 2004—2011 年中国品牌 500 强数据的经验分析》，《财经研究》2012 年第 8 期。

刘华军：《品牌的经济学分析：一个比较静态模型》，《财经科学》2006 年第 8 期。

刘华军：《品牌经济学的理论基础——引入品牌的需求曲线及其经济学分析》，《财经研究》2007 年第 1 期。

刘华军：《新制度经济学与品牌济学分析范式的比较研究》，《山东经济》2007 年第 9 期。

刘华军：《国际贸易中的品牌壁垒及其跨越——基于品牌经济学视角的理论和策略研究》，《经济学家》2009 年第 5 期。

刘华军：《品牌的经济分析：一个比较静态模型》，《财经科学》2006 年第 8 期。

刘华军：《企业增长的动态理论：品牌模型及其应用》，《当代财经》2006 年第 4 期。

刘华军：《现代经济增长的综合分析框架：分工—制度—品牌模型》，《财贸研究》2006 年第 6 期。

刘金：《发展资本市场与建设经济强国》，社会科学文献出版社 2006 年版。

刘明珍：《品牌经济学论纲》，《南方经济》2004 年第 3 期。

刘一鸣：《跨国公司品牌战略研究及对中国企业品牌发展的启示》，四川大学 2005 年硕士毕业论文。

刘迎秋、徐志祥：《中国民营企业竞争力报告——品牌与竞争力指数》，社会科学文献出版社 2005 年版。

刘志彪：《全球化背景下中国制造业升级的路径与品牌战略》，《财经问题研究》2005 年第 5 期。

柳思维：《努力将贴牌大国打造成自主品牌强国的思考》，《北京工商大学学报》（社会科学版）2012 年第 4 期。

柳思维：《西方经济强国模式类型及中国特色经济发展模式的思考》，《湖南商学院学报》2010 年第 2 期。

卢进勇:《从无到有——关于加快中国跨国公司发展的几个问题》,《国际贸易》
　　2006 年第 2 期。

卢小金:《我国实现贸易大国向贸易强国转变的路径分析》,《改革与战略》2007
　　年第 7 期。

吕本友:《跨国公司在华品牌本土化战略与启示》,《特区经济》2006 年第 11 期。

马骏:《中国中小企业占中国企业数量的 98% 以上》,新浪财经,http://finance.
　　sina.com.cn/hy/20120426/100211929864.shtml。

马庆喜、方淑芬:《企业竞争力理论及共评价研究》,《商业研究》2005 年第 2 期。

马瑞华、孙学辉:《论发展品牌经济培育 "增长极" 在西部大开发中的作用》,
　　《经济师》2006 年第 3 期。

马瑞华:《中国产品品牌空间分布研究——关于品牌经济与城市竞争力关系的实证
　　分析》,《经济师》2008 年第 6 期。

马瑞华:《城市品牌与城市竞争力机制研究》,山东大学 2007 年博士学位论文。

马瑞华:《中国产品品牌空间分布研究:关于品牌经济与城市竞争力关系的实证分
　　析》,《经济师》2006 年第 2 期。

迈克尔·波特著,陈小悦译:《竞争优势》,华夏出版社 1997 年版。

毛组诗:《OEM、ODM 到 OBM:新兴经济的企业自主创新路径研究》,《经济管
　　理》2010 年第 8 期。

孟丹、姜海:《城市品牌开发研究》,《科技进步与对策》2005 年第 3 期。

米尔顿·科特勒:《中国国家品牌缺失的原因何在》,《IT 时代周刊》2009 年第
　　5 期。

诺瑞娜·赫兹:《当企业收购国家》,浙江人民出版社 2007 年版。

片平秀贵:《品牌的本质是发现梦想》,东方出版社 2010 年版。

瞿艳平:《基于品牌管理的企业竞争力研究》,西北农林科技大学 2006 年博士学位
　　论文。

沙楠:《私人医疗服务市场的品牌经济分析》,山东大学 2011 年硕士学位论文。

邵润堂、张华:《比较优势、竞争优势及国际竞争力》,《经济问题》1999 年第
　　4 期。

沈金箴:《东京世界城市的形成发展及其对北京的启示》,《经济地理》2003 年第

4期。

沈丽、于华阳:《中国信用卡竞争的理论与实证分析——基于有效差异化竞争的品牌经济模型》,《金融研究》2010年第4期。

石忆邵、蒲晟:《中国品牌的地域差异及品牌创新能力评价》,《经济地理》2009年第11期。

史丹、夏杰长主编:《中国服务业发展报告:中国区域服务业发展战略研究》,社会科学文献出版社2013年版。

世界银行数据库 http://data.worldbank.org.cn/country/china

《适应新形式,争取新发展》,中国工业和信息化部,http://www.miit.gov.cn/n11293472/n11293832/n12768560/13779111.html。

苏首:《城市文化品牌理论研究进展述评》,《城市问题》2009年第12期。

孙日瑶、刘华军:《品牌经济学原理》,经济科学出版社2007年版。

孙日瑶、刘呈庆:《区域可持续发展的品牌经济机制研究》,《中国人口资源与环境》2007年第4期。

孙日瑶、刘华军:《经济永续增长的品牌经济模型》,《福建论坛:人文社会科学版》2006年第2期。

孙日瑶、刘华军:《选择与选择成本——品牌降低选择成本的机制分析》,《财经论丛》2008年第1期。

孙日瑶、马晓云:《中国装备制造业自主创新的品牌研究——基于讨价还价动态博弈模型的分析》,《山西财经大学学报》2007年第10期。

孙日瑶:《自主创新的品牌经济学研究》,《中国工业经济》2006年第4期。

孙日瑶:《品牌经济学》,经济科学出版社2005年版。

孙日瑶:《品牌经济学的任务、对象和若干基本问题》,《宁夏社会科学》2005年第6期。

孙日瑶:《自主创新的品牌经济学研究》,《中国工业经济》2006年第4期。

谭顺福:《我国产业结构的现状及其调整》,《管理世界》2007年第6期。

唐珺:《自主品牌与知识产权的思考》,《机电工程技术》2007年第1期。

仝亚娜:《垄断企业为何没有得到垄断利润》,《中国机电工业》2010年第2期。

屠启宇:《国际城市发展报告(2013版)》,社会科学文献出版社2013年版。

汪明峰：《城市网络空间的生产与消费》，科学出版社 2007 年版。

王东强、田书芹：《城市竞争力提升：从产业集群到产业品牌》，《商业研究》2009
年第 10 期。

王缉慈：《创新的空间：企业集群与区域发展》，北京大学出版社 2001 年版。

王亮：《区域创新系统资源配置效率的演进规律与创新机制研究》，吉林大学 2008
年博士学位论文。

王全友：《我国企业亟待提高自主创新能力》，《消费日报》2011-05-11。

王涛：《中国经济影响力分析》，《兰州学刊》2005 年第 8 期。

王维婷：《加强城市品牌建设提升城市核心竞争力》，《商场现代化》2008 年第
17 期。

王小燕、周建波：《城市品牌经济与市场环境的耦合状态评价——以广东城市为例
的灰色关联分析》，《管理学报》2012 年第 1 期。

王晓珍、任瑜：《市场导向创新型城市建设模式和经验研究——以美国硅谷为
例》，《商品与质量》2011 年第 8 期。

王英俊：《浅谈我国发展跨国公司的必要性及对策》，《国际经贸研究》1992 年第
6 期。

王永华：《中国从经济大国向经济强国转变对策探讨》，《现代商业》2014 年第
5 期。

王允贵：《跨国公司的垄断优势及其对东道国的产业控制——跨国公司对我国电子
及通信设备制造业的投资和控制》，《管理世界》1998 年第 3 期。

魏礼群：《由经济大国到经济强国的发展战略》，《全球化》2013 年第 6 期。

吴传清：《区域产业集群品牌理论研究进展》，《学习与实践》2009 年第 2 期。

吴敬琏：《中国改革的未来方向》，求是理论网，http://www.qstheory.cn/wz/
shp/201404/t20140408_338007.htm。

吴立贤：《中国由经济大国走向经济强国的发展取向研究》，《商业时代》2011 年
第 3 期。

吴庆福：《品牌让中国走向世界经济强国》，《中国证券期货》2010 年第 12 期。

吴胜武：《发展品牌经济提高区域核心竞争力》，《宁波经济》2011 年第 10 期。

吴晓云、卓国雄、邓竹箐：《跨国经营：全球品牌战略和本土化管理——以摩托罗

拉手机全球品牌和 60 家相关公司的实证资料为案例》，《管理世界》2005 年第 10 期。

吴雪明：《经济国力的国际比较 ——评估方法与指标体系》，上海社会科学院 2009 博士学位论文。

吴雪明：《经济强国指数：中国排名分析（上篇）》，《世界经济研究》2004 年第 1 期。

吴雪明：《全球化背景下经济强国国际竞争力的评估理念与指标分析》，《世界经济研究》2008 年第 12 期。

伍贻康、杨逢珉：《战后经济强国盛衰的几点启示》，《世界经济研究》2003 年第 10 期。

夏骥：《我国品牌的地区分布与区域竞争力研究》，《上海经济研究》2007 年第 2 期。

项金玲：《企业市场竞争力与品牌管理的关系浅析》，《财经界（学术版）》2012 年第 4 期。

肖亦卓：《国际城市空间扩展模式——以东京和巴黎为例》，《城市问题研究》2003 年第 5 期。

谢庆、潘玮仑：《基于品牌经济学的房地产品牌分析》，《经营管理者》2010 年第 12 期。

徐井宏、张红敏编：《转型：国际创新型城市案例研究》，清华大学出版社 2011 年版。

徐一帆：《努力实现中国由经济大国向经济强国的历史性跨越》，第 14 届世界生产力大会论文集，2006 年。

许基南：《品牌竞争力研究》，江西财经大学 2004 年博士毕业论文。

杨晓光：《中国品牌的地区分布及其影响》，《地理学报》2005 年第 2 期。

殷红春：《品牌生态系统复杂适应性及协同进化研究》，天津大学 2005 年博士学位论文。

尤完、齐建国、海昌：《我国已进入由经济大国向经济强国的转变过程》，《经济研究参考》2005 年第 95 期。

于孟霞：《我国中小企业的发展现状分析》，《管理观察》2013 年第 6 期。

余斌：《中国经济前景与 2013 年展望》，《中国发展观察》2013 年第 1 期。

袁立波：《贴牌生产企业自有品牌建设的策略研究》，《现代商业》2009 年第 21 期。

约瑟夫·熊彼特：《资本主义、社会主义和民主主义》，商务印书馆 1979 年版。

约瑟夫·熊彼特著，何畏等译：《经济发展理论》，商务印书馆 1979 年版。

张伯里：《中国进入世界经济大国的衡量标准》，《人民论坛》2008 年第 7 期。

张红明：《跨国公司在中国的品牌战略》，《国际经贸探索》2002 年第 12 期。

张楠、崔日明：《中日服务贸易发展路径比较研究》，《国际经贸探索》2009 年第 11 期。

张善秀：《品牌、创新与知识产权保护》，《潍坊学院学报》2009 年第 2 期。

张新丽：《浅析我国企业的品牌战略管理》，《改革开放》2009 年第 12 期。

张亚晨：《品牌的核心内涵》，《家电科技》2011 年第 9 期。

张幼文、徐明棋：《经济强国——中国和平崛起的趋势与目标》，人民出版社 2004 年版。

张幼文：《2003 中国国际地位报告》，上海远东出版社 2003 年版。

张幼文：《建设经济强国的目标与机遇》，《世界经济研究》2002 年第 S1 期。

张占斌：《打造中国经济升级版，努力实现经济强国梦》，《中国经济时报》2013-09-11。

章玉贵：《中国离世界经济强国还有多远》，《经济时刊》2004 年第 2 期。

赵纯均、拉尔松：《中国跨国企业研究》，机械工业出版社 2009 年版.

赵薇、安晓娟：《企业文化的塑造与传递——美、日跨国公司发展模式对中国的借鉴》，《现代企业教育》2008 年第 9 期。

赵伟：《城市经济理论与中国城市发展》，武汉大学出版社 2005 年版。

钟坚：《香港新加坡转型经验对深圳的启示》，《开放导报》2011 年第 2 期。

周大地、郁聪、朱跃中：《我国节能现状与"十一五"节能重点》，人民网，http://theory.people.com.cn/GB/41038/3878505.html。

周振华：《世界城市理论与我国现代化国际大都市建设》，《经济学动态》2004 年第 3 期。

周振华：《崛起中的全球城市——理论框架及中国模式研究》，上海人民出版社

2008 年版。

周振华:《全球城市区域:全球城市发展的地域空间基础》,《天津社会科学》2007
    年第 1 期。

朱红红:《旅游景区品牌延伸机制与应用研究》,山东大学 2009 年博士学位论文。

竺晔、侯京辉:《伦敦金融城的"力量"》,《银行家》2007 年第 11 期。

祝合良:《强大的中国必须加快国际知名品牌的建设》,《中国企业报》2009-
    12-15。

庄小将:《品牌文化与企业竞争力》,《河南商业高等专科学校学报》2008 年第
    5 期。

后 记

  《品牌经济发展与中国经济强国之路》是我对品牌经济理论研究的成果。为此，我耕耘了6年多。6年来，我主编的《品牌经济与上海全球城市崛起：理论与经验》出版；在核心期刊上先后发表了《品牌经济的理论重构及其演化形态研究》、《从价值点到价值体系：基于品牌经济价值体系研究》、《品牌经济推动城市功能转型》、《文化品牌：文化产业的灵魂》、《品牌经济理论与城市转型升级》等5篇论文；在《解放日报》、《文汇报》等发表了《以品牌提升上海软实力》、《品牌经济的"倍增器"效应》、《对国产品牌不能求全责备》等一系列关于品牌经济理论的文章。同时，承接了"长三角品牌建设合作研究报告"、"迪美广场品牌运行模式机制研究"等课题。这些关于品牌经济的科研工作，对我完成本书发挥了重要作用。

  从经济全球化的角度看，品牌是经济发展的引擎，是进入国际市场的通行证，是实现价值最大化的有效环节，也是向实现产业价值链高端升级的途径。我国发展品牌经济要立足自身的特点，才能实现做强、做特、做大的目标。做强的关键在于自主研发，做特的关键在于在差异化上下功夫，做大的关键在于形成聚集效应和辐射效应。发展品牌经济，聚集品牌效应，是推动我国经济走向创新驱动新模式的战略选择，对于促进中国成功跨越"中等收入陷阱"，实现伟大复兴的中国梦具有重大而深远的意义。

本书的完成得到了上海社科院很多同仁的支持与帮助，在此表示衷心感谢。

以品牌经济理论视角分析经济发展是一次探索，难免存在不足之处。加之经验不足和时间仓促，难免存在疏漏，敬请专家与读者批评指正。

谢京辉

2014 年 6 月 28 日

图书在版编目(CIP)数据

品牌经济发展与中国经济强国之路 / 谢京辉著. —
上海：格致出版社：上海人民出版社，2014
ISBN 978 - 7 - 5432 - 2433-9

Ⅰ.①品…　Ⅱ.①谢…　Ⅲ.①企业管理-品牌战略-
研究-中国　Ⅳ.①F279.23

中国版本图书馆 CIP 数据核字（2014）第 186753 号

责任编辑　彭　琳

装帧设计　路　静

品牌经济发展与中国经济强国之路

谢京辉　著

出　版	世纪出版股份有限公司　格致出版社	印　刷	上海市印刷十厂有限公司
	世纪出版集团　上海人民出版社	开　本	787×1092　1/16
	（200001　上海福建中路 193 号　www.ewen.cc）	印　张	14.75
	编辑部热线　021-63914988	插　页	2
	市场部热线　021-63914081	字　数	235,000
	www.hibooks.cn	版　次	2014 年 8 月第 1 版
发　行	上海世纪出版股份有限公司发行中心	印　次	2014 年 8 月第 1 次印刷

ISBN　978-7-5432-2433-9/F·779　　　　　　　　　　　　定价：36.00 元